歷史不忍細讀

貳

編者序

歷史，history，源於拉丁文loropld，它的本意是通過對目擊者的證詞進行調查，以了解事實的真相。所以，歷史學從一開始，就不僅僅是去收集證詞，而是通過探索，去尋求真理。

古希臘時代，一位名叫戴奧尼西的歷史學家給歷史學下了非常準確的定義：「歷史是一種以事實為訓的哲學。」歷史在發展，人們隨著新的改造世界的活動，自己的認識能力也在不斷地提高。歷史學家的職責不但是對歷史真相孜孜不倦的追尋，而且是對歷史不斷地作出新的解釋。

閱讀歷史，我們常常會讀出幾分含混和閃爍，這也許正是史學家們的難言之隱，因而有些史事是被誤讀的，而那幾分的含混和閃爍中，隱藏著的往往正是真實的細節和生動的故事。

中國央視《百家講壇》節目的成功，催生了一股讀史風潮，這股讀史風潮席捲書市。而針對當時影視、文學作品戲說歷史成風的現狀，某書局推出「正說」系列，解密歷史真相，從此開始一股全民「讀史熱」，掀起了一波又一波的高潮。《百家論壇》作為一本應運而生，面向歷史愛好者，在通俗解讀的基礎上，正說歷史，「揭歷史謎團，還歷史真相」，使人們能在輕鬆的閱讀中解讀歷史。

應廣大讀者的要求，我們以「破解謎團、還原真相」為主要內容，將知識性、考證性、故事性、趣味性作為遴選文章的取向，將《百家論壇》部分文章整理、歸類、輯結成書出版，以便於閱讀、收藏和研究。希望這本書能幫助您了解燦爛中華的文史傳承，引領您去走入歷史與文化的更深處。

本書所收文章正說歷史，有些是作者的調查、考證和探索，有些是歷史事件知情者、親歷者的回憶，注重通俗化與可讀性，主要以大眾為讀者對象。閱讀這本書，讀者會產生猶如穿越時光隧道，走進一個熟悉而又陌生國度的新奇、驚異和刺激感。

培根的名言說「歷史使人明智」，司馬遷說研究歷史可以「別嫌疑，明是非，定猶豫」，「補敝起廢」，正是這樣，當你在現實中遇到什麼事情沒辦法下決斷時，可以去翻翻歷史書，也許會有類似例子可供借鑑。

目錄

第2篇　個人隱私

第3篇 還原真相

第1篇

名人新事

那些在史冊裡「流芳百世」的名人當真品格高潔？
而那些「遺臭萬年」的人又當真罪無可恕？
「好人」與「壞人」究竟該由誰來論定？

李白：一生摧眉折腰事權貴

風塵逸士

詩人李白傲岸不屈、輕蔑權貴的品格歷來被知識份子稱頌，有詩說「李白一斗詩百篇，長安市上酒家眠，天子呼來不上船，自稱臣是酒中仙」。然而他真如世人所稱頌的那樣遠離權貴嗎？

李白一生都應酬、周旋、奔走於朱門顯宦之間。

從青年時代起，李白就遍訪四川地方要員，拿著當時的「名片」投刺京城來蜀的官僚，得到過以禮部尚書銜出任益州長史的蘇廷頁的賞識。為了「十年寒窗脫青衿，一朝能為帝王師」，他隱居岷山待價而沽。廣漢太守慕名前去看望他，使他的名聲漸大。開元十三年（725年），二十五歲的李白走出三峽漫遊東南，展開了廣泛的結交權貴活動，他不僅娶了唐高宗時宰相許圉師的孫女為妻，還先後向各地官員上書拜見，希望他們能向皇上薦用自己，卻大失所望而歸，用他自己的話說就是「酒隱安陸，蹉跎十年」。

十年後，他來到了國都長安，寓居在玉真公主別館，謁見了宰相張說的兒子、駙馬都尉張土自以及一批朝臣大官，期望「攀龍見明主」，然而仍無結果，只好悻悻出京漫遊，憤慨不平中寫下了著名的《蜀道難》、《行路難》等詩歌，以此抒發胸中磊落不滿之氣。於是他改裝換巾趨向山林，隱居蒿廬，交結與皇室有密切關係的道士，試圖走出一條世俗垂青、貴人揄揚的「終南捷徑」。應該說，這條捷徑是以肉體磨難換得的，深山大澤之中結草為廬、鑿穴而居、飲食粗糙、單衣遮體，那種被文人們所詩化的塵尾鶴氅、跨蹇尋詩，或踏雪訪梅、釣竿斗笠的隱士生活是很少見的。中國的隱士大多是揚言孤峰逍遙隱逸，實際上是「欲邀求時譽」，擢居美職。隱士超出塵表的卓異人格固然令人羨慕，但櫛風沐雨的艱苦生涯絕不像人們幻想的那樣瀟灑超脫。

天寶元年（742年）初夏，可能由玉真公主和道士吳筠推薦，隱居的李白被徵召入京。他洋洋得意，作詩曰：「仰天大笑出門去，我輩豈是蓬蒿人。」他認為自己將被重用，代草君言、建立功業，他甚至把玄宗比作漢武帝，把自己比成司馬相如。入京召見於金鑾殿後，李白果然受到皇帝重視，命供奉翰林，在一年多受寵遇的日子裏，演出了「七寶床賜食」、「高力士脫靴」、「楊貴妃磨硯」、「飲酒眠鬧市」、「狂筆草蠻書」等廣為傳誦的奇聞逸事。許多曾譏笑過李白「落魄微賤」的勢利小人，這時都紛紛請謁，與他稱兄道弟、酒宴交歡，這更使李白滿面春風，十分光榮。不得志時拚命想做官，得志後便盡可能明哲保身。於是他出入宮廷獻賦作詞，侍從皇帝討好貴妃，交結王公大官贈詩宴酬……寫了許多摧眉折腰事權貴的無聊詩歌。

但不知是唐玄宗認為他那些歌頌宮廷生活的《清平調詞》、《宮中行樂詞》等不夠清新、俊逸，還是翰林院裏那些候補閒員的同事們讒言詆毀，或是他本人褊狹，十分清高地聲稱要浪跡江湖，反正沒等到他「功成」便被「賜金還山」，實際上就是被皇帝下令驅逐出朝了。唐玄宗見過多少「神氣高朗」的文人，在他眼裏，李白只不過是一個有「窮相」的布衣隱士，充其量和當時的梨園弟子、侍奉樂師是同等的地位，召他入朝只是用其名氣與才華做延攬精英的擺設，並非為了讓他治國參政。

李白對自己忠心報君之心不被理解感到委屈不平。他對奸佞之輩的讒毀極其憤慨，常常表現出浮雲富貴、糞土王侯的清高氣概，但又十分留戀宮廷侍從的生活。所以他不僅在皇帝面前以恭謹小臣禮範的形象出現，而且攀龍附鳳一心嚮往和李唐皇室聯宗結譜，其矛盾百出的庸俗氣簡直不能與他剛正傲岸的性格掛鉤。他頌揚唐王朝的列祖列宗；他謳歌唐玄宗是明主、英君、聖皇；甚至將皇帝比作太陽，從沒有譴責過君王的昏聵和荒淫；他時時懷念玄宗的知遇之恩和供奉惠渥；他把自己比喻為被阿諛諂媚之流妒害的精衛鳥。因此，他是含著熱淚離開長安的。

微妙的問題是，李白沒有心思去品咂一下他在政治仕途上的失敗苦澀——儘管這時他已四十四歲了，但仍匆匆忙忙按老路去趕行程。每到一處，他就與當地的太守、長史、司馬、縣令等官場人物相互贈詩，參加各種應酬宴請。使人感到驚訝的是，一些連史傳都無記載的人物竟被他美譽為雄才豪傑，其目的是迫切地希望對方賞識自己，很多語氣近於乞求。天寶十四年（775年），李白竟執筆代替宣城太守向權傾朝野的右相楊國忠上書，言辭卑下，語多阿諛。儘管是為他人代言，但實在是有損自己的形象與人格，後世研究者對此只好閉口不談。

安史之亂爆發後，李白的干謁自薦活動無人顧及了，他聽到永王李璘率軍經過長江流域，便興沖沖跑下廬山進入永王李璘幕下效力，試圖奮劍運籌立功建業。誰知李璘竟因「叛亂」全軍覆沒，李白南奔自首後以附逆罪被投入監獄，差點被殺頭，最後長流夜郎（今貴州正安）。這是李白第二次慘遭政治上的打擊。本來他滿懷激情報效君王，要與永王李璘共赴國難，結果卻身陷囹圄。所以他一再聲稱自己是被「脅迫」，幸虧御史中丞宋若思將他解脫。之後，李白隨宋若思到武昌幕府中協理文案。天真的李白又心血來潮，以宋若思的名義向朝廷寫了一封自薦表，要特請拜一名京官給自己。此後他又兩次向宰相張鎬投詩，交結地方官員，希望能再踏上仕宦之途。上元二年（761年），李白聽說太尉李光弼出征東南，雖然這時他已六十一歲了，仍向朝廷「請纓」，準備投身軍幕，但因生病不得不半道還家，後到當塗（今安徽當塗）去依靠「從叔」縣令李陽冰，不到一年便悲涼地病死在這個小縣城了。

李白一生思想上渴求入仕做官，人事上卻幾次難以遇合，在行為上追求功名心強烈，直至乞求權貴，在情感上凹凸不平、憤世嫉俗。在他留下的一千多首詩歌中，充滿了浪漫氣質的誇張之詞，豪言壯語中時時表現出「結交王侯」的幻想；對現實不滿集中於從政之志無法實現上，痛恨厭惡的只是阻塞了他上進之路的小人，而對皇帝、權貴則慨歎他們慧眼沒識他的才幹。

如果說李白一輩子功未成，身也未退，那麼他一生也未真正安安靜靜地隱居過。同樣，他在文學創作上的個性解放、傲岸超然、縱情自適，和他獵取功名、強烈從政的委曲求全，使他一生陷入痛苦的矛盾中。詩人李白的崇高和文人李白的庸俗似乎竟能在主觀上統一起來，這就給後代具有個性又頗受壓抑的讀書人，留下了極好的渲染素材與反思榜樣。

真實黃飛鴻：武功到底有多高

龍　文

如今的佛山人說起黃飛鴻總是一臉的自豪，據說以拍黃飛鴻系列影片而聲名大噪的導演徐克，在黃飛鴻紀念館落成那天，率他的製作班底特意趕來，對他們心目中的英雄進行「三跪九叩」大禮。而在一百多年前，黃飛鴻只不過是佛山街頭一個默默無聞的賣藝人，在佛山的酒肆茶館或者尋常小巷，你或許可以遇到他，但你絕不會認為一百年後，他會成為一個世界文化名人。生前寂寞，死後榮光，這就是真實的黃飛鴻。

黃飛鴻原名黃錫祥，字達雲，原籍南海西樵祿舟村，清道光二十七年（一八四七年）七月初九生於佛山，是嶺南武術界的一代宗師，也是一位濟世為懷、救死扶傷的名醫。其父黃麒英乃晚清「廣東十虎」之一，曾先後被提督吳全美、黑旗軍首領劉永福等聘為軍中技擊教練，在武林中享有「虎癡」之雅號。此外，黃飛鴻亦善於舞獅，有「廣州獅王」之稱。一九二四年七十七歲的黃飛鴻在香港去世。他身後蕭條，貧無以殮，幸弟子鄧秀瓊為他料理後事，葬於白雲山麓。

習武神童，街頭賣藝

廣東佛山，古稱陶城，有多個歷史頭銜：佛山是絲織品彙集之地，是粵劇的發源地，是中成藥之都，當然最著名的一個頭銜就是武術之鄉，要尋找南派武術的源頭就要到佛山。

一八四七年農曆七月初九，一個非常普通的日子，黃飛鴻降臨於一個貧窮破落的家裏。父親黃麒英用賣藝換來的銅錢為妻子買來一隻老母雞，殺了，替妻子燉上。

黃麒英是佛山十大高手之一，但並不像電視上所說的那樣闊綽，黃麒英並不想兒子像他這樣僅僅是一介武夫，窮困潦倒。他希望黃飛鴻讀「四書五經」，考取功名，這樣就不必天天日曬雨淋的，東奔西跑，一年到頭，日子還是那麼拮据。

可黃飛鴻既然出生在武術之鄉，父親又是佛山十大高手之一，他想不習武那是不可能的。父親也沒指望黃飛鴻日後能夠繼承他的衣缽，可他沒想到，青出於藍勝於藍，黃飛鴻不但繼承了父親的衣缽，還把父親的武術心得發揚光大。

父親用所得的積蓄把黃飛鴻送進了學堂，但黃飛鴻並不專心學習，他的心思早已飛到父親的武功上，於是蹺課，跑到大街上看父親的武術表演，放學時再偷偷地跑回去。那時，父親雖然不得志，但無疑是小黃飛鴻心目中的英雄。父親的拳腳功夫、刀槍棒法無人能及，黃飛鴻不想念什麼書，就想成為父親那樣的人，走江湖，多好。

父親發現了黃飛鴻蹺課，暴打他一頓，那可是他好不容易掙來的血汗錢啊，他把希望全部寄託在了黃飛鴻身上，如今黃飛鴻卻說：

「爹，以後我跟你一起賣藝。」

父親撫摸著黃飛鴻的頭，無奈地搖了搖頭，也許這就是命吧。

從那以後，父親再也沒有強迫黃飛鴻學習了，也沒有再打過黃飛鴻。很快，父親開始為黃飛鴻感到驕傲，他發現黃飛鴻有習武的天分——他教黃飛鴻武功的時候，只要教一遍，黃飛鴻就會了。而當初他自己卻花了好多時間才學會。

黃飛鴻不僅領悟能力強，還能夠融會貫通，把各種招式的優點結合起來。七八歲的時候，黃飛鴻就開始跟著父親到佛山街頭賣藝了。

初生牛犢，一比成名

十二三歲的時候，黃飛鴻開始在佛山嶄露頭角。老百姓對少年黃飛鴻的興趣遠遠勝於那些成人，黃飛鴻的每一次演出都會吸引很多人，遊客們把黃飛鴻圍得水泄不通，不斷地為他叫好、鼓掌。那時候，老百姓只知道有黃飛鴻這樣一個少年，卻並不知道黃飛鴻的名字，使黃飛鴻少年成名的是一場比試。

有一次，武術大師鄭大雄也在街頭賣藝。鄭大雄擅長左手釣魚棍法，他擺下擂台，和前來挑戰的人比武，沒有人是他的對手。他拱手作揖，問還有沒有人敢上來與他比試的時候，黃飛鴻躍上了擂台。父親大吃一驚，但阻止已經來不及了。

鄭大雄以為黃飛鴻是個頑劣的少年，認為他是來搗亂的，並沒有把他放在眼裏，讓他下去。此時的黃飛鴻眼裏放出一種威嚴的光芒，一字一頓地說：「鄭前輩，晚輩黃飛鴻，是來挑戰你的獨門絕技左手釣魚棍法的。」

圍觀的人熱情高漲，齊聲為黃飛鴻的膽量叫好。鄭大雄吃了一驚，原來眼前這個乳臭未乾的少年就是佛山十大高手之一黃麒英的兒子。

鄭大雄客氣地接受了黃飛鴻的挑戰。黃飛鴻用四象標龍棍法對付鄭大雄的左手釣魚棍法。鄭大雄有意讓著黃飛鴻，黃飛鴻覺察出來了，邊打邊說：「請前輩使出全部的招數。」說著，步步緊逼。

鄭大雄倒抽一口涼氣，心想，好大的口氣，今天不給你點顏色看看，你還不知道天高地厚。於是，鄭大雄也不讓黃飛鴻了，兩人越戰越勇，越戰越起勁。觀看他們比武的人也排起了一條長龍，圍觀的人們都憋著一口氣，心裏為黃飛鴻捏了一把汗。

出乎所有人的意料，黃飛鴻以微弱的優勢戰勝了鄭大雄，鄭大雄心服口服，歎黃飛鴻初生牛犢不怕虎，後生可畏，來日方長。

那一天，佛山的老百姓都記住了一個少年的名字，他叫黃飛鴻。

幾乎在同一年，黃飛鴻父子在佛山豆豉巷賣藝，快要結束的時候，突然看見鐵橋三的高徒林福成不知為何被一群人追殺。黃麒英素來尊重為朋友兩肋插刀的英雄好漢鐵橋三，見他的徒弟被追殺，二話不說，拔刀相助。

黃飛鴻協助父親把敵人打跑，林福成為表達感激之情，答應傳授黃飛鴻鐵線拳和飛砣等絕技。學成後，黃飛鴻的武藝更上一層樓，甚至連父親都不是他的對手了。

以一敵十，馳名香江

十六歲的時候，黃飛鴻覺得可以去闖蕩江湖了，於是告別家鄉，來到繁華都市廣州。夜宿一家客棧，半夜遭遇強盜打劫，黃飛鴻赤手空拳把手持刀棍的十幾個強盜打得落花流水，一時被傳為佳話。這是黃飛鴻來廣州的第一次義舉，此後黃飛鴻在廣州繼續賣藝，名聲逐漸傳播開來。

廣州的礦工生活在水深火熱當中，常常遭資本家的欺負剝削，礦工們敢怒不敢言。聽說了黃飛鴻的事蹟後，他們就集體湊錢讓黃飛鴻開了一家武館，黃飛鴻的賣藝生涯也因此而終結。

工人們忙時挖礦，閒時跟黃飛鴻學習武藝。兩年後，開始有點名氣的黃飛鴻又被果欄、菜欄、魚欄中人聘為行中武術教練。

英雄志在四方。少年時的黃飛鴻有一顆不安分的心，總渴望四處闖蕩，為開闊視野，經歷更多的世面，黃飛鴻隻身一人來到香港。

一次有一個盛氣凌人的英國人，牽著一條身材高大的狼狗在鬧市叫囂，說中國人是懦夫，沒有人敢跟他比試。當時已經有幾個有骨氣的人看不過去，和他比試，都被狼狗咬傷了。英國人更加肆無忌憚，說中國人連狗都不如。圍觀的人都對外國人指指點點，怒目以對，但懼怕那條凶狠的狼狗，誰也不敢上去教訓英國人。

黃飛鴻挺身而出，以猴行拐腳當場把那條狼狗擊斃了，隨後又三拳五腳把英國人打趴下。圍觀的人無不拍手稱快，交口稱讚黃飛鴻的壯舉。

又一年，香港一個惡霸強佔了一個小販彭玉的攤位。彭玉無奈，聽說黃飛鴻有俠士風範，於是帶著僥倖的心理去向黃飛鴻求助。黃飛鴻聽了彭玉的痛訴，二話不說，直奔惡霸的住處。惡霸是一個黑社會組織，有很多幫凶，還有武器。彭玉見黃飛鴻一個人難以敵眾，就勸黃飛鴻說算了，他不要攤位了。

但黃飛鴻豈是膽小怕死之人，一個箭步走到惡霸的面前，聲正色厲地讓惡霸把攤位還給彭玉。惡霸自然不聽，一場惡戰無法避免。

黃飛鴻以一敵十，惡霸的手下一個個倒在地上，彭玉看得目瞪口呆，這樣驚險、刺激又壯觀的場面他還從來沒有見過。

惡霸見勢不妙，趕緊向黃飛鴻求饒，並歸還了彭玉的攤位。至此，黃飛鴻的俠名開始在香江兩岸流傳。

六年後，黃飛鴻認為闖蕩夠了，父親也催他早日回家成親，黃飛鴻便離開了香港。

寶劍出鞘，芝草成林

重回佛山的黃飛鴻在父親的安排下結了婚，黃飛鴻對這樁婚姻持中立態度，既不反對也不高興，反正「父母之命，媒妁之言」。但黃飛鴻沒有待幾年又去了廣州，並如父親所願，走上了仕途。黃飛鴻接到了廣州水師的橄欖枝，廣州水師聘他做武術總教練。

在廣州當了六年的水師教練後，黃飛鴻於而立之年時遭遇喪父之痛，之後便萌生退意，辭了水師教練，把妻兒接到廣州，在廣州仁安街開了一家跌打醫館「寶芝林」，門前懸有一副對聯：「寶劍出鞘，芝草成林。」

黃飛鴻的醫館既授武術，又給病人看病。起初，老百姓只知道黃飛鴻武功高強，並不知道他還跟父親研究過中醫，不太相信黃飛鴻的醫術。所以，有很長一段時間，黃飛鴻的醫館門庭冷落，即使黃飛鴻免費為老百姓看病，老百姓也搖搖頭，寧願花錢去正規醫館。直到有一天，黃飛鴻醫好了一名特別的病人，局面才逐漸好轉。

威震四方的黑旗軍統帥劉永福得了一種腳疾病，奇癢無比，求醫無數，也沒治好。劉永福仰慕黃飛鴻的俠名，一日有空來家拜訪黃飛鴻，談話間說起了自己的苦惱。

黃飛鴻聽了，神秘地笑了笑，說：「如果將軍信得過我飛鴻，我可以醫好你的腳疾。」

劉永福誰都信不過，但對黃飛鴻信任有加——黃飛鴻是老百姓有口皆碑的英雄好漢，不會信口雌黃的，於是放心大膽地讓黃飛鴻去治，還開玩笑似的對黃飛鴻說：「治好了算你的，治壞了算我的。」

結果，多年的腳疾還真被黃飛鴻治好了。劉永福驚喜萬分，稱黃飛鴻是華佗再世，於是贈送了一塊寫有「醫藝精通」字樣的木匾，大力宣傳黃飛鴻的醫術。

之後，來寶芝林看病的人越來越多，超過了來拜師學武的人，醫館裏到處都能聽到老百姓喚「黃師傅」的叫聲。

在廣州只有一個「黃師傅」，那就是黃飛鴻。黃飛鴻非常喜歡這個親切的稱呼。

在為老百姓看病的時候，黃飛鴻從來沒有馬虎過，同時也很仗義，遇到窮困的病人，黃飛鴻不收他的醫藥費。

在廣州的老百姓離不開黃師傅的時候，黃飛鴻卻又要走了。已經是黑旗軍的軍醫官、福字軍技擊總教練的黃飛鴻，再一次燃起了報國的願望：一八九四年，劉永福率領軍隊赴台灣抗擊日本侵略軍，黃飛鴻隨劉永福率九營福字軍抵台，駐守台南。不料，劉永福護台失利，黃飛鴻不得不再一次回到廣州。歷經世事滄桑的黃飛鴻心態開始平靜，從此只懸壺濟世，退出武林，不再收徒弟，不再傳授武藝，並在「寶芝林」門前張榜說：「武藝功夫，難以傳授；千金不傳，求師莫問。」

廣東的武林，沒有了黃飛鴻，頓時寂寞不少。又過了二十年，黃飛鴻病逝於廣州城西方便醫院，享年七十七歲。

真實的黃飛鴻

就這樣平淡嗎？

黃飛鴻的一生比起銀幕上那個黃飛鴻來說，的確要黯淡許多。

黃飛鴻帥嗎？

銀幕上的黃飛鴻要麼是趙文卓，要麼是李連杰，沒有一個長相一般的，這也迎合了觀眾的需要，或許我們都期望黃飛鴻像趙文卓一樣英俊，像李連杰一樣瀟灑。但事實恰恰相反，真實的黃飛鴻長相很一般，甚至還有我們所不齒的大肚腩。黃飛鴻留存於世的只有一張照片，這張照片也證明了黃飛鴻與帥哥搭不上邊。

更有力的證據來自黃飛鴻的第四任夫人莫桂蘭，她在接受香港《真功夫》雜誌採訪時說：「黃飛鴻生性怪異，壽星公頭，有一副羅漢眉，眉長至垂下，瓜子口面，耳大而長，身材肥壯高大，要穿三尺六寸長衫，行起路來表情淡定，兩手總擺在後面。」

這讓「鴻迷」們大失所望。

黃飛鴻的武功到底有多高？

七八十年代出生的人，男孩子與男孩子打鬧，時不時來一句「佛山無影腳」。這是銀幕上的黃飛鴻的看家本領，而事實上武學當中沒有「佛山無影腳」的說法，這一武功純屬虛構。

那麼黃飛鴻的武功究竟有多高？黃飛鴻的功夫主要來自兩個部分，一部分是黃飛鴻的父親黃麒英，另一部分是鐵橋三的徒弟林福成。莫桂蘭認為，黃飛鴻平生絕技有雙飛砣、鐵線拳、虎鶴雙形拳、羅漢金錢鏢、四象標龍棍、工字伏虎拳等，其中最擅長的應該是虎鶴雙形拳和飛砣，虎鶴雙形拳由黃飛鴻集各家之精華融會貫通而創立。

值得稱道的是，黃飛鴻的舞獅技術堪稱一絕，黃飛鴻的獅藝以「獅子出洞」、「獅子上樓台」等著稱，以「飛砣采青」為絕技，在當時的廣東獨樹一幟。黃飛鴻還開創了女子舞獅的先河。

總之，黃飛鴻的武功並不像銀幕中那樣無所不勝，有資料記載，曾經好幾次打抱不平時，黃飛鴻都寡不敵眾。

黃飛鴻的醫術到底有多高？

事實上黃飛鴻會醫的僅僅是一些皮外傷，尤其是跌打損傷。中華武術與中醫一脈相承，所以黃飛鴻會簡單的醫術，但中醫實在博大精深，黃飛鴻又不喜歡讀書，他不可能有很高的醫術。

有一件小事可以看出黃飛鴻的文化水準。他想開一間醫館，但苦於沒有一個好名字。這時他的徒弟考中了進士，送給他兩句詩：「寶劍騰霄漢，芝花遍上林。」黃飛鴻就把第一句詩的第一個字和第二句詩的第一個字以及最後一個字合在一起，用作醫館的名字。

黃飛鴻是否真有十三姨這樣一位紅顏知己？

答案是否定的。歷史中的黃飛鴻愛情與婚姻非常慘澹。他一共結過四次婚，三任妻子相繼死去，直到第四任妻子莫桂蘭，才陪他度過了最後的歲月。

也有人說莫桂蘭或許就是十三姨。但莫桂蘭直言不諱，說黃飛鴻對她的感情一般，她嫁給黃飛鴻的時候才十九歲，但黃飛鴻卻已經五十多歲，老夫少妻，沒有什麼浪漫，有的僅僅是陪伴。

李鴻章：夾縫中的悲情英雄

老末

「吾敬李鴻章之才，吾惜李鴻章之識，吾悲李鴻章之遇。」

——梁啟超

翻開中國近代史，李鴻章是最繞不過去的人物之一，又是爭議最大的人物之一。身處危機四伏、矛盾深重的時代，他的性格特徵也不可避免地呈現出複雜的矛盾性和多樣性。

血性與忠誠

梁啟超認為李鴻章「有才氣而無學識，有閱歷而無血性」，同他一樣，許多人也都只看到李鴻章中年之後的窩窩囊囊，而不知道他年少時的血性賁張。李鴻章以書生帶兵，留下的是「專以浪戰為能」的紀錄。他敢愛敢恨、敢作敢為，曾因恩師曾國藩待友李元度不公而毅然脫離曾府，也曾因常勝軍統領戈登不服管治而力除其軍權。

但這樣一種血性，慢慢地就被恩師曾國藩以儒學精神化解和消磨了。而曾國藩的利器只有一個字：「誠」。如李愛睡懶覺，曾則每日清晨必等幕僚到齊後方肯用餐，逼李早起；又李好講虛誇大言以譁眾取寵，曾多次正言相誡。最為典型的是有一次曾國藩問李鴻章怎樣與洋人交涉，李回答不管洋人說什麼，只同他打「痞子腔」（就是說大話，先聲奪人的意思）。曾沉默了很久說：「依我看來，還是在於一個『誠』字。誠能動人，洋人也是人，只要以誠相待，也一定會受感化的。」李鴻章頓表衷心接受，此後嚴加奉行。

如果說血性意味著對於自我、自身個性的忠誠，是「第一種忠誠」的話，那麼曾國藩所說的「誠」，更多地意味著對於朝廷、群體和他人的忠誠，不妨視為「第二種忠誠」。李鴻章對清廷的忠心耿耿，自不待言；他還特別講義氣，「李一生中對於朋友的忠誠幾乎具有傳奇色彩」（英國學者福爾索姆語）；而對於洋人，李鴻章仍然是「誠」字當先。例如，李鴻章在任北洋大臣時，一位德國海軍將領到訪天津，邀請他參觀軍艦，李鴻章欣然同意。不巧參觀那天刮大風，海上航行不便，那位將領就建議取消約會。不料李鴻章為顯誠意，毅然只帶一名翻譯登上小艇到達德艦，令那位德國將領感動不已。李鴻章的種種表現曾獲得西方列強的廣泛讚揚，美國南北戰爭中的名將、後來曾任總統的格蘭特對李鴻章更是惺惺相惜，稱他為「遠東第一名相」。

在李鴻章身上，隨著「第二種忠誠」取代了「第一種忠誠」，他逐漸喪失了血性和個性，成為龐大的政治機器上的一個忠實的零件，儘管這是一個最大最重要的零件。他是一個日薄西山的帝國謹小慎微的看門人；而在列強眼裏，他誠信、可靠，甚至有幾分迂腐——這樣「溫柔敦厚」的對手夫復何求？

重任與瑣屑

李鴻章是有大抱負的，他曾留下這樣的雄奇詩句：「胸中自命真千古，世外浮沉只一漚。」「一萬年來誰著史？三千里外覓封侯。」現在讀來，我們仍然會被其中充溢的豪情壯志所感染。可以說，這樣的詩句放到龔自珍、李賀甚至李白的集子裏，也毫不遜色。

李鴻章又是敢於擔當的，福爾索姆指出：「鑒於大多數中國官員逃避責任，李似乎是追求責任，他從不逃避不愉快的任務，並總能指望他採取主動。」從青年時代的投筆從戎，一直到年近半百之際接替曾國藩主持晚清對外軍事、外交和經濟大政，李鴻章每每「於危難之時顯身手」，這顯然是「天將降大任於斯人」的強大內驅力使然。在義和團活動時期，一名外國記者告訴李鴻章，普遍認為在中國他是唯一能對付這種局面的人，他回答說：「我相信自己。」當仁不讓之意溢於言表。

樹大招風，李鴻章還要時刻面對官場的傾軋和仕途的險惡，「受盡天下百官氣，養就胸中一段春」，正是他的自我寫照。李鴻章有度量、有涵養，擁有比一般的封建官吏更為飽滿、更為充沛的政治情懷；同時他也深諳官場權術，有相當的政治手腕，儘管在宦海中幾度沉浮，但基本上可以看做是一個「不倒翁」。

蔣廷黻有言：「一看李之全集，只見其做事，不見其為人。」但李鴻章的精力和才華，也都消耗在那些繁複的事務性工作中去了。這一方面是由於封建體制的「制度性內耗」，另一方面也由於他本身才幹有餘而見識不足。他一生做了無數的事，可那些最重要的大事，卻似乎都是別人做的。例如，鎮壓太平天國的事，主要是曾國藩做的；開辦重工業和民用工業的事，主要是張之洞做的；收復新疆的事，則是左宗棠做的。有人甚至毫不留情地指出：「凡是只要閱讀過李鴻章的奏稿、家書、朋僚信函達三十份以上的人，基本上就可以判斷出李鴻章這個人實際上只具備典型的『小公務員』素質……他的所有文稿幾乎都表達出他非常在乎具體事件的拉雜算計和工於小心計，始終透出了一種對上和對外的個人猥瑣人格氣質。」話雖說得刻薄，但恰好是梁啟超所謂「有才氣而無學識」的注腳，也是對李鴻章本人巨大抱負和高昂責任感的強烈反諷。

改造與裱糊

李鴻章自有其因循守舊的一面，但他絕不是腐儒，他趨新求變，虛心向洋人學習，積極操辦洋務，成為中國近代化的先行者之一。在推動中國經濟與外交的近代化過程中，他既有想法，更有辦法，是個身體力行的人。

曾國藩評價李鴻章「才大心細」，恰好可以用來形容他在對待西方文化上的雙重性。在軍事、經濟、文教等方面，李鴻章敢於創新，顯示了「才大」的特點；在政治方面則顯示了「心細」的特點，比較保守。李鴻章一向是西方器物文明的崇拜者，直到自己的風燭殘年，才意識到西方制度文明的重要性，但此時留給他的時間已經不多了。況且，即便他傾慕西方政治，他所能接受的極限也不過是半吊子的君主立憲而已。如果我們把對一個社會形態的變革分為革命、改革、改良、修補等四種層次的話，那麼他所認同的只比修補高一點，還沒達到改良的層次。

正如他自己所說，終其一生，他「只是一個裱糊匠，面對一個破屋只知修葺卻不能改造」。既不能，也不願，更不敢。

毛澤東曾說晚清政府與李鴻章的關係是「水淺而舟大也……吾觀合肥李氏，實類之矣」。李鴻章這艘航船曾迎著朝陽，豪情萬丈地張開風帆，但在處處受制、時時碰壁後，只好滿懷惆悵地駛向夕陽，留下了孤獨而淒涼的背影……

但艱難的航程中，畢竟留下了他務實的腳印。美國人曾這樣評價李鴻章的事功：「以文人來說，他是卓越的；以軍人來說，他在重要的戰役中為國家做了有價值的貢獻；以從政來說，他為這個地球上最古老、人口最多的國家的人民提供了公認的優良設施；以一個外交家來說，他的成就使他成為外交史上名列前茅的人。」

艱難的航程中，更留下了太多的悲情。李鴻章生逢大清國最黑暗、最動盪的年代，他的每一次「出場」無不是在國家存亡危急之時，清廷要他承擔的無不是「人情所最難堪」之事。這樣一個人物，一輩子在夾縫中生存，委曲求全，忍辱負重。中國政治文化和倫理文化歷來推舉忍辱負重者，甚至超過了那些決絕抗爭者，所以，李鴻章也由此贏得了後人的同情和敬重。

李鴻章去世後兩個月，梁啟超即寫出煌煌大作《李鴻章傳》，其中說他「敬李鴻章之才，惜李鴻章之識，悲李鴻章之遇」。這句話，至今仍是許多人的共同心聲。

宋徽宗的另類解讀

李亞平

宋徽宗在當上皇帝之前，是一個多才多藝、好學上進、相當討人喜歡的好青年，在宮廷內外、朝野上下的口碑很不錯。登基之初他也曾銳意進取、除舊布新。到底是因為什麼使他沉淪，最終斷送了北宋王朝？是無邊的享樂，是用人不當，還是天生的藝術家氣質……

意外登極

西元一一〇〇年，即哲宗元符三年正月，宋徽宗的哥哥宋哲宗病死。此時，宋哲宗只有二十四歲，應該正是生龍活虎的年齡。他的死，很有可能與放縱的兩性關係有關。有證據顯示，這位皇帝十四歲時，就有大臣上書，勸諫皇帝不要過多地陶醉在女色之中。據說，當時皇帝已經大量徵集民間適齡女子進宮，每天要有十位年齡在二十歲左右的美貌女子，侍奉這位尚未婚娶、沒有皇后的少年皇帝，這使得大臣們十分煩惱，也使皇帝的祖母——

當時統攝國政的宣仁太后相當煩惱。

根據現代生理學和現代醫學的研究成果表明，成年男子具有生殖能力的精子，需要三十六個小時以上才能發育成熟。過度的性生活，很有可能是導致這位青年皇帝正當盛年死去及沒有子嗣的重要原因。

然而，不管怎麼樣，宋哲宗的死，無疑為宋徽宗登上帝位掃除了最大的障礙。

歷史記載顯示，宋哲宗死前，並沒有安排好皇位的繼承事宜，只能由皇帝的母親、宋神宗的正宮娘娘向太后，召集幾位朝廷重臣討論選擇繼位新君這一重大問題。這位向太后是河內人，就是今天河南沁陽人。她出身名門，是宋真宗朝名相向敏中的曾孫女，與宋神宗結為夫妻後，兩人感情極好。西元一〇八五年，即神宗元豐八年，宋神宗崩於福寧殿。向皇后與神宗的生母宣仁太后一起，冊立趙煦為帝，就是宋哲宗。

後來，宣仁太后命人修繕慶壽宮給向太后居住，向太后堅決拒絕。原因是慶壽宮在宣仁太后住所的東面。按照帝國的習俗，東面為上。向太后不肯亂了婆媳上下之分。哲宗即位後，挑選皇后，並為諸弟娶妻。向太后告誡向氏家族的女子，不要汲汲於富貴，不得參與其間。家族中有求官者，也一概拒之門外，不肯通融。因此，這位正直而賢淑的太后，在朝野上下臣民之中相當有威望。此時，向太后認准了端王趙佶仁孝端正，且有福壽之相，因而堅決主張由趙佶就是後來的宋徽宗繼位。誰知，向太后的主張，遭到了宰相章惇的抵制。這位後來名聲很糟、被認為是奸臣的宰相認為：趙佶太輕佻，不適合做皇帝君臨天下。正在此時，宰相的反對派知樞密院事曾布當場厲聲指責宰相「所發議論，令人驚駭，不知居心何在」，言外之意是說他目無尊上、別有用心、居心叵測，搞得這位宰相乖乖閉上了嘴。

就這樣，後來證明絕不僅僅是「行為輕佻」的趙佶，變成了宋徽宗。於是，我們很快就有機會看到，那位被認為是奸臣的宰相章惇，不幸而言中——趙佶不光是不適合做皇帝。那些自以為不是別有用心的人們，包括當時人們很尊敬的向太后，和後來同樣被列入宋朝奸臣行列的曾布，為帝國選擇的根本就是災難與死亡。所謂「輕佻」云云，顯然太看輕了這位皇帝禍國殃民的本事。

翰林天子

宋徽宗或許是中國帝王中藝術天分最高的皇帝。如果沒有坐上皇帝寶座的話，他可能會成為中國歷史上一個相當完美甚至偉大的藝術家。至少在中國書法史和中國美術史上，他都會享有無可爭辯的崇高地位。

這位皇帝獨創的「瘦金體」書法獨步天下，據說直到今天也沒有人能夠超越；這種「瘦金體」書法，挺拔秀麗、飄逸犀利，即便是完全不懂書法的人，看過後也會感覺極佳。他的楷書作品《穠芳依翠萼詩帖》亦堪稱楷書傑作，其筆法犀利遒勁，鐵畫銀鉤。趙佶的草書書法爐火純青，用大師稱呼不算過分；人們甚至認為其水準絲毫不亞於盛唐時期

的草書「書聖」張旭與懷素，可見其功力之深。

此人作了不少詩詞，不過似乎沒有達到他書畫的水準，他的詞讀起來雖然還算過得去，但顯得過分雕琢，能讓人傳誦的顯然不算很多。

徽宗皇帝與書法家交往的故事，為歷代文人騷客津津樂道。比如，他與大書法家米芾的交往就很有意思。

米芾與徽宗一樣酷愛石頭，曾經在一塊怪石面前納頭便拜，尊稱此石為兄，人稱「米癲」，就是米瘋子的意思。有一次，徽宗令人在瑤林殿張掛兩丈長的畫絹，擺上極珍貴的筆、硯、墨、鎮、紙等，召米芾寫字。米芾上躥下跳、筆走龍蛇，並大呼：「奇絕陛下！」皇帝一高興，把所有眼前寶物全部賞賜給了米芾。有一次在崇政殿奏事，米芾手執書笏，皇帝讓他放在椅子上，他大叫：「皇帝叫內侍，要唾壺！」也不知是要皇帝用，還是自己用。大約是一種抗議自己受了慢待的意思。管宮廷風紀的官兒要治他的不尊之罪，皇帝制止說：「對俊逸之士，不要用禮法拘束他。」米芾曾經為皇帝書寫過屏風，幾天後，皇帝派宦官賞賜給他白銀十八笏，十八笏為九百，當時的人們以九百為傻，和我們今天罵人二百五是一個意思。米芾興高采烈地對來者說：「知臣莫若君，皇帝真了解我。」皇帝聽說後大笑。某宮修完後，徽宗命米芾去寫字，當時米芾已經身兼書、畫兩學博士，他用完皇帝御用的一塊珍貴硯台後，一本正經地說：「這塊硯台被臣濡染過，已經不堪再讓皇帝使用了。」宋徽宗放聲大笑，將硯台賞了他。他怕皇帝反悔，抱著硯台就跑，結果弄得滿身墨汁淋漓。

在繪畫領域，宋徽宗也當之無愧地可以躋身於中國歷史上最優秀的大畫家之列。他的丹青造詣堪稱登峰造極，蔚為大家。據說，龍德宮建成後，徽宗召來各路著名畫家作畫。作畫者都是一時之選，徽宗看後無一句誇讚之辭，偏偏對一位並無名氣的新近畫家所畫的斜枝月季大加讚賞，並特賜該人服緋。當時，只有官居六品方可穿緋色袍服。徽宗的理由是：月季花四時朝暮的花葉均不相同，極其難畫；而此人畫的是春天正午時分的月季，一絲不差，所以重賞。出自宋徽宗手筆的山水畫傑作《雪江歸棹圖》，意境清奇高遠，不同凡俗，一般的山水畫作品，根本無法望其項背。

按照現代心理學的解釋，像宋徽宗這樣才華橫溢、具有高度靈氣和素養的藝術天才，很有可能也是一個充滿詩人氣質和浪漫情懷的人。通常情況下，這種人不認為蔑視傳統價值觀念和世俗行為規範有什麼不對；他們只服從自己內心感受的召喚，按照自己的喜怒好惡行事；他們不知冷靜、理智、理性為何物，為人處事衝動而情緒化，具有極為濃厚的感性色彩。假如再加上皇權帝制所賦予他無上權力的話，我們就應該比較容易明白發生在宋徽宗身上的許多故事了。

從現有資料上看，宋徽宗趙佶並不是個紈褲子弟，這從他的勤奮好學、多才多藝與諸多藝術成果上可以看出；他也並不昏庸，從他當政之初的情形判斷，的確稱得上出手不凡，「粲然可觀」。當時，他大刀闊斧地整頓朝綱、平反冤獄、貶竄奸佞、提拔賢良，一時間，很有除舊布新的氣象。他曾經發布一份詔書，相當謙恭地希望天下人能夠暢所欲言地品評朝政，其誠懇平和、推心置腹在歷代帝王詔書中十分少見。從這份詔書中，可以清楚地看到一位青年天子涉世未深的坦誠和帶有理想化浪漫氣息的良好願望，讀來很是感人。

宋哲宗在位時，也曾經發布過一份讓天下人上書言事的詔書，獻言者數以千計。結果，章惇做宰相後，斷章取義地摘錄這些上書，憑隻言片語來整治上書者，搞得人們怨聲載道。宋徽宗為了解除人們的顧慮，索性下令撤銷了這個專門從事羅織的「編類臣僚章疏局」，這顯然是一個極為開明、大受歡迎的舉措。

大臣之間

在徽宗初政中，已經在哲宗朝當了六年宰相、在徽宗朝繼續當了九個月宰相的章惇遭遇了重大打擊。

這位章惇是蘇東坡的老朋友，年輕時以富有才華、豪爽大方出名，屬於和蘇東坡很對脾氣的一種人。他們兩人曾經一起結伴外出遠遊。在前往蘆關的深山老林裏，馬上就要到達黑水谷的時候，他們碰到一處萬丈深淵，下面急流咆哮，上面只有一座獨木窄橋。章惇提議兩人過到對面的峭壁上去題字留念，蘇東坡不肯，章惇若無其事地走過深淵上的獨木橋，然後把長袍掖在腰間，抓住一根老藤蕩到急流對岸，在峭壁上寫下「蘇軾、章惇遊此」六個大字，然後從容回到此間岸上。蘇東坡對此的反應是，拍著對方的肩頭說：「今後你這傢伙會殺人不眨眼。」章惇問：「何來此說？」蘇東坡回答：「不在乎自己性命的人，肯定不會拿別人的性命當回事兒。」

以王安石變法為契機，章惇漸次成為變法派的主力戰將，蘇東坡則立即加入到反對變法的陣營，並以自己如日中天的文名與官聲，成為令變法派特別難受的主要對立者之一。哲宗親政的時間，掐頭去尾大約只有六年多一點時間，這位章惇就做了六年宰相。他果然無情地不給任何人包括他自己留退路，證明了蘇東坡當年的判斷不錯。當初，為了推行自己的政治理想，王安石也曾經放逐過政敵；如今與章惇所做的一切比較起來，我們馬上會發現王安石已經可以用溫柔敦厚來形容了。在章惇那裏，人們才終於明白，什麼叫政治迫害，什麼叫政治謀殺。

於是，這位以不擇手段地打擊反對派著稱的宰相，也就理所當然地成了徽宗初政的第一個被清算的對象。以往的時日裏，章惇整治過的人實在太多，現在就有幾乎同樣多的人要求懲處他。最後，他終於被流放到了雷州島，就是今天的海南省。在那裏，章惇遇到了可能是他一生中最後一次自己給自己招來的屈辱。當初，他將自己的老朋友蘇東坡及其弟弟貶到這裏時，曾經立了一個新規矩，下令不許他們居住公家的宿舍。於是蘇東坡的弟弟、曾經擔任過副宰相的蘇轍只好租賃民房居住。誰知，宰相依然不依不饒，硬說蘇轍強奪民居，命令地方政府官員給予懲治。逼得蘇轍只好拿出租賃合同對簿公堂，才算躲過此一劫。如今，這位曾經不可一世的前任宰相也被貶到此地，當他按照自己立下的規矩去租

賃民房時，得到的回答是：當初蘇相公來租房，章宰相差一點要了我們的命；我們已經沒有人敢租房子給你了。我們無法揣摩他當時的心境，想必是不會好過。這位前宰相從此再也沒能返回京城，悄無聲息地死在了貶居之地。

與此同時，深受這位宰相賞識與提拔的蔡京兄弟兩人也成為眾矢之的，被貶黜出了京城。蔡京被奪職，令在杭州居住。

在此期間，宋徽宗做了兩件頗有象徵意義的事兒，一件是將被貶到永州的老宰相范純仁請回京城；另一件則是赦免蘇東坡，實際上是為他平反昭雪，並恢復官職。與他同期被貶的三十多位官員也恢復了名譽與原有官職。可惜，其中的大部分人已經不在人世；而此時的蘇東坡也貧病交加，不久，就病死在江蘇常州。

范純仁是著名的北宋宰相范仲淹的兒子。他也當到了宰相，享有很高的名望。本來老先生是可以退休林下，在京城安度晚年的。但是，當時有另外一位七十多歲的老臣被章惇宰相流放在外，滿朝文武沒有人敢為他說句公道話。同樣年近古稀的范純仁不顧全家人的阻攔，挺身而出，結果得罪了當道者，也被章惇流放出去。就這樣，一家人跟著老先生走上流放的道路。每當子女痛罵章惇時，老先生總要制止他們。一次，翻了船，老先生被救上來，他抖著濕淋淋的衣服問子女們：「這次翻船也賴章惇嗎？」在這位老先生身上，人們會不由自主地想起他父親范仲淹的千古名句：「先天下之憂而憂，後天下之樂而樂。」

范純仁返回京城後，雙目失明，已經是風燭殘年。宋徽宗不得已讓他頤養天年，並且感慨萬千地說：「像范純仁這樣的人，能夠見一面認識一下，就已經令人感到十分滿足了。」令人遺憾的是，范純仁和蘇東坡的逝去，似乎成為了一個時代消逝的象徵，從此以後，我們所能看到的，就完全是另外一種景象了。

除舊布新

徽宗執政之初，虛懷若谷地聽取各種不同意見，相當令人讚歎。宰相張商英勸告他要克勤克儉，防止奢華，不要大興土木，抑制僥倖取寵的小人。他表示完全接受。有一次，他讓人整修升平樓，還特意告誡工頭：如果張宰相經過這裏，須速把工人們藏到樓裏去，不要讓他看到。曾經有一個很敢說話的臣子，抨擊童貫等宦官胡作非為，引經據典，侃侃而談，一直談到暮雲四合時分。徽宗饑腸轆轆，餓得受不了了，他站起來邊走邊說：「今天先到這兒，我餓壞了，找機會再聽你說吧。」誰知，這位臣子上前一把拉住皇帝的衣服，不讓他走，以致把衣服都撕壞了。徽宗大叫道：「有話好好說，我的衣服被你撕碎啦。」這位臣子立即回答：「陛下不惜衣服撕碎，臣子我何惜粉身碎骨報答陛下！」徽宗相當感動，說：「有這樣的臣子，我還有什麼可憂慮的。」皇帝的侍從過來為他換衣服，他說：「給我好好保留起來，將來用它表彰正直有節操的大臣。」

此時的徽宗，表現得似乎特別喜歡廉潔正直的大臣。有一次，一個為政清廉的縣官被推薦給他，他把這個人召來談話，發現此人確實不錯，就破格提拔他做了殿中侍御史，並且對他說：「方今士大夫寡廉鮮恥，你懂得義理，這就是我特別召你來的原因。」有一位中書舍人，相當於為皇帝起草詔書文告的機要秘書，為人坦率耿直，徽宗對他說：「我每次聽這幫臣僚們談話，總覺得不是內含奸詐，就是馬屁撲鼻；而你耿直正派，我只能倚賴你這樣的人。」

登極之後，徽宗曾經覺得皇宮建築過於豪華，容易讓人沉淪喪志，對宰相說：「仁宗皇帝製作了一個寶座，覺得太華麗了，於是放到大相國寺去，自己不用。今非昔比，外人哪裡會知道宮中如此過分的情形呢？」種種資料顯示，這位青年皇帝聰明、敏銳，很有一股子銳意進取的勃勃生氣。

西元一一〇〇年，即元符三年十月，徽宗向全國發布詔書，表示自己對於元豐、元祐沒有成見，一切只看對國家是否有好處。任何傷害國家利益者，不論是元豐還是元祐，必與國人共同唾棄之。一個月後，徽宗又一次下令：「欲以大公至正，消釋朋黨，遂改元為建中靖國。」表示出一種不偏不黨、除舊布新的氣魄。

徽宗初年，氣象萬千；青年皇帝，奮發有為，給人留下了深刻印象和無窮希望。這一切是怎樣發生變化的？又如何變化得面目全非，走上了完全相反的道路？宋徽宗趙佶為什麼在未來的歲月裏整個變了一個人？與登極之初的他比較，怎麼會變得讓人根本就無法辨認？這實在是一個相當令人困惑的問題。

四百七十年以後，一位大明天子萬曆皇帝也發生過類似的變化。但是，萬曆皇帝的變化有明顯的蹤跡可以追尋。當時的首輔張居正死後，萬曆皇帝突然發現，自己一向崇敬甚至敬畏的「師相」張居正，原來過著兩面人的生活：在公眾面前和私下裏、當面所說的和背後所做的兩者之間，有著巨大的差距。於是，這位性格相當單純，而且也還算富有才華的皇帝大受刺激，終於由一個好學上進的青年，一步步變成中國歷史上最糟糕的荒怠加貪婪的帝王之一。

然而，在徽宗皇帝身上，無論如何也找不到這種變化的理由。找來找去，我們相當無奈地發現：只能把這種變化的原因，歸結於這位皇帝身上天生的輕佻、藝術家氣質和後來蔡京等人的影響。正是這些因素雜糅在一起，彼此強化著發生效力，遂使這位皇帝變成了後來人們心目中的那副模樣。

淳于髡：怎樣給領導者提意見

郭燦金、許暉

淳于髡（西元前386年至西元前310年），戰國時期齊國人。齊國贅婿，齊威王用為客卿。他學無所主，博聞強記，能言善辯。他多次用隱言微語的方式諷諫威王，居安思危，革新朝政。還多次以特使身分，周旋諸侯之間，不辱國格，不負君命。西元前三四九年，楚國侵齊，他奉命使趙，說服了趙王，得精兵十萬，革車千乘，楚國聞風，不戰而退。政

治思想上，他主張益國益民的功利主義。在同孟軻就「禮」與「仁」的兩次論戰中，鮮明地表現了他這一立場。司馬遷稱讚他說：「其諫說慕晏嬰之為人也。」所著《王度記》今已失傳。司馬遷《史記》說他：「齊之贅婿也，長不滿七尺，滑稽多辯，數使諸侯，未嘗屈辱。」並將之置於《滑稽列傳》之首。

提意見引出「一鳴驚人」典故

齊威王當政之初，「好為淫樂長夜之飲」，喜歡摟著後宮佳麗們徹夜長飲、交歡，白天躲起來睡覺，哪裡有處理朝政的時間。上梁不正下梁歪，百官一看國君帶頭不上班，樂得清閒，也都躲在家裏尋歡作樂。別的諸侯國趁機入侵，搶佔了大片國土。眼看國將不國，又沒有人膽敢給齊威王提意見。齊威王這位國君還有一個很奇特的愛好：喜歡說隱語。隱語就是有什麼話不直說，非要曲裏拐彎地用比喻的方式說出來。這個愛好給齊國的大臣們出了個難題，人人都得學習隱語，否則國君跟你說話你卻聽不懂，那豈不糟了？

淳于髡因為個子矮，入贅做了齊國的倒插門女婿。跟隨齊威王時間久了，說隱語的本事練得比誰都強。針對齊威王好隱語的特點，淳于髡於是挺身而出，給齊威王來了一段隱語：「國中有鳥，止王之庭，三年不飛又不鳴，不知此鳥何也？」意思是說：京城出現了一頭大鳥，翩翩落到了大王的牆角，三年不飛也不叫，大王您說牠是隻什麼鳥？齊威王一聽不甘落後，也應了一段隱語：「此鳥不飛則已，一飛沖天，不鳴則已，一鳴驚人。」

齊威王從此振作起來，治理朝政，宣召全國七十二個縣的縣令入朝奏事，賞一個，殺一個，然後出兵向入侵的諸侯宣戰。諸侯一看齊威王這隻大鳥竟然飛起來了，趕緊歸還了齊國的土地。齊威王一鳴驚人，收復失地，使齊國又強大起來，從此橫行了三十六年。「一鳴驚人」也成為典故流傳下來。

出使不辱使命

幾年後，楚國發兵攻打齊國。齊威王給淳于髡置辦了一百斤黃金和十輛四匹馬拉的車子，作為禮物，派他去趙國求救兵。臨出發前，淳于髡看到這些禮物，立刻仰天大笑，笑得眼淚都出來了，連繫帽子的帶子都崩斷了。齊威王被淳于髡笑得心中直嘀咕，問他：「你是嫌禮物太少嗎？」淳于髡回答說：「不敢。」齊威王又問：「那你笑什麼？」淳于髡強忍住笑聲，回答說：「今天我從東邊過來的時候，看見有個人在田裏祈禱豐收，地上擺放著一隻豬蹄和一杯酒，向天祈禱說：『高地上打下的糧食裝滿篝籠，低田裏打下的糧食裝滿大車；五穀繁茂豐熟，糧食堆滿糧倉。』現在我想起來他祈禱得到的那麼多，可是願意付出的才一隻豬蹄、一杯酒，忍不住大笑起來。」

齊威王一聽臉都紅了，趕緊重新置辦禮物，增加到一千鎰黃金、十對白璧、一百輛四匹馬拉的車子。淳于髡這才動身。趙王收到這麼昂貴的禮物，大喜，二話不說借給了淳于髡十萬精兵和一千輛戰車。楚國聽到這個消息，連夜退兵而去。

齊威王這回心放到了肚子裏，在後宮設宴，犒勞淳于髡。酒酣耳熱，齊威王詢問淳于髡：「你喝多少酒才能喝醉啊？」淳于髡回答：「我喝一斗就能喝醉，喝一石也能喝醉。」齊威王一聽糊塗了，知道淳于髡肯定又在耍花招，問：「你喝一斗就醉了，怎麼還能喝一石？你倒是說說看。」淳于髡說：「如果是大王賜酒給我，執法官站在旁邊，御史站在身後，我膽戰心驚，喝酒的時候頭都不敢抬，不過一斗就喝醉了。如果是父母家裏來了尊貴的客人，我作為晚輩，捲起袖子躬身侍奉客人飲酒，客人一高興賞我幾杯殘酒，舉杯向客人祝壽，也不過兩斗就喝醉了。如果是多年不見的好朋友，久別重逢，互訴衷腸，大概五六斗就喝醉了。如果是鄉里之間的聚會，男男女女雜坐在一起，隨便喝，也沒有時間的限制，再做一些六博、投壺之類的小遊戲，呼朋引伴，握手言歡、眉目傳情都沒人干涉，哪怕美人的耳環和髮簪被我動手動腳碰掉了也不會生氣，這是我最快樂的時候，喝上八斗也不過才有兩成醉意。天黑下來了，酒也快喝盡興了，把剩下的酒宴合併到一起，男女同席，促膝而坐，醉意朦朧，摟摟抱抱，杯盤狼藉，繼而散席，主人送走了別的客人，獨獨把我留了下來，派一個美人陪我過夜，這時她已經解開了綾羅短襖的衣襟，身上的香味陣陣，只往我鼻子裏鑽，當此之時，我神魂顛倒，能喝一石酒而不醉。可見酒喝得太多了就會出亂子，樂極則生悲。世間所有的事情都是這樣，勝極則衰。」

說來說去，原來淳于髡還是在諷刺齊威王的長夜之飲。

齊威王這回服了，淳于髡的隱語簡直無處不在，爐火純青。於是齊威王此後就取消了長夜之飲，封淳于髡為接待外國使節的賓禮官。

個性點評

《紅樓夢》裏，賈寶玉曾經諷刺過「文死諫，武死戰」：文官拼死進諫，武官拼死作戰；即使沒有任何效果也要拼死留名。淳于髡是一個提意見的高手，他不是直接批評國君的過失，而是用別人的幽默故事間接勸說，在古代這叫「諷喻」，是專制社會中下級對上級的典型態度，講究的是溫良恭儉讓，溫柔敦厚而不觸怒統治者。

《滿江紅》遭質疑：是岳飛的傑作嗎？

李夢然

岳飛的《滿江紅》詞從明代中葉以後開始流布，四百多年來廣為流傳，婦孺皆知，從未有人對它的著作權產生過懷疑。直到上世紀三十年代末，余嘉錫先生的《四庫提要辨證》印行出來，其中有辨證四庫館臣對明人徐階編《岳武穆遺文》提要的一篇，首次斷言徐階收入《岳武穆遺文》（即《岳集》）的這首《滿江紅》詞並非岳飛所作。那麼，先看看岳飛的人生經歷：

岳飛（1103年至1142年），字鵬舉，南宋軍事家，相州湯陰（今屬河南）人。少時勤奮好學，練就一身好武藝。十九歲時投軍抗遼。不久因喪父，退伍還鄉守孝。一一二六年金兵大舉入侵中原，岳飛再次投軍，開始了他抗擊金軍的戎馬生涯。傳說岳飛臨走時，其母在他背上刺了「精忠報國」四字。

岳飛投軍後，很快因作戰勇敢升秉義郎。不久金軍攻破開封，俘獲了徽、欽二帝，北宋王朝滅亡。次年，趙構建立南宋王朝。一一二九年，金將兀術率金軍渡江南侵，攻陷建康（今江蘇南京）。岳飛堅持抵抗，攻擊金軍後防。第二年，岳飛在牛頭山設伏，大破金將兀術，收復建康，金軍被迫北撤。之後，岳飛升任通州鎮撫使，擁有人馬萬餘，建立起一支紀律嚴明、作戰驍勇的抗金勁旅「岳家軍」。

一一三九年，高宗、秦檜與金議和，岳飛上表反對。次年，兀術進兵河南。岳飛奉命出兵反擊，相繼收復大批失地，在郾城大破金軍精銳鐵騎兵「鐵浮圖」和「拐子馬」，乘勝進佔朱仙鎮，距開封僅四十五里。兀術被迫退守開封，金軍士氣沮喪，發出「撼山易，撼岳家軍難」的哀歎，不敢出戰。在朱仙鎮，岳飛招兵買馬，積極準備渡過黃河收復失地，直搗黃龍府。這時高宗、秦檜卻一心求和，連發十二道金字牌，命令岳飛退兵。岳飛壯志難酬，只好揮淚班師。岳飛回臨安後，即被解除兵權，不久被誣謀反下獄。一一四二年十二月二十九日，以「莫須有」的罪名與其子岳雲及部將張憲同被害於臨安風波亭，年僅三十九歲。孝宗即位後，追謚「武穆」，寧宗時被追封「鄂王」。

岳飛善於謀略，治軍嚴明，在其戎馬生涯中，親自參與指揮了一百二十六仗，沒有一次敗績，是名副其實的常勝將軍。再從岳飛的戎馬生涯來分析這首詞：

一、從「三十功名塵與土」這一句，說明這首詞是岳飛三十歲或三十歲前後有感而作。岳飛三十歲時（1133年）受到朝廷的恩寵，開始執掌指揮大權，因責任重大，身受殊榮，感動深切，於是作此壯懷述志之《滿江紅》詞。

二、岳飛從二十歲離開家鄉，轉戰南北，到三十歲由九江奉召入朝，計其行程，足逾八千里。所以詞中有「八千里路雲和月」之句。

三、岳飛三十歲置司江州時，適逢秋季，當地多雨，所以詞中有「瀟瀟雨歇」之句。

從以上三點可以看出：《滿江紅》詞是岳飛表達其本人真實感受的，岳飛於宋紹興三年（1133年）九月下旬，作於九江。

關於詞中「駕長車，踏破賀蘭山缺」的賀蘭山，應是「長安」、「天山」一類地名，詞中是用作比喻性的泛稱。岳飛是把賀蘭山比作黃龍府。那時，西夏與北宋向來都有戰事，派范仲淹經略延安，就是守邊陲、防西夏的。這種局面直至真宗、仁宗賄賂求和，才暫告安定。岳飛對這一發生在五十餘年前的歷史當然十分熟悉。《滿江紅》一詞提到的賀蘭山，是借指敵境也未嘗不可。另外，文學史上也有過作品歷久始彰的先例，如唐末韋莊的《秦婦吟》湮沒九百多年才看到全文；《滿江紅》不見於宋、元人著錄，直到明代才發現，也不足為怪，且詞中「還我河山」義正詞嚴。綜上，《滿江紅》是千古絕唱，是岳飛的傑作，為世代傳頌。

妲己：千古第一惡女？

段戰江

在《封神榜》中，妲己豔如桃花，妖媚動人，美麗多姿，是女媧娘娘派來迷惑商紂王、斷送商紂王江山的，相當於西施這種女間諜。可惜最後寸功未表，反被割掉了一顆如花似玉的大好頭顱。當周人滅商殺妲己時，連劊子手都被其美色迷住，不忍下手，願替其死。那麼妲己到底是個什麼人物？

妲己，有蘇氏的女兒，商紂王辛的寵妃，有美色。紂王非常寵愛她，對她言聽計從，荒理朝政，日夜宴遊。後周武王乘機發動諸侯伐紂，經牧野之戰，一舉滅商。紂王逃到鹿台自焚，妲己也被武王所殺。

說來妲己真是冤枉。歷代文人，僅憑臆斷和想像，便一步步地坐實了妲己的罪孽，讓她背負起千古第一惡女的罵名。

一對惡男女？

中國歷代的「紅顏禍水」裏，最惡毒的恐怕莫過於殷商時代紂王的寵妃妲己了。而且兩個人犯起「渾」來，簡直算得上「夫唱婦隨」，驚人地合拍。按《史記・殷本紀》裏的說法，紂王已經可謂殘暴，但若按民間《封神演義》裏的演繹，那簡直就是變態，有嚴重的「施虐狂」傾向。照《封神演義》的說法，妲己是千年狐精附體，受女媧之命來禍亂殷商的，紂王也因此才變得如此怪戾，做出那些殘忍的事來。

當然，這是迷信的說法，不足為信。這位叫妲己的美女自然不是狐精附體。《晉語》記載：「殷辛伐有蘇，有蘇氏以妲己女焉。」這就是說妲己是紂王征戰得勝的「戰利品」。據說有蘇氏是以九尾狐為圖騰的部落，所以才會有《封神演義》這般附會。雖然妲己沒有狐精附體，可照樣把紂王迷得魂不守舍，唯「妲己之言是從」。

根據正史記載，紂王不但投妲己所好，作「新淫之聲、北鄙之舞、靡靡之樂」，還搜刮百姓錢財，修建起高大宏麗的鹿台，裏面置滿奇珍寶物。同時，「積糟為丘，流酒為池，懸肉為林，使人裸形相逐其間」，徹夜長飲，歡嬉達旦，可謂荒淫之極。

最過分的是，他耳根子特別軟，最聽妲己的話，甚至到了「妲己之所譽貴之，妲己之所憎誅之」的地步。這樣一來，天下就無法太平起來，老百姓埋怨，各諸侯反叛。這時，妲己又給紂王出了一個「狠」招，發明了一種懲治犯人的刑法，曰「炮烙之法」。就是把一根粗大的銅柱橫放，下面架起炭火炙烤，然後命「有罪者行其上」，沒走幾步，就紛紛掉進火紅的炭火裏，活活燒死。每次看到犯人在炭火裏掙扎慘叫，妲己「乃笑」。如何笑，是大笑還是冷笑，就不得而知了。對於這種冷酷而變態的做法，紂王的叔叔比干實在看不下去，就向他進諫說：「不修先王之典法，而用婦言，禍至無日。」這話戳到紂王的痛處，他非常生氣，覺得這是妖言惑眾，給他難堪。這時，妲己又在一旁添油加醋，櫻桃小口一開，吐出一句血淋淋的話來：「我聽說聖人心有七竅……」紂王一聽，愛妃有如此求知之心，那就打開看看吧。於是「剖心而觀之」。

史書記載，他還將九侯、鄂侯兩位臣公一個剁成肉醬，另一個做成肉乾；另一位臣公西伯昌（即周文王姬昌）本也要「炮烙」，但他很聰明，馬上服軟，並獻給紂王「美女、奇物、善馬」以及自己的洛西領地，紂王這才鬆口，把他放了。後來，有點頭腦的大臣裝瘋的裝瘋、賣傻的賣傻、投敵的投敵、流放的流放，這樣一來，自然民心背向、諸侯離心。很快，西伯昌的兒子周武王就起兵造反，將他打敗。他不願投降受辱，便穿上最漂亮的衣服，戴上最好的寶物，一把火把自己燒死了。而他的美人妲己，結果更慘，被砍頭不算，砍下的頭還被掛在小白旗上，給天下人看，要讓天下的女子都引以為戒。

「瘋狂」的想像

無論正史典籍，還是稗官野史，都說妲己是一個蛇蠍美人。這種論調已經家喻戶曉，深植人心。但問題是，歷史的真實情況是這樣嗎？

先說紂王，歷代史書已經把他符號化成一個暴君的形象了，可這個形象離他真實的情況還是有很大的距離。

早在春秋時期，子貢就有點看不過去，他憤憤為紂王鳴不平，說：「紂之不善，不如是之甚也！是以君子惡居下流，後世言惡則必稽焉。」

在春秋時期，關於紂王的罪狀還只限於「比干諫而死」；到了戰國，比干的死法就生動起來，屈原說他是被投水淹死，呂不韋的門客則說他是被剖心而死；到了漢朝司馬遷寫《史記》的時候，已經有了更生動的演繹，說紂王剖開他的心是為了滿足妲己的好奇心，想看看「聖人」的心是不是七竅；而到了晉朝，皇甫謐因為職業是醫生，寫些文史文章的時候，也不免會犯些「職業病」，又演繹出紂王在妲己的慫恿下解剖了懷孕的婦女，要看看胎兒形狀。紂王縱是不好，也不至於如此之壞。後世書生們根據個人好惡，紛紛加工演繹，以訛傳訛，其謬豈不大哉？

而關於紂王最著名的「酒池肉林」、「炮烙」的傳說，周時的文獻沒有記載，春秋時也沒有，可到了戰國末期，韓非子突然很生動地描繪起來：「昔者紂為象箸而箕子怖，以為象箸必不加於土，必將犀玉之杯；象箸、玉杯必不羹菽藿，則必旄、象、豹胎；旄、象、豹胎必不衣短褐而食於茅屋之下，則錦衣九重，廣室高臺。居五年，紂為肉圃，設炮烙，登糟丘，臨酒池，紂遂以亡。」據說韓非子口吃，可文章非常雄辯，這樣充滿想像力的文字便是明證。但那時「諸子百家」個個口才了得，為了推銷個人的主張、論證自己的觀點，不免只顧激揚文字，「強」詞奪理了。很多論據，也多是「想當然耳」。便是「不虛美，不隱惡」的司馬遷，有時也會潤潤筆。譬如他在韓非子「酒池肉林」的基礎上，又加上「男女裸奔其間」的合理想像。當然，在他之前，已經有人在酒池面積上大做文章，說可以「回船糟丘而牛飲者三千餘人為輩」，這樣的想像力只能用「瘋狂」來形容。

也許，在他們看來，反正紂王不是個好人，形容得再淫蕩、再荒唐也無妨。歷史的另一個目的便是警示後人嘛，於是，他們的想像和潤色，便常常顯得坦然而大方。譬如司馬遷之後的史學大家劉向，就把紂王鹿台的面積升級為「長三里，高千尺」；而晉朝的皇甫謐覺得還不過癮，一咬牙，把鹿台的建築高度提高至十倍，達到「高千丈」的地步。

同時，妲己的妖孽和毒辣形象也逐步升級。從《尚書》裏討伐紂王的一句「聽信婦言」開始，到《國語》裏的「妲己有寵，於是乎與膠鬲比而亡殷」，再到《呂氏春秋》裏的「商王大亂，沈於酒德，妲己為政，賞罰無方」都還是不太離譜的合理推斷；再到後來，年代越久，想像力就越豐富，寫出來的史料也就越生動，直到後世的《封神演義》，因為沒有史家的顧慮，加上歷代文人提供的諸多素材，演繹起來更是神乎其神。千古惡女的罪名，也終非她莫屬。

對此，不禁要捫心自問：那些關於妲己近乎變態的行為，雖是後世杜撰，可我們為什麼一直津津樂道，而且好像還很樂意把這些髒水潑在一個女人身上？

一個悲劇人物

那麼，為什麼紂王會被描述得如此不堪呢？

這不得不從紂王本人談起。《史記．殷本紀》說他「資辨捷疾，聞見甚敏；材力過人，手格猛獸」，自然是個有勇有謀、文武雙全的大丈夫。只可惜，也正因為具備這些過人的才能，他便驕傲自大，聽不進別人意見，有著「矜人臣以能，高天下以聲」的壞毛病，「以為皆出己之下」。

同時，他還有「好酒淫樂，嬖於婦人」的毛病。身為一個君王、一個英雄、一個男人，這些毛病也不算太大的毛病，絕非後人誇張得那麼荒淫無恥。商朝人好酒，喜歡以酒佐餐、聚眾豪飲，這是那個朝代一貫的風氣。從出土器物來看，商朝後期的飲酒器具明顯激增，這表示社會飲酒之風蔚然。也就是說這可能是個嚴重的社會問題，但也不足以亡國。

如果說他的時代刑罰過重，也欠客觀和公正。每個時代都有自己的文化特徵，我們總不能要求他文明執法，用槍決或靜脈注射吧？在此，不妨以事實說明。《尚書・大禹謨》裏載，夏朝已有「五刑」制度和「夏台」監獄。除了砍頭外，那時還有烹煮、醢刑（把人剁成肉醬）、車裂、腰斬、絞殺、燒死、棄市、滅族等各類殘酷的刑罰。也就是說，這些刑罰並不是商紂王獨創的。該不該對他的政敵或罪犯處以這樣的刑罰，那就是司法制度的問題了。

再舉個例子，有助於我們了解當時的刑罰。《韓非子》記載：「殷之法，棄灰於公道者斷其手。」這是輕罪重判，當時子貢以為罪輕而罰太重，便去問孔子。孔子卻認為制定此種刑罰的人是了解治國道理的。因為如果揚灰時恰遇過路人，使其滿面蒙塵，那此人必定發怒，怒就會鬥毆，因毆鬥罪，按當時法律要滅三族。所以，棄灰於道看來過錯輕，實則重，這樣的重刑很有道理。因此，《尚書・康誥》才會贊曰「殷罰有倫」。這就說明，商朝的刑罰看似野蠻，但有合理之處，符合當時的社會背景。

也就是說，他絕不是無道之君，可他為什麼還是失敗呢？

根據史料分析，除卻諸多不確定因素外，最大的可能就是周武王發動的政變成功有很大的偶然性和投機性。當初紂王殺比干、囚箕子，可能只是政見不同罷了，但對微子（他的親哥哥）沒有防備。後來微子竟背叛了他的兄弟和國家，引狼入室。

實事求是地講，紂王是一個很有作為的君主。當時商朝擁有一支強大的軍隊，他的軍隊都裝備著先進的青銅兵器和盔甲，而且他的作戰部隊中還有「象隊」這樣的特種部隊。古書上就有「商人服象為虐於東夷」的記載。因此，他的部隊所向披靡，可謂戰無不勝，攻無不克。當時，他有兩個主要的對手，一個是西部的周方國，另一個就是東部的夷人部族。紂王曾在山西黎城與文王惡戰一場，把文王打得大敗（文王被俘，囚於羑里，很可能就發生在這場戰爭中），若不是來自東夷的軍師姜子牙在商王國東部策反東夷作亂，恐怕姬昌早被紂王處死，而不是像史書上所說的那樣被釋放回家。

稍作休整後，紂王立刻發兵東夷，計劃一勞永逸地除掉東部威脅，永絕後患。憑著優勢兵力，商軍如秋風掃落葉一般，一直打到長江下游，降服了大多數東夷部落，俘虜了成千上萬的東夷人，取得大勝。從《左傳》記載的時間看，他很可能是在這次征伐東夷的戰爭中，路過有蘇氏部落擄獲了妲己。

但是這場曠日持久的征戰也幾乎拖垮了商王朝。卜辭記載商征人方往返一次需要兩百天左右的時間，這是一件非常勞民傷財的事。安陽殷墟出土了一塊刻有「人方伯」字樣的人頭骨，顯然是商軍殺死了人方的君長並帶回其頭骨作為戰利品。雖然商最終戰勝了人方，但商的國力也因此而大大消耗，因此《左傳》評曰：「紂克東夷而損其身。」

緩過神來的周武王根據紂王親哥哥微子的告密，得知紂王大軍盡出，都城內防禦力甚弱，遂發兵奇襲商紂，在牧野展開決戰。而當時商王的精銳之師遠征東南，不可能及時趕回，因此，只好將七十萬東夷戰俘及奴隸臨時武裝起來應戰。牧野之戰打得異常慘烈，正如《尚書》上所描述的那樣，「流血漂杵，赤地千里」，絕非後世史書上所說的什麼奴隸臨陣倒戈，周武王兵不血刃贏得勝利。

紂王不肯投降，他選擇有尊嚴地死去，所以自殺了。後來，商朝的遺民很不服氣，在紂王的兒子武庚的帶領下起來造反。周人用了三年的時間，才把這場暴亂鎮壓下去，由此可見商朝遺民的團結與紂王的威望。對於紂王的死，孔子有一句發人深省的評價：「不聞王死，只聞一莽夫死矣！」大概也是感嘆他太過尚武，忽略以德服人的重要性了吧。對此，仁者見仁，智者見智，不好評判。但有一點很明確，那就是不能總「以成敗論英雄」。最最無能的，就是把無辜的女人也扯進來，恣意塗抹，胡亂辱罵。

歷史，終不是任人打扮的小姑娘；女人，也不是隨意擺弄的塑膠花。

給妲己翻案，也是給歷史上所有曾是男人附屬品的女人翻案。關於她的史料有限，年代又太過久遠，所以講她的歷史，也就只能講她如何被描黑的歷史；講她的失敗，也只能討論她依附的男人怎樣失敗。古代的女人，只是男人的陪襯罷了——成功了，享受榮華富貴；失敗了，不但要搭上性命，甚至還要背負許多歷史的罵名。那麼，這是誰的悲哀？

「另類」奇才：東方朔那些事兒

王立群

漢武帝一朝人才濟濟：衛青拓土開疆，霍去病克敵制勝，汲黯心憂社稷，張湯嚴刑峻法……唯有一人難以定義：他滿腹經綸卻沒有幾句治國安邦之言，他放浪形骸卻又疾惡如仇；皇上對他百依百順，群臣眼中他又無足輕重。他是誰？是曠世奇才還是跳樑小丑？是喜劇之王還是悲情智聖？

這位匪夷所思的人物就是東方朔。當時社會，沒有人能夠理解他，現代價值多元，倒是有一個詞差可比擬：另類。「另類」這詞好。首先，它沒有褒貶。我們要講的是東方朔如何與眾不同，為什麼與眾不同；至於他這樣對不對，好不好，要不要模仿，就見仁見智了。其次，就字面看，「另類」就是「別一類」，既然「別一類」，我們就要跳出各種古典的或現代的條條框框去看他。

東方朔到底有什麼本事將「另類」進行到底？

功名俸祿一擔挑

求職

漢武帝喜歡「海選」。大家記不記得那個鑿空西域的張騫？他就是藉一次「海選」當上全權大使的。「海選」，就是「不設門檻地選人才」；「海吹」自然就是「不著邊際地吹大牛」。

漢武帝繼位之後，於建元元年（前140年）下詔，要求各地廣泛推舉賢良方正之士。這次「海選」活動，四方士上書言得失者以千數，盛況空前。而且一旦選中，待以不次之位，不拘輩分授予官職，待遇優厚。

果然，「海選」中漢武帝淘到兩個寶貝。

第一個寶貝就是董仲舒。董仲舒是公羊派《春秋》的大師，他的《天人三策》以儒家學說為基礎，引入陰陽五行理論，建成「天人合一」的「大一統」思想體系；他才華橫溢，思維縝密，提出一系列治國方略。因此，董仲舒的入選是中規中矩，武帝對他是相見恨晚。

第二個寶貝就是東方朔。這次「海選」只比文章，不比才藝，文章不是東方朔的最強項，但他依然能夠在數以千計的謀位者中脫穎而出。

他憑什麼令當朝天子「一見傾心」？東方朔的辦法是「海吹」。

且看東方朔怎麼吹的吧——

草民東方朔，爹娘早逝，由兄嫂養大。十二歲讀書，三個冬天讀的文史已經夠用。十五歲學擊劍，十六歲學《詩》、《書》，讀了二十二萬字。十九歲學兵法，也讀了二十二萬字。如今我已二十二歲，身高九尺三寸（兩公尺多）。眼睛亮得像珍珠，牙齒像貝殼一樣整齊潔白，兼有孟賁（古代衛國勇士）之勇，慶忌（先秦以敏捷著稱的人）之敏捷，鮑叔（齊國大夫，與管仲分財，自取其少者）之廉潔，尾生（先秦人名，與女友約於橋下，友人不至，河水上漲，尾生堅守不離，被淹死）之誠信。我是文武兼備，才貌雙全，夠得上做天子的大臣吧！

東方朔這番個人簡歷，實在是先聲奪人，讓漢武帝一下子記住「東方朔」這三個字，並且大加讚歎。

如果說董仲舒的《天人三策》是一劑大補丸，利膽養心；東方朔的這篇文章就是一瓶辣椒醬，開胃醒腦。東方先生的「另類」自不待言：一是不談治國，二是自我標榜。從頭到尾，沒有一句經緯之論。

但是，漢武帝卻被東方朔深深吸引，視之為奇才。不過，漢武帝非常有分寸——畢竟這只是「高自稱譽」的小打小鬧，沒有提出任何治國之道。比起董仲舒，東方朔當然不在同一個重量級上。漢武帝對董仲舒是連發三策，而對東方朔只給了一個待詔「公車」（就是在「公車署」這個衙門裏等待皇上的詔令，實際上就是一個下級顧問）的待遇。比起同年級的董仲舒、公孫弘，東方朔地位低、待遇差，平常也難得一見漢武帝。

東方朔這第一次亮相，的確讓人大跌眼鏡。武帝一朝，言辭放肆的不止東方朔一人，汲黯也常常令武帝哭笑不得。但汲黯因為不會說話，才出言不遜；而東方朔這番「海吹」，引經據典，鋪陳比喻，還基本在理，如果不是「老王賣瓜」，也稱得上一篇美文。他這是有意給集中閱卷、審美疲勞的漢武帝製造一次感官衝擊。東方朔的「另類」透著一股詭詐之氣。

提職

東方朔不是一個中規中矩的讀書人，他的身上不僅充滿詭詐之氣，而且還有一股詼諧之風。

東方朔剛剛待詔「公車」時非常興奮。可是，時間一長，東方朔就犯嘀咕了。眼看董仲舒、公孫弘官居顯赫，東方同學還是一個小小的「公車」待詔，無權無勢，跟天庭裏的弼馬溫一樣，不過是個擺設，說晾就晾起來了。怎麼辦？難道也來一次「大鬧天宮」？自找死路，不成。東方朔不管三七二十一，沒有人提拔自己，就自己提拔自己！

東方朔思來想去，就從「弼馬溫」入手。他找來為皇帝餵馬的侏儒，聲色俱厲地對他們說：「皇上說你們耕田沒有力氣，當官不能治理百姓，打仗又不勇敢，一點兒用處也沒有，還白白消耗國家的糧食；準備把你們這些白吃白喝的人通通殺掉！」

侏儒們嚇得號啕大哭，求他出手相救。東方朔想了一想，說：「假如皇上路過這裏，你們就跪下來求饒，或許會有點作用。」

過了一會兒，漢武帝從這兒路過，侏儒們齊刷刷、黑壓壓跪了一大片，哭哭啼啼，高呼「皇上饒命」。漢武帝莫名其妙。侏儒們說：「東方朔說皇上要把我們這些人全殺了！」漢武帝一聽，知道是東方朔搗鬼，便質問他：「你把侏儒們嚇得半死，到底為什麼？」

東方朔理直氣壯地說：「那些侏儒們不過三尺，俸祿卻是一袋米和兩百四十錢。我身高九尺三寸，俸祿也是一袋米和兩百四十錢。他們吃得肚皮都要撐破，我卻餓得前胸貼後背。如果陛下覺得我的口才還有用，就先讓我吃飽飯。如果覺得我沒用，請立即罷免，也好為長安節約點米。」漢武帝一聽，樂不可支，立即讓東方朔從「公車」待詔轉到金馬門待詔，這樣，東方朔收入提高了，和武帝接觸的機會也明顯多了。

檢討

有一年伏日（三伏天的祭祀日），漢武帝下詔賞賜諸大臣鮮肉。大臣們早早來到宮中，一直等到太陽偏西，主持分肉的官員也不來。大傢伙兒都在苦等。東方朔可沒有那麼好的涵養，拔出刀來就割肉。一邊割一邊說：「不好意思了，今天熱浪襲人，我先走一步！」說著，把一大塊肉揣在懷裏，大搖大擺地走了。在場大臣目瞪口呆，眼睜睜看東方朔將肉席捲而去。

第二天上朝，主持分肉的官員將東方朔擅自割肉一事上奏給漢武帝。漢武帝便問：「你為什麼不等分肉官員來，就自己切下肉跑了？」東方朔立即脫下帽子請罪。漢武帝佯裝生氣，板著臉說：「先生起來吧，當眾作個自我批評，朕就不治罪了。」東方朔一聽，張口就來：「東方朔啊東方朔啊，不等皇上分賞，你擅自拿走賜物，真是無禮至極！拔劍割肉，多麼壯觀！只切了一小塊，多麼廉潔！一點不吃，全部帶給老婆，真是愛妻模範。」

東方朔話音未落，漢武帝已經笑彎了腰。漢武帝又賞了東方朔一石酒和一百斤肉，讓他回家送給太太。

浪得知識換財富

東方朔奉旨顧問的故事首載於《史記・滑稽列傳》中褚少孫的補傳。原來，《史記》自流傳以後，一直有人為其作補，其中，最有名的是褚少孫的補傳。

據《史記》褚少孫補傳記載：有一天，長安的建章宮跑出來一個怪物，外形很像麋鹿。消息傳到宮中，驚動了漢武帝，他想知道這個「不速之客」來自何方，緣何而來？武帝想起了東方朔，立即傳旨叫東方先生來長長見識。

東方朔看過之後，胸有成竹地說：「我知道牠是什麼東西，但是，您一定要賜我美酒、佳餚，讓我飽餐一頓後才說。」漢武帝立即同意。東方朔喝完酒，吃完飯，並沒有馬上回答，又對漢武帝說：「有一塊地方，有公田、魚塘、蒲葦，加起來好幾頃，請陛下把這塊地方賞給我，我就回答您的問題。」東方朔得寸進尺，漢武帝急火攻心。無可奈何，只好馬上傳旨：「可以賞給你。」東方朔酒足飯飽，又得了皇上賞賜，半生有靠，這才不疾不徐地說：「這個東西叫『騶牙』。牠滿嘴的牙齒完全相同，排列得又像騶騎一樣整齊，所以叫做『騶牙』。如果遠方有人前來歸降大漢，『騶牙』就會提前出現。」

一年多後，匈奴渾邪王果然帶領十萬之眾前來歸降，漢武帝再次重賞東方朔。

東方朔的確聰明過人，但比他聰明、優秀的也有很多。比較於朝廷百官誠惶誠恐，為博龍顏一悅，公孫弘曲意逢迎，張湯機關用盡，實在是提著腦袋在皇上身邊過日子。為什麼一個東方朔可以如此囂張而得喜愛呢？

一句話，東方朔最大的「另類」就是敢要。

既然已經戴著油滑不恭的帽子，東方朔更加無所顧忌，及時行樂。這位「愛妻模範」的婚姻觀也驚世駭俗。

樂得避世在朝堂

婚姻

《史記・滑稽列傳》記載：「取少婦於長安中，好女，率取婦一歲所者即棄去，更取婦。所賜錢財盡索之於女子。」

東方朔娶妻有三條鐵律：一是專娶京城長安的女人，二是專娶小美女（好女、少婦），三是一年一換。皇上賞給他的錢財，他全都用來打發舊美女，迎娶新美女。群臣看不慣他這一套，都說東方朔是「狂人」。漢武帝說，假如東方朔沒有這些毛病，誰能趕上他？

其實，封建社會的男人即使妻妾成群，旁人也不能說一句不是。厭倦了可以放在家裏養著，沒必要離婚。東方朔不同，他偏要放愛一條生路，看來這個「情場浪子」還是懂得憐香惜玉的。

遭嫉

一天，漢武帝在宮裏玩，他把一隻壁虎放在盆下讓大臣們猜是何物，大臣們都猜不出來。東方朔說：「說牠是龍吧，牠沒有角；說牠是蛇吧，卻有腳；能在牆壁上爬，這不是壁虎，就是蜥蜴。」皇上說：「猜得好。」賞了他十匹絹帛。接著讓他再猜其他東西，結果東方朔是連連猜中，得了一大堆賞賜。

武帝另一個寵臣郭舍人不服氣，大喊大叫：「東方朔是矇對的，不算猜中。我找個東西讓他猜，他如果猜中了我情願挨一百大板；他猜不中請皇上賞我絹帛。」郭舍人在樹上找了一片長有菌芝的樹葉讓東方朔猜，東方朔應聲而答。漢武帝馬上令人打郭舍人一百大板，郭舍人吃了啞巴虧。

東方朔見郭舍人挨打，只管袖手旁觀，冷嘲熱諷。郭舍人還不服氣，又出了個謎語，東方朔又猜了出來。眾人慨歎。

這次猜謎之後，眾大臣對東方朔無不佩服得五體投地，漢武帝也十分高興，提拔東方朔任常侍郎。

東方朔從進入仕途，到與漢武帝相處，他始終「另類」，留給人無盡的欽佩與感嘆。原因其實就在於他的赤子情懷，他的天真的狂妄。他從未把朝堂看得很神聖，他也不是懷著敬畏之心在朝堂上供職，人生求一「樂」字，他用調侃贏得了與漢武帝的和諧相處，也留下了美名。

「護國」名妓賽金花的波瀾人生

段戰江

中國有兩個「寶貝」：慈禧與賽金花。一個在朝，一個在野；一個賣國，一個賣身；一個可恨，一個可憐。

——劉半農

賽金花（1872年至1936年），閨名趙靈飛，乳名趙彩雲（一說姓鄭），安徽黟縣人。幼年被賣到蘇州「花船」上為妓，改名傅（富）彩雲。她一生三嫁。第一次是一八八七年嫁給前科狀元洪鈞為妾；第二次是嫁給滬寧鐵路稽查曹瑞忠做妾；第三次是一九一八年與參議員、江西民政長魏斯炅正式結婚。她因此改回閨名趙靈飛，晚年自稱魏趙靈飛。庚子之後，因虐待幼妓致死而入獄，遣返蘇州原籍，後重返上海。晚年生活窮困潦倒，一九三六年病逝於北京。

從妓女到「狀元夫人」

自從有了照相術以後，歷史便少了幾分浪漫的想像，文字的描述也開始大幅度縮水，少了幾分詩意的張揚。當歷史更接近真實的時候，我們反而有了幾分失落和索然。譬如說晚清名妓賽金花，她有著「公使夫人」、「東方第一美女」、「第一位出入歐洲上流社會的中國公關小姐」、「最後一位裹著小腳的具有明星氣質的交際花」等能激起我們豐富聯想的稱號。但是，當你看過現存的一些老照片後，你會發現不過爾爾。

除卻當時照相術不發達，可能部分失真外，更重要的原因也許在於每個時代有每個時代的審美標準和流行偏好。當年，寫《賽金花本事》的商鴻逵先生曾在回憶賽金花像的文章裏寫道：「我見著她的時候，已是花甲之歲，望之猶如四十許人。記得劉半農先生向余上沅（戲劇家）說，看這個女子當是清末時期的標準美人。」就是這樣一個無法用現代審美眼光來衡量的美人，有著不一般的坎坷人生和傳奇經歷。

光緒十三年（1887年），前科狀元洪鈞回蘇州守孝，與賽金花初見，為其美色傾倒，隨即納為三姨太。賽金花嫁給洪鈞，於是便又有「狀元夫人」的美稱。賽金花嫁給洪狀元時大概也就十幾歲，而狀元公洪鈞已五十開外，兩人年紀相差極大。光緒十三年（1887年），清廷派洪鈞出使俄、德、澳、荷四國，可以攜帶夫人同往。由於洪鈞的大夫人年齡太大，加上思想守舊，不願意隨其出國，於是年輕貌美的賽金花便以「公使夫人」的身分隨洪出使。後在柏林居住數年，並到過聖彼德堡、日內瓦等地，見過不少世面。

光緒十八年（1892年），洪鈞任期滿，奉命回國，不久病逝。也許太過年輕，賽金花剛滿二十歲，又受了西洋文化的影響，所以她不願從此獨守空房，為一個死去的男人守節；也許早已料到洪家容不下她這個當過妓女的小妾，遲早會將她掃地出門，因此就在

「扶柩南歸」的時候，賽金花攜帶細軟跑到上海去了。在那裏，年輕的「狀元夫人」掛起「趙夢鸞」、「趙夢蘭」的牌子，重操妓女舊業。據說在雲屏繡箔間，特意懸掛一幀洪鈞的照片，使得走馬王孫與她相依相偎之際，可一睹狀元的丰儀，從而生出些別樣的情調來。

不久，賽金花對上海失去興趣，又於光緒二十四年（1898年）夏天移住天津，再次亮出「狀元夫人」的招牌，一時車馬盈門，生意極其紅火，可謂紅極津沽一帶。那時，二十六歲的她已經升為鴇母級別，有了自己的妓院。她以自己的名氣招募了一批漂亮的女子，在江岔胡同組成了有南方韻味的「金花班」，「賽金花」的名號也就是從這時開始叫響。

「護國娘娘」和賽二爺

賽金花的人生傳奇，在八國聯軍入侵北京之後達到一個高峰。後世傳說有多種版本，大致意思是說她曾以使節夫人的身分去過柏林，懂得一些德語，還與一名年輕的陸軍尉官瓦德西發生過一段浪漫的故事。後來八國聯軍統帥便是她的老相好瓦德西，她正是利用這層特殊的關係，吹了許多枕邊風，不僅制止了聯軍的大屠殺，而且保護了皇宮，使之沒有被焚毀。甚至在議和過程中，連李鴻章都束手無策時，也是由她出面，成功勸說了克林德夫人（克林德是義和團運動時的德國駐北京公使，在運動中被殺）接受了立碑道歉的條件。這個「妓女救國」的故事，雖然老套，但大多數人都信以為真，民間甚至把她尊稱為「護國娘娘」。對於這件事情，賽金花向來持曖昧態度，不承認也不否認。後來在老年潦倒不堪時，為了求得生計、迎合時人口味，編了不少假話、瞎話，而且前後矛盾，實在不足為信。

其實，時任聯軍統帥的瓦德西官至陸軍上將，還是德皇威廉的侍衛長，當時已年近古稀。即使假定是十年前在德國和賽金花相識，也是近六〇歲的年紀，以這樣的年紀判斷，不可能還是一個「年輕的陸軍尉官」。因此，以上種種說法很是靠不住。另外，以賽金花的文化素養判斷，可能她也只是粗通幾句德語罷了。曾親歷「八國聯軍禍亂」的同文館學生齊如山回憶說，那時賽金花想和德國人做生意，還要找齊如山幫忙，而齊如山的德語「僅能對付弄懂而已」，可見賽金花的德語實在是「稀鬆得很」。齊如山也直言賽金花與德國軍人的確有點來往，但都是中下級軍官，連上尉都很難搭訕上。因為上尉已算很大的官，「言行上便需稍微慎重」。以此推斷，結交聯軍最高統帥瓦德西更是不可能的事。而另一位親歷禍亂的丁士源在所著《梅楞章京筆記》中說賽金花只是在遠處望見過瓦德西一眼。

當初，北京被佔領以後，八國聯軍統帥瓦德西曾特許士兵公開搶劫三天，然後各國對北京實行分區佔領，著手恢復秩序。頗有諷刺意味的是，北京最早恢復的商業活動，竟然是娼業。而賽金花當時就住在京城著名娼寮集中地八大胡同之一的石頭胡同。而石頭胡同又恰歸德軍管轄。也就是說，她是有機會和德國軍官接觸的，當然，也可能裏頭有一個同姓瓦德西的尉級軍官。

三十年後的一個秋天，她應邀去「世界學院」接受德國記者採訪，當問及她與瓦德西將軍的關係時，她只是含混地搪塞過去。而問她在八國聯軍進駐北京時做了哪些事情時，她舉的兩個例子也不太可信。她說，有一次，聯軍把北京很多老百姓趕到一個大寺院裏，準備了許多磚頭、瓦塊，叫老百姓用磚頭去打佛像。凡是打了的老百姓站在一邊，不肯打的站另一邊。她聽到此事後，急忙趕到現場。經了解，原來聯軍想用這個辦法判斷誰是義和團成員。他們認為凡是不肯打佛像的都是義和團的人，準備一律處死。於是，她就給他們解釋，說這個廟是關帝廟，裏面供的是關老爺，不是佛像，關帝最講義氣，老百姓對他十分崇敬欽佩，怎能用磚頭去打呢？不打又怎能就是義和團成員呢？經過她的這番質問和解釋後，聯軍就把這一批老百姓放走了。靠她那「稀鬆得很」的德語，也不知是如何解釋清楚的。

另一件事，是說聯軍與清廷「議和」時，長時間達不成協議，主要矛盾就是德國要求恢復和賠償克林德名譽，並且條件十分苛刻。後來是她出面與德方交涉，說服了克林德夫人。她的原話是這樣的：「『你們外國替一個為國犧牲的人作紀念都是造一石碑，或鑄一銅像；我們中國最光榮的辦法卻是樹立一個牌坊。您在中國許多年，沒有看見過那些為忠孝節義的人立牌坊嗎？那都能夠萬古流芳、千載不朽的！我們給貴國公使立一個更大的，把一生的事蹟和這次遇難的情形，用皇上的名義全刻在上面，這就算是皇上給他賠了罪。』經我這樣七說八說，她才點頭答應了。這時我心裏歡喜極了，這也算我替國家辦了一件小事。聽說條約裏的頭一項就是這事哩！」

不管如何，賽金花懂得些外文，又曾是清朝的公使夫人，由她出面去勸說另一個公使夫人，也算合理。國難當頭之際，那些迂腐的權貴也需要這樣一個女人進行非正式的「外交斡旋」。依她的口述，她認識的清末當權人物很多，如載勳（莊王）、奕劻（慶王）、李鴻章、立山、蔭昌、孫家鼐等。「賽二爺」的稱呼，據說就是立山戲弄出來的。而那座克林德紀念碑就建在今北京東單大街，第一次世界大戰結束後被遷移到中山公園。據說在拆遷克林德牌坊的儀式上，辜鴻銘曾對賽金花說：「妳過一些義舉，於社會有功，上蒼總會有眼的。」

沒有可靠的史料佐證賽金花的說法，歷史的真相依然離我們遙遠。不過，我們情願相信她曾有過類似的善舉；她也可能見過瓦德西，和德軍做過生意；勸過聯軍不要隨意殺戮……但絕沒有她後來描述的那麼傳奇和誇張。不過，許多文人倒是相信她曾起過莫大的作用。蘇曼殊《焚劍記》裏記述：「庚子之役，（賽金花）與聯軍元帥瓦德斯（西）辦外交，琉璃廠之國粹，賴以保存……能保護住這個文物地區，不使它遭受搗毀破壞，也應算她做了一樁好事。」林語堂的《京華煙雲》裏也有這樣的話：「北京總算得救，免除了大規模的殺戮搶劫，秩序逐漸在恢復中，這都有賴於賽金花。」

倒是魯迅先生在《這也是生活》裏冷冷地說了一句：「義和團時代，和德國統帥睡了一段時間的賽金花，也早已被封為九天護國娘娘了。」這話給我們當頭棒喝的警醒。如此津津樂道於妓女捨身救國的故事，是不是說明我們這個民族男人的某種心理情結？

最後的「魏趙靈飛」

庚子年的風光之後，賽金花可謂是厄運連連。先是在辛丑年（1901年）因為毆殺一名妓女而被監禁，雖托人打通關節，終因人命關天，被遣送回原籍。回到家鄉的賽金花，還是扮演起鴇母的角色，繼續她的賣笑生涯。後來，賽金花又回到上海，先給滬寧鐵路稽查曹瑞忠做妾，但不久老公便暴病身死，她再度為娼。一九一八年，她與時任民國政府參議員的魏斯耿炅結婚。過了三年幸福、平靜的生活後，再次孀居。

十三年後，當商鴻逵為編寫《賽金花本事》而採訪她時，年過花甲的賽金花「最愛談嫁魏事」，而且「每談起」，就要「剌剌不休」。為她作傳的商先生很厭煩她這樣，以為她「嫁魏後之一切生活，已極為平凡，無何足以傳述矣」！當時，商還是個學生，很年輕，不懂得這個經歷過大起大落的女人，最羨慕、最需要的恰是這「極為平凡」的生活。而那位寫《賽金花故事編年》的瑜壽，同樣不懂。他譏諷地寫道：「賽氏晚年，特別珍視他們（賽金花）與魏斯耿所照的結婚像，懸在房中，逢人指點。在這張照片中，魏著大禮服，胖得像一口豬，賽氏披紗，（著）繡花服，面色蒼老。」在這位瑜先生內心深處，這樣一個風塵女子絲毫激不起他一點同情心和憐憫心。賽金花晚年只稱自己是魏趙靈飛，不再自稱是那個獨占花魁的「狀元夫人」，也不是名滿京城的「賽金花」。她只願歸於平淡，安靜地守著一個男人曾給予的名分和幸福，在回憶中打發餘生。

然而，世人感興趣的還是她前半生做妓女的傳奇。大家要聽的只是色情的故事，把玩的只是臆想的傳奇，沒有人懂得尊重她，更談不上真正了解她。但有一個人是例外，他就是商鴻逵的老師——劉半農教授。他不同於那些一心從她那裏獵奇換錢、沽名釣譽的人。他對她多有同情，寫書動筆之前就確定了一個原則，以她本人做敘述人，盡量忠實於她本人的回憶。那時，有許多人反對他給妓女寫傳，認為有失學者尊嚴。後來劉半農急病暴卒，但在胡適先生的支持下，《賽金花本事》還是得以寫成問世。在劉半農的喪禮上，賽金花獻上了一副由別人代筆的輓聯：「君是帝旁星宿，下掃濁世秕糠，又騰身騎龍雲漢；儂慚江上琵琶，還惹後人揮淚，謹拱手司馬文章。」以此表達她的敬重和哀悼。

賽金花的晚年，生活相當淒涼。她和一名叫顧媽的老僕在居仁里一處平房內閉門寡居，靠著典當和借債度日。當時，有一位叫陳彀的記者過去採訪，看到的情況是：「時天已甚冷，無錢加煤，爐火不溫，賽擁敗絮，呼冷不已。顧媽伴賽，同居此室凡十五年，賽有臥榻，顧媽則對榻睡於一極狹極狹之春凳上，十五年如一日。此時卻唯有與賽同臥偎抱以取暖。」那時，賽金花雖然已是江西民政廳魏斯炅的妻子，她卻連一個月八角的房租都付不起，當時的報紙以《八角大洋難倒庚子勳臣賽二爺》為題作了詳細的報導。

民國二十五年（1936年）的冬天，賽金花終於油盡燈滅，病逝於居仁里一六號的家裏，時年六十四歲。她死後，經社會各界捐助，得以落葬於陶然亭錦秋墩南坡上。她的墓表，原擬請金松林撰寫，可金深以為恥，說「賽之淫蕩，餘不屑汙筆墨」，「我有我之身分，不能為老妓諛墓」，斷然拒絕。那時，倒是有許多人願意給這名奇女子寫墓表，但最後被一個叫潘毓桂的爭得。他是個漢奸，一九三九年上任後不久，便特意為賽金花寫了一篇志文，文中恭維她在庚子年間的作為「媲美於漢之『明妃和戎』」，「其功當時不可知，而後世有知者」。這明顯是借人喻己，為自己的漢奸行徑辯護。

不知被人利用了一輩子的魏趙靈飛，若在天有靈，對此會有何感想？對於這樣一個離我們並不遙遠的奇女子，不知該是贊還是歎。因為離我們太近，所以史料豐富，演繹也非常豐富。然而，那些史料的記載，依然多是獵奇的產物；那些生動的演繹，也是毫無新奇之處。罵她也好，贊她也好，說到底還是在重複著一種變味的文人情結。難道每逢國難當頭之際，我們能指望的就只是以身報國的女人嗎？

美人地理

歸園・賽金花故居：在安徽省黟縣建有賽金花故居，建築的設計都有其歷史依據，除了圍牆是新的，內部一磚一瓦、一切構件和設置都按原樣佈置。除了依據原貌恢復舊的賽金花故居外，還修復了賽氏祖居：歸園。

陶然亭・賽金花墓：賽金花去世後，被葬在北京陶然亭香塚和鸚鵡塚之間。墓為大理石砌成，墓前立有高一・八米的花崗岩巨碑。一九五二年，中國北京市人民政府修整陶然亭時，將賽金花墳墓和墓碑一併遷走，後在「文革」中遭破壞，現存墓碑，陳放於慈悲庵石刻陳列室內。

金聖歎：從「問題學生」到「問題人士」

劉誠龍

金聖歎（1608年至1661年），名采，字若采，明亡後改名人瑞，字聖歎。一說本姓張，名喟。江蘇吳縣人。清初文學家、文學批評家。金聖歎幼年生活優裕，後父母早逝，家道中落。他富有正義感，痛恨貪官汙吏；為人狂放不羈，能文善詩，但絕意仕進，以讀書著述為樂。金聖歎博覽群籍，好談《易》，亦好講佛，常以佛詮釋儒、道，論文喜附會禪理。他評點古書甚多，批註的小說極富學術價值，被後人視為珍品並廣為流傳。可沒想到這個大名鼎鼎的金聖歎先生曾經也是一個「問題學生」……

從小看大，三歲看老，真是不錯的，「問題人士」金聖歎之所以一直是「問題人士」，是因為他從小就是一個「問題少年」，讀書時是個「問題學生」，沒有教育過來，此後，「狗改不了吃屎啦」。

頑皮——挑戰老師的智慧

打小的時候就別說了，剛出娘胎，誰都製造過一大堆麻煩事。讀書三年知禮儀，父母把孩子往學校裏一塞，忠孝禮義信，天天把孔老夫子的話「學而時習之」放在嘴邊，是頭牛也教育過來了。又加上老師那舞蹈起來呼呼響的戒尺一敲桌子，誰都老實了。但「問題學生」就不同，怎麼教都是問題成堆，要不怎麼叫做「問題學生」呢。金聖歎讀書不認真，老師在場不在場都一個樣——頑皮。不是東張西望，就是交頭接耳，還與同學傳紙條，好在那時沒女孩上學，不然，不知會鬧出什麼亂子來。當然，金聖歎腦瓜子還是靈活的，不是「雙差生」，在校表現差，但成績還是好的，是「單差生」。

金聖歎讀書時最大的問題是不「代聖人立言」，還經常與老師抬槓，有時甚至挑戰老師的智慧，與老師過不去。比方說吧，那次老師出了一個帶點「科幻」味道的作文，題目是「如此則動心否乎？」老師的意思是，人到中年萬事休，老師恰好到了四十歲，他就想叫學生「代老師立言」。老師說，如果你到了四十歲，設想碰到某個場景，你還是否動心？

作文的這當口，金聖歎還是小小少年，要設想四十歲的情景，對於少年來講，當然有點兒科幻，但對金聖歎來說，這事就不算什麼啦，他就寫啦：「空山窮谷之中，黃金萬兩；露白葭蒼之外，有美一人。試問夫子動心否？曰：動動動動動動動動動動動動動動動動動動動動動動動動動動動動動動動動動。」他這作文的意思是，在野外，空曠無一人，看到地上掉了萬兩黃金，誰不「拾金就昧」？在蘆葦蕩裏，站著一個漂亮姑娘，四周無人，誰不大唱「大姑娘美，大姑娘浪」，一把抱著「大姑娘走進青紗帳」。好傢伙，金聖歎一連寫了三十九個「動」，這是什麼思想？文學水準再高，思想不對，打「零」分。老師給金聖歎吃了個大鴨蛋，金聖歎不服，還去找老師理論：老師，您的「材料作文」說的是「四十不動心」，我完全符合題旨，思想也正確的。老師差點抽戒尺了，金聖歎說：我是三十九「動」，到了四十就不動了啦。老師一個一個地數啊數，確實只有三九個「動」字，差點兒背氣。

「高考」——「白卷英雄」

最要命的是「高考」。那時作文題目是「孟子將朝王」，他怎麼做的？在試卷的四角各寫了一個「吁」就交卷了，還不是白卷？老師敲了他幾腦殼，問他這是什麼態度？他說我作文啊。老師你看：孟子是聖人，誰都知道的，哪用得著我說？朝王有梁惠王、有齊宣王，都是朝王，亦不必做，要做的是一個「將」字。舞台演戲，王將視朝，先有四太監，左右立而發「吁」聲，我在卷子四角各書了「吁」字，不是把「將」這個意思表達出來了嗎？我的文章出萬古之新，獨步眾生，應該給我高分。

老師一聽，氣暈了：還給你高分啊，你蔑視科舉，該當何罪？你小子運氣好，千古以來，你這種情況是第一回出現，法律還來不及制定律條，而且考慮你是學生，學生以教育為主，要不會將你定死罪了。

好發怪論──「問題人士」

金聖歎不好好讀書，科舉考試又是這樣交白卷，在神聖的科舉上搞惡作劇，這「問題學生」就這樣落榜了，從此「流入社會」，成了「問題人士」。這「問題人士」第一樁罪是不在「體制內」生活。本來呢，要你參加科舉，國家制定這個根本制度，就是要把你引進套子裏來，要你規規矩矩過體制生活的。金聖歎天生反骨，像孫悟空一樣「跳出三界外，不在五行中」，這是最大的「問題」所在。

第二樁呢，你不過體制生活你就不過吧，你別搞破壞，別來添亂子。但金聖歎既然是「問題人士」，自然就常出「問題」。偷雞摸狗，倒也算了；甚至偷香竊玉，也可算了；這金聖歎啊，怎麼說呢，經常弄雜文，好發奇談怪論，擾亂人民思想。比方說，仇富心理特別強，看到城中巨富死了，拍掌大笑：「晨起，聞城中第一有心計富人死了，不亦快哉。」比方說宋江帶領「反革命分子」投安，改邪歸正，重新回到「體制內」生活。這是體制制定者們最高興的，但金聖歎不准。他把《水滸傳》宋江招安一節全砍掉了，金聖歎本來呢，也是把宋江當皇朝敵人的，但他不准宋江浪子回頭，只讓宋江他們造反到底。金聖歎的本來意思是，對宋江這號人不能給「出路」，只能給「死路」。這也說明，金聖歎是「人民」，最多是皇朝的「問題人士」，不是皇朝的「敵人」。但他的思想不與皇朝保持一致，這不是煽動亂臣賊子死心塌地造反嗎？金聖歎的熱臉就這樣貼到冷屁股上了。

清朝有大制度，不准聚眾講學，金聖歎卻經常在其住所經堂中，設高座，招高徒，發自以為高的謬論，這不存心「製造問題」嗎？佛是忌諱狗肉的，他說是好佛，天天談佛經。但每談，一邊廂打坐談佛，一邊廂大啖狗腳：「如遇酒人，則曼卿轟飲；遇詩人，則摩詰沉吟；遇劍客，則猿公舞躍；遇棋客，則鳩摩布算；遇道士，則鶴氣橫天；遇釋子，則蓮花繞座；遇辯士，則珠玉生風；遇靜人，則木訥終日；遇老人，則為之婆娑；遇孩赤，則啼笑宛然。」總之是坐沒坐相站沒站相，沒個人樣。他的好朋友王斫山看到他窮，有心扶他的貧，借他三千兩銀子，說利息不要，本錢還我。他三五天把本錢花了個精光，跑到好朋友那裏，說：「銀子在你家，徒增你守財奴的名聲，我給你花掉了，替你長名。」他以為是「政府扶貧」，錢是人家個人的啊，可是碰上這個「爛豆子」，有什麼辦法，好朋友笑笑算了。這粒銅豌豆啊，大錯誤不犯，小問題不斷，真是個問題。但是，那富人死了，是天殺的，又不是他殺的；他不准宋江招安，他又沒造反；皇朝有心要辦他，卻一時還真拿他「切不爛煮不熟」。

狗咬耗子——出大問題啦

金聖歎終於出大問題啦，我皇皇清朝「不亦快哉」。順治十七年底，酷吏任維初擔任吳縣縣令，他上任啊，看到這裏的老百姓幾乎都犯了罪，根子上的罪是：犯了「窮困」

罪。大家都富了，你們都還這麼窮，討打。把柄上的罪是：犯了「抗稅罪」。租也不交，稅也不交，這怎麼得了？任維初於是「嚴格執法」，拿他們一個一個暴打一頓，打得他們鮮血淋漓震天哀號，亂世出重典，要下重手才讓他們長點兒記性。

這事本來跟金聖歎沒關係，被打的既不是其小舅子，也不是其小姨子，整個沒有「直接利害衝突」的，但他就是狗咬耗子，多管閒事。這點兒，是「問題人士」尤其是金聖歎這類形而上的「問題人士」的本質特徵。形而下的「問題人士」偷隻雞摸條狗，別的都不管，至多是在治安上出亂子，壞不了什麼事；而金聖歎這類「問題人士」不偷雞不摸狗，專挖制度牆腳，專代被牧者與牧民者過不去，這就非同小可。

金聖歎為此夥同吳縣那些「問題人士」向上反映，說任縣令不但「對民暴政」，而且貪賄，監守自盜，曾經偷賣公糧一千石。但都被「批示」後再「轉批」到「任縣令」這裏，「請任縣令酌處」。眼看沒有成效，「問題人士」金聖歎就打算來個更有影響力的。恰好這時順治駕崩，舉國默哀。金聖歎他們先約好大夥兒到孔廟裏造聲勢，辦一個「集體哭泣」；然後浩浩蕩蕩找巡撫大人朱國治去「集體請願」，請求驅逐縣令。但包庇下屬的朱國治不管三七二十一，給金聖歎他們定以「震驚先帝、聚眾倡亂、情同謀反」之罪上報朝廷。朝廷於是大怒，下了批示：「殺無赦！」

超然世外——刑場教子

剛逾知天命之年的金聖歎，雖然即將和死神「接吻」，告別相伴一生心愛的筆硯，可他泰然自若，臨刑不懼，昂然地向監斬官索酒酣然暢飲，邊酌邊說：「割頭，痛事也；飲酒，快事也；割頭而先飲酒，痛快痛快！」

心愛的兒子風風火火、呼天搶地地趕到了刑場，與慈父訣別。愛子淚流滿面，痛不欲生。

他看到兒子哭得淚人似的，勸慰道：「別哭了，告訴我今天是什麼日子？」兒子哽咽著說：「八月十五日，中秋。」聽到「中秋」兩字，金聖歎突然仰天大笑，高興地說：「有了！有了！有了……」

此時他超然世外，神馳遐想。舞文弄墨了大半生的金聖歎，到此即將告別人世的臨危之時，仍惦念著一段未了的文字緣——原來，三年前，剛剛批點完了《水滸傳》、《西廂記》的金聖歎，走進報國寺信步小憩。一天夜裏，已批書成癖的他，躺在床上輾轉反側，到了半夜仍毫無睡意。於是就披衣秉燭去見寺內方丈，想借佛經予以批點。鶴髮童顏、長鬚飄飄的老方丈得知其來意後，慢條斯理地說道：「我有一條件在先，我出一上聯，你如能對出下聯，我即刻取出佛經讓你批點。」當時正值半夜子時，忽聽外面「篤篤」幾聲梆子響，老方丈靈機一動，脫口詠出「半夜二更半」。可金聖歎冥思苦想，絞盡腦汁，怎麼也對不出下聯來，只得抱憾而歸，佛經自然沒能到手。

今天，他在斷頭台上，看到城內張燈結綵，百姓歡度中秋。他突發奇想，靈感閃現，大呼一聲：「中秋八月中！」，並要兒子馬上去寺院告訴老方丈，他對上了下聯。

刑場上，劊子手磨刀霍霍，手執寒光閃閃的鬼頭刀，令人毛骨悚然，不寒而慄。眼看行刑時刻即到，兒子望著即將永別的慈父，更加悲戚，淚如泉湧。金聖歎雖心中難過，可他從容不迫，文思更如泉湧。為了安撫兒子，他泰然自若地說道：「哭有何用，來，我出個對聯你來對，上聯是『蓮子心中苦』。」兒子跪在地上哭得氣咽喉乾肝膽欲裂，悲痛欲絕，哪有心思對對聯。他稍加思索，說：「起來吧，別哭了，我替你對下聯。下聯可對『梨兒腹內酸』。」

旁聽者黯然神傷，不禁為之動容。上聯的「蓮」與「憐」諧音，意為他看到兒子悲戚慟哭之狀深感可憐；下聯的「梨」與「離」諧音，意即離別兒子心中酸楚難忍。這一副絕對，可謂對仗嚴謹，字字珠璣，出神入化，動人心魄。

「死」時「死」際——又弄出問題

就在皇朝準備從肉體「徹底解決」「問題人士」金聖歎的時刻，這傢伙仍死不悔改，死到臨頭了，還要弄些問題來。具體來說，就是「死」時「死」際，他還要戲弄、侮辱公務員。「上路」的路上，他寫了一封家書給兒子：「字與大兒看，酸菜與黃豆同吃，大有胡桃滋味，此法一傳，我無遺憾矣。」你看看，死到臨頭還這麼吊兒郎當，這麼油嘴滑舌，這麼滿不在乎，這一點就足可證明他是一個「有問題的人士」。

跟金聖歎一塊兒被正法的有十多個人，這麼一排人站在那裏，挨個挨刀子，真嚇死人。一刀掄下去，那血噴得丈把高，那黑糊糊血糊糊的頭在地上滾，誰都嚇得不敢死了。看到人家頭被砍，想到自己被砍頭，那慘狀誰敢看啊？於是金聖歎就向「劊子手」招手：「來來來，我這裏有兩百兩，我事事都喜歡爭第一的，你先砍我頭，讓我第一個到閻王那裏報到，我這兩百兩就給你。」劊子手忙不迭地問：「真的嗎真的嗎？咱們一言為定。」

「不騙你不騙你，我要死了的人還騙你幹麼？」於是，劊子手首先就從金聖歎頭上「開刀」。刀起頭落，看到那頭往地上滾，劊子手趕緊去扳開手掌——空空如也，哪裡有什麼金子銀子？劊子手氣得要死，給他又補了一刀，「你以為我們個個都是貪官啊？」劊子手向上級彙報說：「金聖歎死尤侮人。」他把我們個個當汙吏看啊。上級聽了，開始還覺得這麼殺金聖歎是不是有點太那個了，聽到劊子手的這個彙報，最後那點同情心就都沒有了。他的牙也咬得咯咯響：跟我們過不去，沒你好果子吃。

就這樣，這位「問題人士」，一代才華橫溢的飽學之士、文壇巨星過早地隕落了。

玄奘弟子辯機與李世民女兒的地下情

一對青春正妙的大好青年，頓時陷入到「少年維特的煩惱」中了。之後，高陽公主便把自己的寢具搬到辯機的禪房內。可笑的是，駙馬房遺愛居然像盡忠的良犬，在外面給他們看門。投桃報李，高陽公主特別送給房遺愛兩名年輕美麗的侍女。

中國的電視劇《鑒真東渡》開始熱播，似乎又喚起人們對唐代迤邐風光的回憶。鑒真、玄奘都是唐朝一代名僧，其成就自然無須多說。然而當時，還有一位年輕有為的僧人，身為玄奘的弟子，卻在二十九歲那年被腰斬於市。他就是辯機。

抓到了一個小偷

唐貞觀末年，在長安街上抓住一名小偷。繳獲的贓物特別，是一個鑲金飾銀、豔麗奪目的女用豪華玉枕，這可不是平常人家用的東西。經過嚴厲的審問，小偷招供，玉枕乃是從弘福寺內一個沙門的房間裏偷出來的，這個沙門就是辯機和尚。此時，辯機正在弘福寺從事他的譯經工作。

關於辯機的經歷、俗名、出生地、家世、父母等，我們已無從知曉。只是在《大唐西域記》的卷末語中，有辯機稍作自我介紹的謙辭，說他繼承遠祖隱逸之士的血統，自小懷

著高操的志節，專心學問。十五歲時，出家為僧。可以看出，辯機其實打心眼裏是熱愛佛祖的，只是命運的事情，誰也無從預料。

如果小偷盜去的是香爐或文具，也就不會有人懷疑，但豪華豔麗的女用玉枕跟高僧生活似乎差得不是一星半點兒。御史台立刻召辯機詢問。起初，辯機態度強硬，堅不吐實，但在巧妙而又嚴格的審問下，他終於無法隱瞞，坦白說出這是高陽公主親自賞給他的東西。

高陽公主的初戀

高陽公主是唐太宗的第十七女，天性活潑，「性聰慧，備受寵」。在後宮中，高陽像鮮花一般驕傲。但是，高陽公主還是被許配給宰相房玄齡之次子房遺愛。

公主嫁人，嫁的不是人，嫁的是家世，房玄齡是凌煙閣上的大功臣，唐太宗把高陽公主嫁給他的兒子是出於對房玄齡的抬愛。可惜，房遺愛和他以學、識、才知名的父親大不相同，不學無術，只有一身蠻力。看清楚了自己婚姻的最終目的之後，氣憤之餘，高陽公主從結婚那天起就不接納丈夫。

多情人總是會遇上煩惱的。婚後，高陽在領地打獵時遇到了辯機和尚。那時，公主十六歲，辯機二十一歲。當時兩個人之間是如何「電光閃爍」，已無史料可考，但我們確定的是，一對青春正妙的大好青年，頓時陷入到「少年維特的煩惱」中了。

一個枕頭引發的血案

在這場驚世駭俗的愛情中，高陽公主始終是主動、熱烈、癡情的那一方。相對於她在愛情中得到的幸福，辯機可能要掙扎和痛苦得多。因為從史料中我們可以猜測，辯機其實還是一心向佛的，不然當時，他完全可以選擇還俗。在兩人來往的六年時光裏，辯機應該一直在努力讓高陽公主離開自己，或者讓自己離開高陽公主——畢竟於人於己，這都是一個明智的選擇。

這個機會終於來了，《西遊記》中的唐僧原型玄奘從西天取經回來啦！這些經書用了二十多匹馬載回來，而且全是梵文（古印度文字），「唐僧」奏請唐太宗批准後，在全國的寺院裏招聘修為學養最好的僧人，共同把這些經書翻譯出來。玄奘共招聘了九位僧人，其中來自長安會昌寺的辯機是年紀最輕的，只有二十六歲，他風神俊朗，文采斐然，最受玄奘器重。

在自我情感中四處逃避的辯機被選去譯經後，再也沒見過高陽公主。這段時間，他回歸佛祖懷抱，成績斐然。後世流傳的《大唐西域記》便是玄奘口述，辯機撰寫而成；而《瑜伽師地論》之卷五十一至卷八十譯文成為辯機絕筆。

如果沒有那個小偷，他和高陽也許就這樣散了。但是，佛祖似乎不願意這樣輕易放過這對不遵守世俗規範的男女。

御史公的奏文送到唐太宗的手裏，太宗怒髮衝冠，咬牙切齒，立刻下詔，將辯機處以腰斬的極刑。腰斬，就是把赤裸的罪人放在大木板上，從腰間斬成兩段。

辯機處死後，高陽公主的奴婢數十人被處斬刑，太宗表面上對公主和房遺愛沒有處罰，卻無限期地禁止公主入宮。此後悲慟至瘋的高陽，是純粹為了活著而活著了。半年後，最疼愛她的父親去世了，高陽一滴眼淚都沒有掉，由此可見她的怨恨。弟弟李治當上了皇帝，高陽更自由了。她開始公開納其他和尚為面首，穢亂春宮，甚至縱容和信任他們，打算發動宮廷政變。最終，房氏兄弟出賣了高陽公主，她終致毀滅。這一切，距離辯機之死，不過四年。

新好男人：唐中宗李顯

蒙　曼

中國古代一直講男尊女卑，夫為妻綱。但是在實際生活中，怕老婆的傳統也是源遠流長。唐太宗時的宰相房玄齡就是有名的怕老婆，還衍生出「吃醋」這個盡人皆知的典故。中國山東甚至還總結出來一個說法，叫做「怕婆子，有飯吃」。就是說一個男人如果怕老婆，可能日子會過得更加安穩。

唐朝最怕老婆的人

唐中宗是個什麼樣的人呢？首先他是個賢夫良父。他的賢良還是從流放開始的。那是在六八四年二月，剛做了三十六天皇帝的中宗李顯被母親武則天廢黜，流放到房陵。此後，政壇一有風吹草動，母親就派人來「慰問」他，而李顯一聽說母親又派人來，就不由得心驚膽寒，想要自殺。幸虧妻子韋氏一次次地鼓勵他，才讓他有了活下去的勇氣。而流放途中生下來的小女兒安樂公主，從小聰明伶俐，也給他帶來了無窮的快樂與希望。正因為在患難中，李顯曾經深深體會到太太和女兒帶來的溫暖，所以復位之後，他對太太和女兒都是出名地好。也許愛之深，才會懼之切吧，反正當時宮裏宮外都知道唐中宗怕老婆。

有一天中宗在宮裏舉行宴會，叫了好多藝人來助興。有個藝人自告奮勇上來說，我想唱個曲子，曲名叫「回波辭」，詞是新編的，有點得罪皇帝，不知道皇上聽了會不會不高興。唐中宗鼓勵他唱。這個藝人唱道：「回波爾時栲栳，怕婦也是大好。外邊只有裴談，內裏無過李老。」這是什麼意思呢？《回波辭》是樂府的一個曲名，有固定的格式。第一句中的「回波爾時」是開頭固定的一句套話，「栲栳」是一種竹筐，在這裏沒有意義，就是確定一個韻腳。第二句就有意義了，說怕老婆也是一件大好事。接著第三句就舉了一個怕老婆的典型例子，說宮外怕老婆最有名的人是裴談，第四句說宮裏也有一個典型，那就是李老，唐中宗李顯。

裴談和李顯為什麼能得到「李唐王朝最怕老婆的人」這樣的榮譽稱號呢？我們看看裴談的先進事蹟就知道了。裴談當時是御史大夫，三品高官，在外面也是威風凜凜、吆五喝六的。可是到了家裏，對夫人總是俯首帖耳、唯唯諾諾。好多人都覺得費解，就問他，你怎麼這麼怕老婆啊？他便說了一段非常經典的名言。他說：「妻有可畏者三：少妙之時，視之如生菩薩。安有人不畏生菩薩？及男女滿前，視之如九子魔母，安有人不畏九子魔母耶？及五十六十，薄施妝粉或黑，視之如鳩盤茶，安有人不畏鳩盤茶？」什麼意思呢？他說，我怕老婆那可是一以貫之，從來都怕。我老婆讓我害怕有三個原因：當她是妙齡少婦時，看起來就像菩薩般模樣，哪有人不怕菩薩的呢？等到她為我生兒育女、兒女繞膝之後，她就像九子魔母，哪有人不怕魔母的呢？等到她年老色衰，臉上施了脂粉，黑白不勻的，活像一個鬼，哪有人不怕鬼的呢？「鳩盤茶」是梵語，意思是啖人精氣的鬼。

藝人唱完這首曲子，惹得大家哈哈大笑。那藝人便笑嘻嘻地看著唐中宗夫婦。唐中宗在一旁也只能嘿嘿乾笑，不敢有別的表示。看看中宗尷尬的模樣，韋皇后發話了，說：「唱得有趣，賞！」馬上賞給藝人好多絲綢。李顯也無可奈何。這樣看來，把李顯和裴談相提並論，真是一點兒都沒冤枉他。

支持皇后干政，縱容皇后包養情人

既然怕老婆，那在工作和生活方面就得服從太太需要了。工作方面，他不僅讓韋皇后公開參政，而且還幫助她大張旗鼓地發展勢力，讓她和自己處於並尊的地位；在生活上，就更有水準了，他居然容忍韋皇后包養情人！有人要懷疑：你說的情人是不是武三思呀？武三思跟她的關係不是工作關係嗎？這沒有錯，問題是在武三思死後，韋皇后真的有情人了。她的情人在史書上留下名字的有兩個，一個叫楊均，一個叫馬秦客。這兩個人各有優勢。楊均特別擅長烹調，想來韋皇后比較喜歡美食，所以愛屋及烏，也喜歡能做美食的；美食吃太多了難免會得消化系統方面的疾病，正好馬秦客是個醫生，可以負責調理保健。那麼，韋皇后有這麼好的老公，為什麼一定要包養情人呢？而且好像品位也不怎麼高，一個是廚師頭兒，一個是醫生。想來在韋皇后的心目中，婆婆武則天就是榜樣，只要是婆婆曾經做過的，她也要一樣不漏地模仿一遍。武則天包養情人，韋皇后也要包養情人。只不過武則天是在唐高宗死了以後才開始包養男寵的，而她迫不及待，把什麼事都提前做了。唐中宗不是怕老婆嗎？風聲傳出來，他也唯有聽之任之，雖然綠帽子戴了一頂又一頂，他卻表現出大海一樣寬廣的胸懷。

極度嬌縱女兒

對夫人如此，對女兒安樂公主，中宗就更嬌縱了。安樂公主想要辦什麼事，都是自己直接擬好了詔書，讓中宗簽字。政治上的大事都可以這樣決定，生活上的瑣事就更不在話下了。安樂公主不是漂亮嗎？人靠衣裳馬靠鞍，美人還得靠靚裝。安樂公主最著名的衣服

叫做「百鳥羽毛裙」。這可是在中國服裝史上佔據一席之地的漂亮裙子。一共做了兩條，都是用各種鳥的羽毛織成的，五彩斑斕，材料稀罕就不用說了，做工更是考究得出奇。裙子織出來後，從正面看是一個顏色，從旁邊看又是一個顏色；放在太陽底下看是一個顏色，放在陰影裏看又是一個顏色。一條裙子可以當四條穿。而且再仔細看，裙子上織的是花、鳥、獸的圖形，每一隻鳥、獸只有小米粒那麼大，難得的是微縮之後還能栩栩如生。把整個成本算下來，比打一條金裙子還貴。當時為了給安樂公主織這條裙子，唐中宗動用國家力量到嶺南去採集熱帶鳥的羽毛，經過一番圍剿，好多珍稀鳥類都不見了蹤跡，簡直就是一場生態災難。

中宗對安樂公主的寵愛也延續到了外孫子身上。安樂公主跟武崇訓生的兒子才四五歲，就官拜太常卿，爵封鎬國公，實封五百戶。武崇訓被李重俊兵變殺死後，安樂公主再嫁武延秀，他們的孩子滿月那天，中宗和韋皇后又親自到她的宅第祝賀，並且在安樂公主的府邸頒布大赦令，大赦天下，讓全國人民都沾染一下公主降誕麟兒所帶來的喜悅之情。

翻遍史書，唐中宗只在兩件事上沒答應安樂公主的要求，一件是「皇太女事件」，另一件則可以叫做「昆明池事件」。安樂公主不是請求中宗立她當皇太女嗎？中宗雖然覺得為難，但還是答應和大臣商議。第二天，中宗就找到宰相魏元忠，把事情跟他說了一遍。魏元忠在武則天時期就以耿直出名，一聽這事就火了。說陛下您怎麼這麼糊塗呢？且不說自古從來沒有「皇太女」這個職銜，就算您打定主意自我作古，獨創這麼一個位置，也要考慮一下後果啊！您若立安樂公主當皇太女，那讓駙馬當什麼呀！中宗一想也對呀，畢竟當時還是父系男權社會，講夫為妻綱的，要是讓安樂當皇太女，以後這天下不又成了武家的！沒辦法，只好轉回來跟安樂公主講：「不是我不願意讓妳當皇太女，是宰相魏元忠那裏通不過。」這可把安樂公主氣壞了。她破口大罵：「魏元忠這個山東老木頭疙瘩懂什麼！連阿武子（武則天）那樣的人都能當皇帝，我是皇帝的女兒，為什麼就不能當皇帝！」真是不知天高地厚，要多傲慢有多傲慢。

那麼「昆明池事件」又是怎麼回事呢？當時安樂公主和她的同胞姊姊，也是韋皇后的親生女兒長寧公主比富，比誰的家更豪華。兩個人競相燒錢圈地，把房子都建得像宮殿一樣。但是這樣鬥來鬥去很難分出勝負，怎麼辦呢？安樂公主就想出奇制勝。她請求唐中宗李顯把屬於皇家的昆明池給她。

這昆明池在長安城可是歷史久遠，池子本為漢武帝所開鑿。當年漢武帝好大喜功，想征伐少數民族政權昆明國，因為昆明國內有滇池，方圓三百里，極為險要。所以武帝特地在長安開鑿了這個昆明池，讓士兵適應水戰。昆明池經過歷代帝王的經營維護，在唐朝也是著名的風景名勝區，長安城裏找不出第二片，如果能成為她的後花園，長寧公主可就沒法比啦！可是，這昆明池在唐朝的地位太重要了，相當於清朝的北海，是祖業，而且昆明池旁邊還有好多老百姓靠捕魚、撈蝦為生，這麼多人，往哪兒搬遷啊？綜合考慮一下，李顯沒敢答應。這下安樂公主可生氣了。怎麼辦呢？她決定化憤怒為力量，充分發揚人定勝天的精神，挖一個比昆明池還大的人工湖！說做就做，安樂公主在長安看中了一塊地皮之後，強行趕走了當地的老百姓，當真挖出一個廣袤數里的人工湖，確實比昆明池還大。這個人工湖就取名「定昆池」，明擺著跟老爸示威。在定昆池裏，安樂公主還仿照西嶽華山造了一座假山，說是假山，個頭比真山也小不了多少，上面棧道縈迴，下面碧水曲折，儼然人間仙境。為了讓工程保質保量，朝廷三品大員司農卿趙履溫脫下朝服，挽起袖子，把韁繩套在自己的脖子上，親自給安樂公主拉車。這都不是斯文掃地的問題了，簡直就是拿人當驢使。看到愛女這麼折騰，中宗也照樣不氣不惱。不僅如此，還帶領著文武大臣給安樂公主助興，與眾人在池上泛舟。可見他對安樂公主不是一般地縱容。

能這樣忍辱負重哄妻子和女兒開心，中宗李顯絕對是個賢夫良父，跟時下流行的新好男人比也毫不遜色吧。

第2篇

個人隱私

無論是手握大權的帝王將相，還是叱咤風雲的風流名士，台面上的光鮮亮麗，往往不如私下裡的明爭暗鬥、用盡心機、空虛寂寞來得更貼近真實人生。

探密女皇「後宮」：武則天男寵知多少

楚　楚

武則天是中國歷史上唯一的女皇帝，也是一個傳奇。她是封建時代傑出的政治家。李唐王朝兩百九十年的歷史，有近半個世紀是由武則天導演的。她的美貌、智慧、狡詐、狠毒、領導藝術與魅力、卓越的洞見力，都為後世百姓和文人津津樂道，千百年來無休止。

在一個幾千年來一直教導女子順從的世界裏，她雄飛高舉，君臨天下。在她的時代，禁區可以突破，命運可以改變，激情和夢想造就了千古流芳的大唐氣象；在她的身後，正史和野史，留下了種種撲朔迷離的記載，給這位傳奇女子平添了許多神秘色彩。

她一生的功過，經受一代又一代人的評說。由於她曾擁有男寵，這便成為她千古難泯的「緋聞」，也成為文人墨客顛來倒去的話題。那麼，在武則天的生命中，她究竟有多少男寵，她的情感生活又是怎樣的呢？

作為中國歷史上唯一的女皇帝，武則天一向飽受爭議。她君臨天下，威儀萬方，殺戮、告密、酷吏曾是那個王朝的標誌；她聰穎多情，雍容典雅，愛人、情人、男寵曾是她一生的記憶。有人說她篡唐代周，信用酷吏，淫亂後宮，罪不可赦；有人說她統御有術，政治開明，國勢強大，四邊安靖，功在千秋。

而對權力的執著欲望貫穿了武則天的一生。她先是肆意誅殺李唐宗親，接著又用嚴行峻法，排除異己，到後來幾廢幾立兒皇帝，其目的都是為了維護她唯我獨尊的權力需要。這在夫權至上的封建社會，其「牝雞司晨」早已觸犯了幾千年的戒條，而其一系列的「維權」則成了後人詬病與抨擊的焦點。

對情感的饑渴欲望則是貫穿武則天複雜人生的彩色鏈條。她先是太宗的才人，後又與太子暗生情愫，踏著感業寺青燈古卷的跳板，一躍成為新皇帝的寵妃、皇后。能得到父子兩代帝王的臨幸與憐愛，這折射出了她的心智機巧及嫵媚可人。丈夫的去世並不能關閉她情感的閘門，她的天生霸氣與欲望橫流讓她的後半生春色滿園。無論是風采卓然的御醫，還是天生膂力的薛和尚，再有那貌賽潘安的張氏兄弟，都成了她慰藉心靈的甘飴。正是這種對情感生活的無休止索取，為她的有為政績抹上了一縷不倫不雅的烏雲。與史上其他帝王不同的是，武則天不僅是唯一的一位女性皇帝，也是私密隱情被「曝光」最詳細、最大膽的。

寂寞歲月：十二年中未獲太宗一絲恩露

作為一個女人，武則天也需要男女之情，這個需要她卻永不滿足。武則天十四歲入宮的時候，被唐太宗賜名為「媚」，千嬌百媚，含苞待放，情竇初開，渴望皇帝的寵愛，可在太宗身邊十多年，她僅是個「才人」，與一個侍女的作用差不多。武則天作為太宗的才人，在宮中度過了整整十二個年頭，她從一個初涉世事的少女逐漸變成成熟女人。不過這一時期，她並沒有得到太宗的寵遇。唐太宗比她大二十七歲，她和唐太宗並沒什麼感情，武則天既沒為太宗生養子嗣，自己也沒有得到升遷。深宮生活的寂寞，使武則天慢慢品味到宮廷生活的方方面面，這對於一個不甘於現狀的人來說，倒成了一種受用不盡的財富。然而，當她還未來得及為自己前途作打算的時候，便同其他未生養子女的宮人們一起被剃度，進了感業寺。削髮後的武則天忍受著寺內各種清規戒律的制約，但是，她堅信這樣的日子不會很長，她把感業寺當成了蟄伏之地。

從情人到高宗的皇后

武則天等待著、期望著、準備著。歷史的機遇，使太宗的兒子李治成了她的選擇。高宗李治好色多情、體弱多病、優柔寡斷，對她又一往情深。李治為太子時，因為來宮內侍奉病榻上的父皇太宗，有機會見到了比他年長四歲的武則天。李治被武則天的美貌與多情的目光所吸引，也因她的聰明才智而心動，他們一見便不由自主地私下往來。

武則天入寺為尼，李治對她也是一直未能忘懷，然而新君即位之始，他並沒有多少機會去見她。永徽元年（650年），太宗周年忌日時，李治以行香祈福為名去了感業寺，在那裏見到了已經落髮近一年的武則天。武則天乍見高宗，不由得淚如雨下，一年中尼庵的清苦寂寞實在難以忍受，她向高宗皇帝訴說心中的思念，高宗李治也同樣感慨萬分。但是，身為帝王的李治還沒有合適的理由把武則天接出寺外，只得仍舊讓她在感業寺中暫住。

高宗與武則天暗中通情的事，早就傳到了宮中。中宮王皇后沒有向皇帝撒潑使野，而是慫恿高宗把武則天納入宮中。原來，此時王皇后正與蕭淑妃爭寵而鬧得不可開交，她為了討好高宗，不惜藉召武則天入宮之舉來博取高宗歡心。王皇后的建議自然深合高宗本意，武則天不久即被徵召入宮，由感業寺尼成了正二品的昭儀。

武則天重回宮中後，極力討好王皇后，對皇后是卑躬屈順，恭恭敬敬。為此，王皇后也時常在高宗面前誇獎她。這樣一來，高宗越發覺得武則天可愛。高宗在武則天這裏得到了無比的歡愉，而且他發現與武則天之間有很多的共同語言。漸漸地，隨著宮闈鬥爭的擴大，武則天已不再滿足於做一個昭儀，她的目的是要入主中宮，取代王皇后。

不久，武則天生了一個女兒。她利用王皇后按禮制規定探視新生嬰兒之機，親手悶死了自己的女兒，然後嫁禍王皇后。對此飛來橫禍，王皇后縱是渾身是嘴，也無法說清了。不久，武則天又誣告王皇后與她的母親行厭勝之術，詛咒自己，更讓高宗大為惱火，聯繫到小女兒的死，他下定決心要廢王皇后而改立武則天。

永徽六年（655年）十月，高宗下詔廢王皇后冊立武則天。武則天終於以她的美貌與才智，如願以償地入主中宮。不久，她就將已被打入冷宮的王皇后和蕭淑妃害死。對於那些反對立她為后的大臣，也同樣大動干戈，進行了報復。

武則天的情感

武則天一生寫了很多詩，這些詩大部分和政治有關，但是，也有一首寫個人感情的詩，這首詩叫《如意娘》，據說是她在感業寺為尼的時候寫的。詩中寫道：「看朱成碧思紛紛」，就是看著我原來穿的石榴裙，把紅顏色都看成綠顏色，因為思念弄得眼淚嘩嘩流，眼淚模糊得顏色都看錯了；「憔悴支離為憶君」，為了思念你，我自己都很憔悴了；「不信比來長下淚，開箱驗取石榴裙」，我流下的眼淚都滴到石榴裙上，我不知道你相信不相信，如果我們再見面的時候，你來開箱子看看這石榴裙上面斑斑的淚跡就說明了我對你的思念。這首詩寫得很有感情。由此看她和高宗可能還是有感情的，所以唐高宗李治才能不顧亂倫的指責，依然把武則天接回宮中，最後立她為皇后。

武則天的晚年：一批男寵走進她的生活

在武則天統治時期，有兩個話題最讓後人詬病，一個是酷吏政治，另一個就是男寵。任用酷吏使武則天迅速穩定了統治，但隨著政局的穩定，酷吏也慢慢退出了歷史舞台。而又有一批新的勢力興起了，那就是男寵。武則天晚年，一批男寵慢慢走進她的生活。

唐高宗死了兩年以後，也就是說她在六十一歲的時候有了第一個男寵薛懷義。薛懷義本是走街串戶的街頭小混混，卻上演了一幕男裝版的灰姑娘傳奇，一躍成為武則天的第一個男寵。

薛懷義，原名馮小寶，鄠（今陝西省雩縣）人，闖蕩江湖（販賣藥材），練就了健壯的身體，粗獷中不失幾分英俊，而且又能說會道。後來被武則天的乾女兒千金公主家的侍女看中了，做了侍女的情人。這個侍女常把馮小寶引到公主府去相會，後來被公主發現了。公主很生氣，想從重發落一下，可是她一看小寶生得偉岸、一表人才，馬上派人把他召到宮中，親自為他沐浴更衣，留待數日，把他包裝成禮物，獻給了寡居多年正寂寞上火的武則天。小寶剛過三十，侍寢有術，深得武則天的寵愛。為了能讓馮小寶合乎情理地往來後宮，武則天接受公主計策，把馮小寶變為僧人，將洛陽的白馬寺修飾一下，讓他出任主持，並讓他學習佛教經典，既掩飾身分，又可陶冶性情，培養參政的能力；又將他改名為懷義，賜給薛姓，讓太平公主的駙馬都尉薛紹以叔父之禮相待。

武則天的家族有些特殊性，可能有長壽基因。武則天活了八十一歲，她媽媽楊氏活了九十二歲，周圍的人也都不覺得武則天有多老。另外，可能與社會風氣和她家庭生活影響有關。她這個家族，可能在性生活方面比較開放，她的媽媽楊氏在她八十多歲的時候，就喜歡上了她的外孫子，而她姊姊韓國夫人，後來和唐高宗也好了，而且韓國夫人的女兒魏國夫人也跟唐高宗好，所以武則天最後把魏國夫人也給毒死了。

武則天的女兒太平公主，也是跟很多人好，從這兩方面說，武則天在六十一歲的時候有男寵並不是不可思議的。武則天雖然非常膽大自信，但是她終究不敢像男皇帝那樣，公開地設四個妃子，三十六個嬪婦，她為了掩人耳目，還是把薛懷義變作一個僧人，讓他進宮幫她搞建築，以這個名義讓他到宮中來。

薛懷義不滿足於專任侍寢，他對任何事都有過人的聰明。垂拱四年（688年），薛懷義受命督建明堂和天堂，耗資巨萬，建築物雄偉華美，令人瞠目。薛懷義因功被擢升為正三品左武衛大將軍，封「梁國公」。他還多次擔任大總管，統率軍隊，遠征突厥。他利用當時流行的對彌勒佛的信仰，和僧法明等僧人編寫了《大雲經》四卷，獻給武則天，稱武則天是彌勒佛下生，應當取代唐朝成為天子，從而為武則天提供了對抗儒家男尊女卑理論的思想武器，更助她名正言順地登上皇位。

薛懷義憑藉皇帝的寵愛，為所欲為，不但不把朝廷官員放在眼裏，還公私不分。武則天大概寵了薛懷義十年左右，後來御醫沈南璆成為武則天的第二大男寵，薛懷義受到冷落，這使他妒火難忍，一把火燒掉了自己督造的耗資巨萬、象徵天子身分的明堂。大臣們紛紛要求嚴懲薛懷義，武則天不加追究，但薛懷義日益驕橫，終於被武則天指使人將其暗殺。

薛懷義死後，已過中年的沈南璆溫和有加，卻身心虛弱，滿足不了武則天的要求。七十多歲的武則天又陷入了寂寥煩悶之中，喜怒無常，脾氣暴躁，動不動就責罵侍女。

還是女兒理解母親的心事。太平公主便將美貌少年張昌宗帶給武則天。張昌宗聰明伶俐，通曉音律，當場獻上一曲，然後相擁入內室。侍寢一宿，武則天非常滿意，當夜封張昌宗為「飛旗將軍」。半月後，張昌宗向武后透露他有一個親哥哥張易之，善制春藥，服之使人返老還童，侍寢更有經驗。武則天把張易之召來，試之，果然滿意。張易之幹練精悍，才貌雙全，弟弟張昌宗生得迷人。後來，張易之被封為「恒國公」，在王宮裏號稱「五郎」；張昌宗被封為「鄴國公」，在王宮裏號稱「六郎」。

於是，萬歲通天二年（697年），武則天七十三歲的時候，又有了第三大男寵：張易之和張昌宗兄弟。從此，兩人同入宮中侍奉武氏，儼若王侯，每天隨武皇早朝，待女皇聽政完畢，就在後宮陪侍女皇。

在武則天女皇近似溺愛的寵幸下，這對美少年的勢力迅速膨脹。朝中的當權者武承嗣、武三思、武懿宗、宗楚客、宗晉卿等人，爭先恐後獻媚二張。張易之、張昌宗兄弟，是定州義豐（今河北安國）人，其祖父輩的張行成在貞觀末當過宰相，也算得上名門出身、世家子弟、宰相之後，被稱為面如蓮花的張昌宗是太平公主推薦給武則天的，張昌宗又引進其兄張易之，因此兩人先被任為中郎將和少卿，此後屢屢加官。這兩兄弟年少，長得很白，武則天也不敢把他們公開弄到宮中，就讓他們到宮裏頭寫書。她寵了張易之和張昌宗八年，這兩個人一直陪她到最後。

武則天晚年很得益於男寵張易之、張昌宗兄弟的悉心侍奉，她很感謝張家兄弟的奉獻，授予其高官，委以國政，使之成為晚年最親信的人。因武氏年事已高，政事多委易之兄弟，兩人權傾朝中，連武則天的侄兒武承嗣、武三思等人都爭著為兩人執鞭牽馬。後來卻因為恃寵逞威，到了神龍元年（705年），武則天病重，大臣崔玄、張柬之等起羽林兵迎中宗李顯復位，發動復辟唐朝的政變，他們兩兄弟都被殺死在「迎仙院」了。

武則天的第四大男寵是天下美少年和大臣。鑒於歷代皇帝有三宮六院，武則天也想仿效。據《舊唐書》記載：「天后令選美少年為左右供奉。」有名的就有柳良賓、侯祥、僧惠範等多人。

武則天享樂特權制度化：設立頗似「後宮」的控鶴府

絕對的權力造就絕對的享受，皇帝從來都是最貪婪的享受者。他們不僅擁有世間最好的財物，同時也擁有世間最極品的後宮佳麗。作為中國歷史上空前絕後的女皇，武則天自然也不例外，她對男人的享受幾乎到了登峰造極的地步。

聖曆二年（699年），武則天有意使自已的特權制度化，讓男女在相互壓迫上處於她認為的平等地位，她在這方面的一大傑作就是設立了一個頗似「後宮」的控鶴府，由張易之做長官，裏面任職的官員大多是女皇的男寵及輕薄文人。這一機構為武則天聚集男嬖以娛晚年的宮制之一。這一府內的官員，除了曲宴供奉之外，另一重要職能是向女皇提供「男性溫存」。「每因宴集，則令嘲戲公卿以為笑樂。」內殿設宴，則由張氏兄弟和諸武侍坐，陪女皇玩樗蒲戲或說笑話，老人家高興了，便賜給眾人賞物。試想這一場面：武則天置身於比大觀園更為富麗堂皇的庭院內，周圍雲集著無數獻媚者（大多數是男性），他們按女皇的心願大肆嘲弄另一群男人（朝廷的大臣們），又接受女皇的評頭品足。為了武

則天的開懷大笑，他們不僅要奉承女皇本人，還要大肆吹捧她的男寵，說張昌宗仙姿瀟灑，是周靈王太子王子晉的後身，一升仙太子的轉世，等等。如此多的男人拜倒在她的腳下，屈辱地接受她的調笑和玩弄，並心甘情願地充當奴才，作為女人，她以一花獨放的形式提高了女性的聲望。不過，這所有的一切，對她來說，都不是自覺的。由此可見，作為一個女皇帝，武則天擁有與歷史上眾多的男性皇帝相比亦毫不遜色的後宮大軍。

武則天身邊最有才的男寵：張易之

武則天的男寵雖多，但真正才貌雙全的少之又少。就拿第一大男寵薛懷義來說，他出身小販，乃市井之徒，大字都識不得幾個。另一個男寵沈南璆，只是個御醫，也就能看看病，診診脈，別無長處。所以時間長了，武則天也就膩了，其結果是薛懷義被縊殺，沈南璆身心虛弱，且年過中年，逐漸被打入冷宮。所以，想討武則天歡心，並長期保持下去並不是一件容易的事。武則天身邊最有才的男寵就是赫赫有名的張易之。此人有詩人、美食家、醫藥學家、美容專家以及孝子的頭銜。正是一大把的頭銜讓他和弟弟張昌宗長期受寵，直到武則天被迫退位。下面是他的幾首詩詞，至於品質，能從一千多年前一直流傳到今天，足以說明一切。

泛舟侍宴應制

平明出御溝，解纜坐回舟。
綠水澄明月，紅羅結綺樓。
弦歌爭浦入，冠蓋逐川流。
白魚臣作伴，相對舞王舟。

橫吹曲辭・出塞

俠客重恩光，驄馬飾金裝。
瞥聞傳羽檄，馳突救邊荒。
轉戰磨笄地，橫行戴鬥鄉。
將軍占太白，小婦怨流黃。
騕褭青絲騎，娉婷紅粉妝。
一春鶯度曲，八月雁成行。
誰堪坐秋思，羅袖拂空床。

侍從過公主南宅侍宴探得風字應制

逐賞平陽第，鳴笳上苑東。

鳥吟千戶竹，蝶舞百花叢。
時攀小山桂，共挹大王風。
坐客無勞起，秦簫曲未終。

張易之白皙貌美，兼善音律歌詞。初以門蔭遷為尚乘奉御。他能夠受寵，全仗他的弟弟張昌宗大力推薦。而張昌宗最初是太平公主發現的，太平當時喜不自勝，不願自秘，獻於武則天。張易之在滿足武則天的基本欲望的同時，也充分發揮了醫藥學家和美容專家的特長。他最擅長的技能之一就是煉製春藥，武則天經過長期服用，不僅皮膚恢復彈性，許多白髮變回黑色，而且在六十九歲時，又長了一顆智齒。在七十六歲時，也許是張易之真的回春有術，武則天脫落已久的兩眉又重新生出。

除了為中國古代的醫藥學和美容研究作貢獻，張易之與他兄弟張昌宗、張昌儀三人還都是「美食家」。據唐代張鷟《朝野僉載》：「張易之為控鶴監，弟昌宗為秘書監，昌儀為洛陽令，競為豪侈。易之為大鐵籠，置鵝鴨於其內，當中取起炭火，銅盆貯五味汁，鵝鴨繞火走，渴即飲汁，火炙痛即回，表裏皆熟，毛落盡，肉赤烘烘乃死。昌宗活欄驢於小室內，起炭火，置五味汁如前法。昌儀取鐵橛釘入地，縛狗四足於橛上，放鷹鷂活按其肉食，肉盡而狗未死，嚎叫酸楚，不復可聽。易之曾過昌儀，憶馬腸，取從騎破脅取腸，良久乃死。」唐代武則天的男寵張易之、張昌宗兄弟都是虐食的熱衷者。兄弟倆互相比賽，看誰在虐食上更有創意。張易之的發明是在鐵籠內放置多隻鵝、鴨，鐵籠周圍燒上一盆盆火炭，鐵籠內一個銅盆煮著滾開的五香調料汁，鵝、鴨受不了炭火的煎熬，就在鐵籠裏亂竄，渴了就喝滾燙的五味汁。就這樣，外面火烤，裏面汁燙，不用多長時間，整隻鵝、鴨就被烤熟，羽毛脫盡，熱騰騰、香噴噴，端上桌來，大家群起食之。張昌宗則把鵝、鴨換成小驢：他將驢子拴在小屋裏，四周擺滿火炭，銅盆內盛滿滾燙的調料汁，小驢外烤內燙，直至活驢內外烤熟，這時，食客拿個碟子，愛食哪個部位，就自己動手割而食之。

但想不到，張易之還是個頗有孝心之人，不僅為他母親建造豪宅，陳設豪奢之至，而且還十分關心她的生理健康，把英俊不亞於他的鳳閣侍郎李迥秀介紹給母親做情人。而據野史所言，其母醜陋不堪且有口臭，李迥秀自然不勝其苦，於是終日飲酒無度，據張鷟《朝野僉載》：「張易之為母阿臧造七寶帳，金銀、珠玉、寶貝之類罔不畢萃，曠古以來，未曾聞見。鋪象牙床，織犀角簟，鼲貂之褥，蛩虻之氈，汾晉之龍鬚、河中之鳳翮以為席。阿臧與鳳閣侍郎李迥秀通，逼之也。同飲以碗盞一雙，取其常相逐。迥秀畏其盛，嫌其老，乃荒飲無度，昏醉是常，頻喚不覺。出為衡州刺史。易之敗，阿臧入官，迥秀被坐，降為衛州長史。」

剖析帝王心理：武則天為何要養男寵

至高無上的皇帝一個常為人樂道的優越方面是對美色的享用。佔有數以千計的美貌女子的身體，剝奪她們與其他男子性愛的權利，正是皇帝的特權和威嚴所在。武則天當了夢寐以求的女皇，自然不會放棄這一特權，即便僅僅是為了炫耀或應一個皇帝的威名。事實上，她倒不是為了炫耀，她的確需要男人，全身心地需要。

武則天的父親叫武士彠，娶的第一個夫人叫相裏氏，為他生了四個兒子，有兩個兒子早死了，還剩下兩個兒子，一個叫做武元慶，一個叫做武元爽。相裏氏死了以後，武士彠在四十八歲的時候娶了第二個妻子，就是武則天的母親楊氏。這個楊氏，為武士彠生了三個女兒，大女兒是韓國夫人，第二個女兒就是武則天，第三個女兒沒有名字留下來，她死得很早。武士彠娶楊氏的時候武元慶和武元爽已經很大了，他們對後母特別不好，包括對後母的孩子也特別不好，經常欺負她們。

這樣，武則天的幼小心靈裏面就留下了傷疤。現代心理學認為，一個人的幼年經歷對他的成長是很重要的。在至為關鍵的幼年階段，武則天家道中落，得以充分體會女性的柔弱和卑賤，因而慢慢形成了男性崇拜心理。後來，她入宮侍奉唐太宗，與她衷心傾慕的男人身心交合，時間雖短，可她體驗到的是無法用言語表達的性愛快樂和身神合一。以後的歲月裏，儘管有許多不如意，有一點卻成為那段記憶的遺物：她發現自己漸漸無法克制對男人身體的渴望，曾經有過的性愛狂放構成記憶折磨著她。從更深一層的意義上來講，熱衷於性愛，是她男性崇拜心理的體現。武則天既然是個男性心理佔據上風的女人，她的性愛方式自然也像男人一樣具有進攻性。據史載，目前世界上許多風化區流行的在臥榻四周安上鏡子，以便觀賞自己嬉戲、交歡的色情花樣，早在武則天時代就已經流行了。這位身體豐腴、精力充沛的女人，就在李治臥室的四周安上許多鏡子，時常和皇上不分白天黑夜地嬉戲其間。有一次，還鬧出了這樣的笑話：李治獨自坐在臥室裏，名卿劉仁軌求見。劉仁軌見高宗坐在鏡間，大為恐慌，曰：「天無二日，土無二王。臣獨見四壁有數天子，不祥莫大焉。」

從歷史年表上看，武則天當寡婦是在她六十一歲那年，可她與李治的「枕席之樂」早早就絕緣了。李治原本一懦夫，人近中年又害上了頭痛的怪病，時常劇烈發作。在疾病和焦慮的雙重折磨下，他的腸胃系統也受到影響，吃不下飯。現代醫學認為，一個人長期神經緊張，焦慮重重，便容易得腸胃系統的疾病，如胃潰瘍、胃癌等。不吃飯，常噁心，又無法戒除色欲，故而身體急劇衰竭。儘管他在皇帝裏還算長壽，在位三十五年也不算短，但生命品質如同他在位時的政治作為一般，說到頭兒不過庸常而已，最後二十年則完全像個廢物。他一天的生活多是聽聽樂曲或躺在御榻上閉目養神，時常陷入回憶往事的悲傷之中，宛如時時預感到遲暮將至的頹唐老人。再加上他的視力陡然下降，看不清遠近的物體，長期生活在一個模糊和混沌一片的世界裏，必然加重他的悲觀情緒。試想，這樣一個懦弱、幼稚、病魔纏身、唉聲歎氣的巨型嬰兒，怎麼能夠喚起武則天的情欲？他在這位執掌朝廷大權的女主眼裏，除了名分上的利用價值，無其他用途。武則天對他的厭惡沒有發展到置他於死地，都算是他的造化，何談共用雲雨？

那麼，武則天是如何滿足性欲的呢？高宗當權的後期直到垂拱初年（685年），大約十個春秋，武則天的性生活一片空白，不見史傳，這一有意的疏忽某種程度上倒反映出事實的真相：她處於自我性禁錮狀態。即便淫心蕩漾，打起野食，也多搜羅的是無名之輩，沒有長期固定的「性伴侶」。更多的時候，滿足的主要途徑是通過性妄想和手淫。不過，這一階段她的興趣主要集中在誘人的權力上，平息叛亂，消除隱患，實施酷吏政治，大造天意佛言，耗費了她過多的時間和精力。追逐權力本身就是一針強烈的興奮劑，使武則天容光煥發、青春常駐，而鉤心鬥角又是人與人之間時而積極，時而消極的一種刺激，能夠最大限度地消除人內心的孤寂感。所以，在這一階段，武則天並沒有對男人產生強烈的需求。

可是，人專心致志做一件事情，即便是興趣最大的事情，時間長了，也難免感到枯燥和疲憊。武則天的特殊處境決定了她的感受更為強烈一些，因為專制制度下的大多數決策都是在絕對孤獨的情況下做出的。在實施酷吏政治、大規模掃除異己的血腥歲月裏，武則天腦子裏的弦綳得緊緊的，神經處於高度興奮狀態，無疑這是一種緊張而充實的生活。處境的險惡反使她全身心地投入到這場政治角逐當中，要麼名垂青史，要麼遺臭萬年，在這裏，政治生活和私生活合而為一。可當她揮舞專制的刀斧，鎮壓了短命的「匡復」，踏著李唐皇族的屍體心情坦然地走向女皇的寶座時，神經猛地鬆弛帶給她的是疲憊的感受，長期獨自決斷的習慣中她體驗到的是孤獨，政治使命的完成刺激了她私生活的渴望，這位六十多歲、威權顯赫的老太婆，迫不及待地想從年輕貌美的男人身上追回她失去的青春和歡樂。

西蒙・波伏瓦說：「女子的個人生活史，和男人的生活史比起來，受生理命運左右的幅度大得多。」這一特點也充分反映在成熟女人的愛情上。她不再像無知少女一樣害怕，也不像年輕婦女那樣總是為懷孕和生產提心吊膽。到了武則天這樣的年齡（她的心理年齡比實際年齡起碼小十歲），她才能夠無所顧忌地把性愛當做真正的歡樂來享受，而不是為了生殖或其他的目的。同樣，在前一階段，她雖然全身心地投入到爭權奪利當中，可打野食的經歷為她分辨男人在性事方面的優劣提供了寶貴的經驗，當她真正打算享受性愛時，她懂得應該選擇什麼質地的對象。

處於性苦惱中的武則天，在六十一歲得到高大魁偉、肌肉發達、身材勻稱、體力充沛，通體散發著濃重的情欲氣息，而且陽具壯偉，十分鮮見，屬「非常材」的馮小寶。儘管她已是六十多歲的人了，可仍像虎狼盛年的少婦一樣樂此不疲。沒有別的原因，就因為這能使她煥發青春，尤其是衰老日漸迫近，武則天急於模糊想像和真實之間的界線。

從武則天迫不及待地召見馮小寶，隨後兩人「恩遇日深」的情況來看，完全可以推斷出當時的武姓女皇處在什麼樣的心境之中。強烈的孤獨感和瘋狂殺人之後那種特有的空虛，構成了一個恐怖的背景，即便沒有讓她惴惴不安，也多少讓她感到煩惱。鋪天蓋地的煩惱到後來已不是變換髮型和服裝、玩玩鸚鵡這類輕度刺激就能驅除得了的，她需要實實在在、伸手即觸的男人的身體，需要激發自己身體內旺盛的情欲，需要鬆弛、忘卻現實的麻醉。馮小寶的到來，正合這位孤寂寡婦的心願，可謂久旱的禾苗逢甘霖。《舊唐書》記載：「懷義出入乘廄馬，中官侍從，諸武朝貴，匍匐禮謁，人間呼為薛。」性欲激發起來的熱情如果說不等同於愛情，至少也和愛情極為相似。這種感覺誰又說得清楚呢？

武則天需要這位美男子，一刻也離不開他，像歷代帝王寵幸愛妃一樣地寵他，千方百計滿足他驕橫的要求，這也許可以稱作愛情，只是消極一點的愛情罷了。

武則天自從獲得了這一建立在性欲滿足基礎上的「愛情」，身上的妻性和母性再次復甦，她變得溫和起來。儘管薛懷義的胡作非為讓她非常生氣（因為她有了新的男寵），可情感的羈絆和對往日銷魂歲月的記憶，使她不願意再聞到血腥味兒。她「愧而隱之」。下令重建明堂，仍由薛懷義督建。薛懷義因未受懲治而更加驕橫放縱、膽大妄為，武則天命令太平公主挑選數十名身體強壯的婦女做他的護衛，對他進行嚴密防範。這一工作興許過於勞累，有人告發薛懷義圖謀不軌，「太平公主乳母張夫人趁機令壯士縛而繞殺之」。

對薛懷義這位「小寶」的死亡，武則天並不感到悲痛。因為接替他的人比比皆是，這是一批更年輕、更有幹勁、質地更為精良的「大寶」。武則天在暢快勞作之後，選定的新的男寵是張易之、張昌宗兄弟。武則天似乎特別喜歡「陽道壯偉」的男人。這種過分的「喜歡」，顯然超出了一般的意義，這與她的男性崇拜心理有關。武則天的這一崇拜不是秘密，因為她是周王朝的最高統治者，她不加掩飾地將其傳揚出去，猶如召喚，使得左監門衛長史侯祥等人恬不知恥地公然宣稱自己「陽道壯偉」，要到武則天身邊侍奉，以求像薛懷義和張氏兄弟一樣飛黃騰達。

當時，張氏兄弟不過二十來歲，「白皙美姿容，善音律歌詞」。武則天，一個面皮鬆垮、牙齒脫落、皺紋密布、白髮稀疏的老嫗，佔有著兩位美貌少年，既有煥發青春的實際意義，又有虛榮的滿足。她一定想起了自己十四歲陪伴太宗皇帝的情形。如今，她「面首三千」，可與男性帝王後宮嬪妃的數目媲美，專門「選美少年為奉哀供奉」，猶如隋煬帝之寵愛處女的怪癖。

名妓李師師的「二奶」風月政治學

李光閣

李師師是北宋名妓，她攀上了皇帝，深受士子、名流追捧。她不同於酒樓賣唱的輕浮女子，她們沒有名字，被人狎玩。可是，李師師被人記得卻是因為她「俠妓」、「飛將軍」、「公關能手」的稱號，這是真的嗎？她又是否真的有傳說中的武功？

李師師美顏下藏有纖指功

李師師原本是汴京城內經營染坊的王寅的女兒，三歲時父親把她寄名佛寺，老僧為她摩頂，她突然大哭。老僧認為她很像佛門弟子，因為大家管佛門弟子叫「師」，所以她就被叫做李師師。過了一年，父親因罪死在獄中。她由鄰居撫養長大，漸漸出落得花容月貌，經營妓院為業的李媼將她收養，教她琴棋書畫、歌舞侍人。一時間李師師成為汴京名妓，是文人雅士、公子王孫競相爭奪的對象。

在當時的市井社會裏，關於李師師的緋聞漫天流傳，如果那時有小報，她可以輕鬆地上頭條。一說她和宋徽宗感情甚篤，地道裏談情；二說她武功了得，和梁山好漢均能搭上關係、說上話。

張邦基《墨莊漫錄》載：「政和間，汴都平康之勝，而李師師、崔念月二妓名著一時。」當時的著名文人周邦彥、秦觀等都與她有過交往，有的感情還很深。《汴都平康記》說她「慷慨飛揚，有丈夫氣，以俠名傾一時，號飛將軍」。

周邦彥描述李師師接待宋徽宗的情景，曾云：「並刀如水，吳鹽勝雪，纖指破新橙。」「並刀」，就是西夏進貢的寶刀，宋徽宗是鑽地道跑來的，大老遠的當然不會扛著口刀，李師師接待皇上，自然也不會亮兵器，這只能是宋徽宗保鏢的武器。宋朝皇帝的保鏢，那都是「御貓」一流人物。「吳鹽」，這玩意兒吃水果的時候用得著嗎？其實，這應該是一句隱語。「吳」者，吳越也，吳越何處？錢塘也，「塘」者通「唐」。實際上，「吳鹽」，就是「唐鹽」啊。「唐鹽」是什麼？參看溫里安先生的《碎夢刀》便知是西川唐家的毒火鹽，天下知名的暗器。

這段話翻譯過來，就是宋徽宗和李師師搶水果吃，皇上怕搶不到，讓大內侍衛出手。結果侍衛揮刀攔截順便打出了唐門化學暗器，依然不是李師師的對手，水果還是讓李師師抓去了。正是「纖指破新橙」，簡直是出手如風啊。這樣看來，李師師的「飛將軍」名號絕不是浪得虛名。而且，李師師手指上的功夫，在《水滸傳》第八十一回「燕青月夜遇道君，戴宗定計賺蕭讓」中，也是有描述的。後來，燕青拜了李師師為姊，誰上誰下那就不問可知。從燕青後面急急穿衣看，這一「摸」刺激不小。想那浪子燕青，小廝天下第一，反應可算極機敏的，一級警戒之下還著了師師一抓，「飛將軍」名不虛傳。

李師師有如此的通天本事，能成為天下第一「二奶」，這也說明了她遠不是一只花瓶。宋徽宗能置後宮佳麗三千不顧，而寧願鑽地道來取李師師這一瓢飲，顯然迷戀於她的過人魅力。而宋江想藉浪子燕青這張船票搭上李師師又是圖的什麼呢？

宋江尋李師師，醉翁之意不在酒

宋宣和三年（1121年）正月十四傍晚時分，水泊梁山領導班子幾位成員來到了東京。宋江擔任首領之後就奔首都，顯然不是為了遊山玩水，「私去看燈一遭便回」。這次出差，目的是想看看招安的項目能不能拿下來。儘管上年九月初九重陽節前聚會時，宋江將企盼朝廷招安的想法寫成歌，隱約地表達出來，引起了部分領導班子成員的反對，李逵甚至藉著酒勁踢碎了一張桌子，但宋江把自己這些草匪納入朝廷正式編制的願望並沒改變。

在主張招安的御史大夫崔靖被拿入大理寺，唯一的出路也被堵死後，選擇非正式管道便成為必然。因此，宋江才拍板決定「要見李師師一面，暗中取事」。

正所謂「條條道路通羅馬」。宋江能坐上梁山第一把交椅，自然是黑白兩道滾過來的。他明白，實際上很多事情的決斷都不是在正襟端坐的談判桌上完成的，更多是在觥籌交錯、耳鬢廝磨中談成的。宋江試圖走「二奶路線」完成招安大業，無疑是低成本的戰略選擇。需求資訊一旦通過「枕邊風」傳入決策中樞，將會直接切換成現實生產力。李師師為人「慷慨飛揚，有丈夫氣」，並且「和今上打得熱」，是天下第一「二奶」。打通了這一關節，招安工作也就完成了一大半。小吏宋江的確具有戰略眼光。

宋江很快就領教了李師師的魅力。他先派燕青去公關，燕青向李師師的經紀人李媽媽許下重金，宋江就有了第一次見李師師的機會，只是還沒說幾句話，徽宗就從地道裏爬了進來。工作雖然沒談成，但宋江看到了李師師的潛在價值。金錢和美酒可以縮短世俗人物之間的距離。第二次見面，宋江輕鬆地拿出了一百兩金子，謙虛地說「山僻村野，絕無罕物」，意思是俺那旮旯也沒什麼好東西，就這點土產意思意思吧。李師師表現出了嫻熟的交際手腕和通達的處世態度，不卑不亢地拜謝道：「員外識荊之初，何故以厚禮見賜，卻之不恭，受之太過。」禮物照單全收，還拿得有理有節，也算是本事。

這次見面，宋江被李師師鎮住了。宋江先是在縣裏待了三十年，而後又跑到梁山上和一幫大老爺們住在一起，現在居然混到能和當今皇上「二奶」一起吃飯的地步，激動得酒有點喝大了，吆五喝六、指指點點的，連在梁山「大塊吃肉，大碗喝酒」的草匪作風都使了出來。儘管柴進忙不迭地打圓場，閱人無數的李師師也通情達理地表示，「酒以合歡，何拘於禮」，但這也有失梁山首領的身分。

有個小插曲，顯示了李師師的幽默。李逵不滿宋江在那裏吃花酒，而讓自己守大門，就闖了進來。宋江介紹李逵說：「這個是家生的孩兒小李。」李師師道：「我倒不打緊，辱沒了太白學士。」風流倜儻的李白，芳華絕代的李師師，粗鄙醜陋的李逵，簡單一語，竟勾勒出一幅美妙的漫畫。也難怪李逵生氣，宋江只顧與美人喝酒，還故意弄首詞來顯示自己的文采，結果又被從地道爬進來的徽宗打斷了招安工作的洽談。李逵一怒之下，打了負責警衛工作的楊太尉，驚了聖駕，宋江給皇帝專題彙報的計劃也破滅了。儘管宋江是兩次話到嘴邊都無奈地嚥了下去，但他重又派燕青打頭陣求得引見。

自從上次驚了聖駕，李師師對宋江等人已經有了懷疑。見了燕青後說：「你不要隱瞞，實對我說知；若不明言，決無干休。」事已至此，燕青講明了自己的意圖：「只是久聞娘子遭際今上，以此親自特來告訴衷曲，指望將替天行道，保國安民之心，上達天聽，早得招安，免致生靈受苦。」

李師師俠義下巧公關

李師師早明白宋江的禮金不是白收的，知道自己是時候出手了。對於自己的「風月」

她還是很有自信的。同時，她對梁山的意圖既不懷疑，也不反感，而是表示出了信任、理解和熱情：「你這一班義士，久聞大名，只是奈緣中間無有好人，與汝們眾位作戰，因此上屈沉水泊。」李師師相助水泊梁山完成了由體制外向體制內的轉軌，除了接受了禮金、喜歡燕青等原因外，其根本原因是她和梁山英雄一樣生存在體制外的江湖，「同是天涯淪落人，相逢何必曾相識」，有著不同於主流社會的道德觀、價值觀和不為外人道的人生際遇。所以，儘管李師師受到徽宗寵幸，「風雷聲價，播傳寰宇」，但前兩次宋江等人出現在她家裏的時候，她不僅熱情相待，還主動邀請：「來日駕幸上清宮，必然不來，卻請諸位到此，少敘三杯。」同樣，燕青雖然是草匪，卻贏得了李師師的垂青，結為姊弟。

與李師師的談判工作，並沒有大兵壓境的緊張感，也沒有討價還價的扯皮感，一切都是滑著輕鬆的舞步向前推進。在賓主盡歡的會談氣氛中，李師師向皇帝引薦了燕青。燕青憑藉幾首小曲打動了宋徽宗，不僅為自己討來了免於處罰的聖旨，還讓徽宗全面地掌握了宋江對招安的渴望。路線確定以後，人才是關鍵因素。沒有李師師的引見，宋江就不可能實現招安的目標。對宋江招安的成功，李師師的「風月政治」實在了得。

換妻如換衣：劉備私生活秘史

華濁水

劉備是英雄。桃園三結義、三顧茅廬、漢昭烈帝說的都是他，但他作為帝王，也有凡人的一面。所謂「食色，性也」，從他的私生活更能看出他龍袍下的真實。那他真身到底如何，他的私生活又是什麼樣的呢？

白手起家，事業生活兩不誤

劉備少年孤獨貧困，與母親以販鞋子、織草席為生。他所住的草屋東南角籬笆邊有一棵高五丈的桑樹，遙望像個車蓋，往來的人都奇怪此樹非凡的姿態，有的就說此地當出貴人。劉備小時候與其他的小孩子在樹下遊戲時說：「我將來必定乘這樣的羽葆蓋車。」羽葆蓋車是皇帝才可以乘坐的，叔父劉子敬告誡劉備說：「你這樣胡說難道要滅我們全家嗎？」

劉備才不理會別人的鼠目寸光，鄉里的少年都依附他，他也自稱是漢景帝兒子中山靖王劉勝的後代。他自己反復這麼說，見人就說，於是史書上也這麼說了，至於真假沒有人知道。我們十分熟悉劉備的那句開場白：「在下劉備，中山靖王劉勝之後。」根本就沒人問他是誰的後代，仔細一想劉備的舉動，他應該是早就有所謀算了。中山大商人張世平、蘇雙可能被「中山靖王劉勝之後」的話打動，覺得劉備不同尋常，便給了他許多金銀財寶，這樣劉備招買了一批人馬，開始實現他奪取天下的計劃。

三國時代是個英雄輩出的光輝年月，但劉備特殊之處就在於白手起家，不像曹操與孫權倚靠先輩打下的堅實基礎，他所倚靠的只是一個虛無縹緲的「中山靖王劉勝」。他後來能打下江山，自是了不得的人物，史書上都有記載。但孟子說過：「食色，性也。」意思是食和色都是人的本能，劉備也不例外，在情色上我們能夠見到劉備更真實的另一面。

新人、舊人，劉備一個不落

劉備的夫人沛國人甘氏是三國時代著名的美女之一。劉備起兵後在豫州小沛納甘氏為妾。劉備好幾個嫡妻先後喪生，甘夫人便以嫡妻的身分攝掌內事。後來隨劉備到了荊州依附劉表，生下兒子阿斗（即後來的蜀後主劉禪）。

曹操大軍在當陽長阪追到劉備一行人時，劉備丟下老婆、孩子一個人跑了，全靠趙雲的保護，甘夫人才倖免於難。而那句有名的「朋友如手足，妻子如衣服」的話就是劉備說的。可見在他眼裏妻子不過是隨時脫、隨時換的衣服、鞋子一類的東西，所以此時拋下甘夫人一個人逃命，符合劉備的性格。

後來，劉備從陶謙手裏接管了徐州之後，用糜竺、陳登為輔佐。袁術自接鄰的揚州起兵與劉備爭奪徐州。建安元年呂布襲取徐州的治所下邳，守將張飛嗜酒誤事，劉備的家眷都陷落在城裏。劉備潰退到廣陵收集敗兵散卒，以圖後舉。糜竺與陳登輾轉找到了劉備。糜竺在廣陵遇到劉備，劉備問及自己的家眷，糜竺說還在下邳城裏。劉備丟了城池失去了甘夫人，弄得兩手空空，無奈只有歎息一番。

糜竺有一個年已及笄的妹妹，長得很美豔。為了安慰劉備，他便將妹妹送給了劉備，並將家產傾囊而出充作軍資。劉備正是窮困潦倒的時候，好像天下掉下一個餡餅，不僅使危軍復振，而且還得到一名美女相伴。他寫信給呂布請他送還家眷，互釋嫌疑。呂布只是為了得到徐州的地盤，與劉備本來沒有什麼個人恩怨，便得做個人情，將家眷送還了劉備，並且還格外開恩，讓沒有地方安身的劉備駐紮在徐州的小沛。

甘夫人回來後，卻發現劉備戰場失意情場得意，又娶了一個小妾。不過她沒有表現出不快的神情，古代男子三妻四妾本來是很平常的。甘夫人與糜夫人相見後寒暄了一番，然後暗中彼此偷偷打量對方，再將自己與對方做了一番比較。不過這是妻妾心中的小波瀾，外人不得而知。

做劉備的女人不容易

雖然呂布歸還了甘夫人，但是劉備與呂布已經互生嫌怨。建安三年春，呂布派人去河內買馬，半路上被劉備將馬匹都搶走了，呂布正好沒有藉口，便遣部將高順、張遼率兵攻打小沛。劉備知道自己的力量不支，飛書向許都的曹操求救。曹操立刻派遣夏侯惇領兵往援小沛。

夏侯惇來到小沛還沒來得及安營，就被高順部下的銳騎沖得四散，急得他腳忙手亂。夏侯惇左目中了一箭，鮮血直流，多虧親兵救護才逃出險境。劉備帶著關羽、張飛前來接應夏侯惇，劉備正與高順相遇，不料被張遼襲擊背後，劉備全軍陷落。他前後都沒有了去路，不得已跑往梁地。小沛裏只有孫乾、糜竺等幾個文士，甘糜兩位夫人被呂布劫去。看來當劉備的老婆真是不容易，三天兩頭被人家搶走。

劉備跑到了梁地，正倉皇窮蹙的時候，曹操親自督兵前來救他。救劉備是假，奪取地盤是真。曹軍首先攻下了彭城，並將彭城的守兵、平民全部殺戮一空，然後再引軍進攻下邳。呂布作戰失利，聽信妻子嚴氏的話，又懷疑屬下的謀士將領，導致將士離心，被部下侯成、宋憲、魏續出賣給曹操。這樣劉備又找回了妻妾甘、糜兩位夫人。

建安五年曹操打敗了劉備，甘、糜兩位夫人再一次被搶走，關羽也被擒。後來關羽聽說劉備流落到袁紹那裏，遂帶著兩位夫人離開曹操回到劉備的身邊。

曹操南取荊州以後，劉備從襄城跑到江陵。荊襄士民見劉備仁慈，害怕曹操的殺戮，便都攜兒帶女隨劉備同行。到了當陽的時候，士民多到十餘萬，輜重也有好幾千輛。走的速度很慢，每天只能走十餘里。劉備每次大敗的時候，妻子、家眷都棄之不顧，此時庇護十萬百姓純屬沽名釣譽。明顯的是置百姓於死地，使對手得到惡名，可見其內心之殘忍，實為三國狡詐第一人。曹操親率大軍長驅直追，劉備讓張飛斷後，趙雲保護家眷。

曹軍五千輕騎日夜追殺劉備，一日一夜行三百多里，在當陽長阪追到了張飛的斷後部隊。張飛兵少抵擋不住，甘、糜兩位夫人被亂兵沖散不知去向。趙雲不見了兩位夫人，急忙持槍又從亂軍中殺出一條血路，好容易才找到了甘夫人，將她帶到長坡。張飛見到趙雲便問及嬰兒阿斗，才知道阿斗被糜夫人抱著，卻不知道糜夫人在什麼地方。趙雲只好又一次衝進曹軍陣中救出了糜夫人。此時糜夫人身體已受重傷，她奄奄一息地抱住阿斗。見了趙雲後，為了讓阿斗脫身，不連累趙雲，她一躍跳入井中而死。趙雲悲傷之餘，推倒土牆掩蓋水井，以免糜夫人的屍體受辱。

劉備見到趙雲救回甘氏母子心裏大喜，聽到糜夫人已死又不禁大悲，一時間百感交集，又落下許多淚。甘夫人因為受驚成疾，一年後，二十二歲的她也離開了人世。可憐甘、糜兩位夫人一生跟隨劉備東奔西走，被人搶來搶去，幾乎沒享過什麼福。

敢給劉備顏色看的孫夫人

荊州地處西川與東吳之間，歷來是兵家必爭之地。當初劉備沒有立足的地方，向東吳借荊州暫時棲身，約定以後歸還。赤壁之戰後孫權想討回荊州，劉備以各種理由再三推託。而且魯肅一提起歸還荊州的事，劉備就放聲大哭。周瑜勸孫權將妹妹嫁給劉備，以婚姻關係羈絆住他。孫權實在沒有辦法，就想趁劉備喪妻之機會，以其妹孫尚香送給劉備做繼室為誘餌，藉口吳國太夫人特別疼愛這個最小的女兒，不願意遠嫁，所以請劉備去東吳完成婚禮。名為東吳與劉備聯姻，實則趁劉備過江之機加以拘禁，好逼諸葛亮拿荊州換回劉備。劉備有意聯吳，便遵從了東吳的婚議，建安十四年冬天由趙雲、孫乾陪同進入吳境。

不想孫權反弄巧成拙，吳國太夫人是丈母娘看女婿，越看越喜歡，就真的招他為婿。結婚時劉備已年過半百，孫尚香也就二十來歲。結婚的那一天，一百多個侍婢簇擁著一位珠圍翠繞的婀娜佳人與劉備參拜天地。待到入了洞房劉備不禁吃了一驚，洞房裏面刀槍劍戟、殺氣騰騰，侍婢都佩劍侍立在一旁，好像要出兵打仗的樣子。劉備忙哆嗦著問：「這是做什麼？」侍婢說：「我們郡主從小喜歡練武，一向是隨身不離兵器。」劉備說：「今夜是洞房花燭的好日子，還是將這些暫時拿開的好。」孫夫人撇嘴說：「你打打殺殺了大半生，難道還怕兵器嗎？」

不滿歸不滿，孫夫人還是脫下戎裝，丟下兵器。這時劉備仔細端詳，這個孫夫人神采奕奕，長得也很端正，於是緊張害怕的心情也消失了一大半。孫夫人橫眉立目的時候確實嚇人，但溫柔起來也是驚天動地地銷魂。於是兩人攜手進入幃帳。

劉備一連住一個多月，這才從溫柔鄉中醒過來，想起了荊州的部下。他對孫權說曹操眈視荊州不能不回去。孫權不好說不放的話，況且劉備早將吳國太夫人哄得團團轉。另外他也想讓劉備在荊州作為曹魏和東吳之間的緩衝。等到劉備攜孫夫人回到了荊州以後，周瑜從江陵來見孫權，問起孫權為何放劉備回去，孫權說是防備曹操。周瑜只好無奈歎息。

他給孫權分析了形勢，孫權也很後悔，真是「賠了夫人又折兵」。

劉備取得益州後根本不想歸還荊州，孫權便趁劉備西征入川的時候，悄悄給妹妹寫信謊稱吳國太夫人病重，想將孫夫人和阿斗騙到東吳，然後用阿斗換回荊州。孫夫人不辨真偽，匆匆攜阿斗登船回吳國，諸葛亮派趙雲勒兵斷江留住了阿斗，只放孫夫人一人回東吳。孫夫人到了東吳後才知吳國太夫人根本沒有病。從此以後，孫夫人留在了東吳，被迫還是自願不得而知，只是與劉備再也沒有見面，他們的夫妻關係大約就持續了三年。

當初孫夫人雖然也有溫存的一面，但日常倚仗兄長的勢力不把劉備放在眼裏，一向說一不二，不僅左右大將都怕她三分，劉備也不敢違逆。而且孫夫人從東吳帶來一批吏卒，在蜀地縱橫不法，誰都無法約束，好像是閨中的敵國，時刻還必須加以防備孫夫人手中的刀劍。等孫夫人回到了東吳，劉備回想起的只有那種提心吊膽的感覺，所以也不派使者去東吳迎接孫夫人。

最後一位吳夫人

劉備最後一位夫人吳氏是陳留人，少年時失去雙親，她的父親一向與益州牧劉焉有舊交，因此舉家隨劉焉進入蜀地。劉焉心有異志，他聽看相者說吳氏以後會大貴，便想納吳氏為妾，但是苦於自己與吳氏的父親是莫逆之交，與吳氏的輩分不相當，就只好讓自己的兒子劉瑁娶了吳氏。劉瑁死後吳氏寡居。建安十九年夏天劉備取得益州城，群臣勸劉備聘娶吳氏。劉備心疑自己與劉瑁同族在禮法上不妥。法正說：「若論起親疏，您與劉瑁比得上晉文公與子圉的關係嗎？」於是劉備決定納吳氏為夫人。吳氏雖然寡居再嫁，但豔麗不減當年，劉備重新領略了空曠已久的溫柔滋味。

建安二十四年，劉備稱漢中王，立吳夫人為漢中王后。章武元年夏五月，劉備稱帝立吳后為皇后。

孫權難以收回荊州，又想與關羽結為兒女親家，但關羽不僅拒絕了孫權，還以「虎女焉配犬子」的話來鄙夷孫權。孫權遂派呂蒙攻打荊州。關羽大意失荊州敗走麥城，以至於身首異處。

劉備一心要為二弟報仇，不顧諸葛亮等大臣的勸阻，傾全蜀的二十萬兵力連營七百里進攻東吳。孫權提出「歸還荊州，送還夫人」的講和條件，孫夫人也附密劄，敘述夫妻之情與相思之苦，但都被報仇心切的劉備一口回絕了。東吳大將陸遜用計火燒劉備的連營，劉備與剩下的不到一萬士兵潰逃回白帝城。在彝陵之戰劉備被東吳一把火燒了連營之後，孫尚香聽到傳言以為劉備已經死了，她在長江邊祭奠完劉備後投江殉情而死。

劉備聽到噩耗不禁又想起了孫夫人的好處，加上這一仗使勤苦半生建立起來的蜀國元氣大傷，於是他慨慨成病。六十三歲的劉備自知不起，將阿斗託付給諸葛亮等五個大臣後離開了人世。劉禪即位，諡劉備為漢昭烈皇帝，秋八月葬於惠陵。

夏姬秘史：一個傾倒眾生的人間尤物

夢子

「北方有佳人，絕世而獨立。一顧傾人城，再顧傾人國」，夏姬就是這樣一個傾國傾城的美人兒。沒人能確切描述夏姬的美貌，但發生在她身上的一連串故事似乎可以表明，中國歷史上，都難找出第二個像她這樣吸引男人的女人。她兼具驪姬、西施的美貌和妲己、褒姒的狐媚。由於她與陳靈公等三位國君有不正當關係，人稱「三代王后」；她曾先後七次結婚，史載「七為夫人」；有九個男人因她而死，又稱「九為寡婦」。儘管如此，追求她的男人還是前仆後繼、無怨無悔……

夏姬是鄭穆公的女兒，自幼就生得杏臉桃腮、蛾眉鳳眼，長大後更是體若春柳、步出蓮花，一直是各國君臣追逐的對象。夏姬小時候由於母親管教嚴格，對男女之事便沒有私相授受的機會。但她異想天開地編織了不少綺麗的夢境。也許是幻想，或者是真有其事，在她及笄之年，曾經恍恍惚惚地與一個偉岸異人同嘗禁果，從而也得知了返老還童、青春永駐的采補之術。之後她曾多方找人試驗，當事者無不對外宣揚，因而使她豔名四播，同時也讓她聲名狼藉。父母迫不得已，趕緊把她遠嫁到陳國，成了夏御叔的妻子，夏姬的名字也就由此而來。

遠嫁陳國

夏御叔是陳國君主的後代，有封地在株林。夏姬嫁給夏御叔不到九個月，便生下了一個白白胖胖的兒子，雖然夏御叔有些懷疑，但是惑於夏姬的美貌，也無暇深究。這個孩子取名夏南。夏南從小就喜歡舞槍弄棒，身體結實得活像一頭小牛犢，十多歲就能騎在高頭大馬上馳騁如飛，時常跟著父親在森林中狩獵，有時也與父親的至交孔寧、儀行父等人，一起騎馬出遊。

夏南一邊讀書一邊習武，十二三歲便顯示出一股逼人的英爽之氣，為了承襲父親的爵位，他被送往鄭國深造，以期將來能夠更上一層樓。如果夏御叔能好好地活著，兩人也是才子配佳人的一對兒，一家三口其樂融融。但命運常常在我們不經意處轉彎，夏御叔壯年而逝，夏姬成了小寡婦。她是散漫隨意的女子，怎可能獨自看花開花落，寂寞數月圓星稀呢？所以夏御叔去世沒有多久，他生前的同事孔寧與儀行父，先後都成了夏姬的情人。

夏姬年近四十的時候，還像個二十來歲的少婦。孔寧、儀行父與夏御叔關係不錯，到夏御叔家喝酒時，曾窺見夏姬的美色，心中念念不忘，卻忘記了「朋友妻不可欺」的道理。孔寧與夏姬交歡之後，把從夏姬那裏拿來的錦襠給儀行父看，以此誇耀。儀行父心中羨慕，也私交夏姬。夏姬見儀行父身材高大，鼻準豐隆，也有與之交好的心思。儀行父廣求助戰奇藥以媚夏姬，夏姬對他越發傾心。這種三角關係一直持續了數年，孔寧終於在長時間的爭風吃醋心態下，把當時的國君陳靈公也拉了進來，使得彼此的關係進入白熱化的高潮。

靈公偷歡

大約是孔寧遭受了冷落，他為了抵制情敵儀行父，向陳靈公盛讚夏姬的美豔，並告訴陳靈公夏姬有嫻熟的房中術，不可失之交臂。

陳靈公是個沒有威儀的君主，他為人輕佻傲慢，沉於酒色，逐於遊戲，對國家的政務不聞不問，專門研究女人的「技術」問題。靈公對孔寧說：「寡人久聞她的大名，但她年齡已及四旬，恐怕是三月的桃花，未免改色了吧！」孔寧忙說：「夏姬熟曉房中之術，容顏不老，常如十七八歲女子模樣。且交接之妙，大非尋常，主公一試，自當魂銷。」靈公一聽，欲火中燒，恨不得立刻見到夏姬。

此時正值風調雨順，國泰民安，政簡刑清，閒來無事。於是陳靈公的車駕在陌上花開、陽春送暖的季節裏來到了株林，一路遊山玩水，薄暮時分到了夏姬的豪華別墅。夏姬事先已經得到通知，她命令家人把裏裏外外打掃得乾乾淨淨，簡單地清水潑街、黃土墊道，並預備了豐盛的酒饌，自己也精心梳洗，準備停當。等到陳靈公的車駕一到，夏姬婀娜出迎，招呼之聲如黃鶯啼鳴，委婉可人。靈公一看她的容貌，頓覺六宮粉黛全無顏色，哪個都比不上她。陳靈公見軒中筵席已經備好，就坐了下來。孔寧坐在左邊，夏姬坐在右邊，酒擺在中間，靈公目不轉睛，夏姬也流波顧盼，兩人真是心有靈犀一點通。陳靈公方寸大亂，酒不醉人人自醉，又有孔寧在旁敲邊鼓，靈公喝得大醉。夏姬嬌羞滿面，頻頻敬酒，兩人越靠越近。

當夜，靈公擁夏姬入帷，解衣共寢。靈公雖然喝得酩酊大醉，但懷抱夏姬，只覺肌膚柔膩，芬芳滿懷，歡會之時，宛如處女。當然，伺候一國之君，夏姬使出了渾身解數——有少女的羞澀，表現出羞不勝情的模樣；有少婦的溫柔，展示出柔情萬種的態勢；有妖姬的媚蕩，流露出分外的新鮮與刺激；有中年女人的成熟等。整夜風月無邊，不覺東方既白。靈公領略到真正的房中之術，不由歎道：「寡人遇天上神仙也不過如此而已！寡人得交愛卿，回視六宮猶如糞土。但不知愛卿是否有心於寡人？」夏姬猜想靈公已知她和孔、儀二大夫之事，於是回答說：「賤妾不敢相欺，自喪先夫，不能自制，未免失身他人。今日得以侍侯君主，從此當永遠謝絕外交，如敢再有二心，當以重罪！」靈公欣然說：「愛卿平日所交之人能告訴寡人嗎？」夏姬說：「孔、儀二大夫，因撫遺孤，遂及於亂，再沒有其他人了。」靈公大笑說：「難怪孔寧說卿交接之妙，大異尋常，若非親試，怎麼會知道？」靈公起身，夏姬再施心機，把自己貼身穿的汗衫給靈公穿上說：「主公看見此衫，如看見賤妾。」陳靈公本是個沒有廉恥的人，在表揚孔寧忠心耿耿、善解人意、薦舉夏姬辦事有力後，又佯裝批評儀行父說：「如此樂事，何不早讓寡人知道？你二人占了先頭，是什麼道理？」孔、儀二大夫一聽，他們與夏姬之事國君已知，但還不敢承認，說：「臣等並無此事。」靈公說：「美人親口所言，你們也不必避諱。」孔寧回答說：「這好比君有食物，臣先嘗之；父有食物，子先嘗之。倘若嘗後覺得不美，不敢進君。」靈公笑著說：「不對。比如熊掌，讓寡人先嘗也不妨。」三個人完全忘記了君臣禮儀，竟然會心地大笑。從此，陳靈公有事沒事便經常跑到株林夏姬的豪華別墅中來，夏姬事實上已成了陳靈公的外室。

夏南弒君

時光荏苒，夏南已經學成歸國，不但見多識廣，而且精於騎射。陳靈公為了討好夏姬，立刻讓夏南承襲了他父親生前的官職與爵位，夏南成為陳國的司馬，執掌兵權。但是，夏南已經懂事了，不忍聽到有人說母親的壞話，但是礙於靈公，又無可奈何。每次聽說靈公要到株林，就托詞避開，落得眼中清靜。

有次酒酣之後，君臣又互相調侃嘲謔。夏南因心生厭惡，便退入屏後，但是還能聽到他們說話。就聽靈公對儀行父說：「夏南軀幹魁偉，有些像你，是不是你做的？」儀行父大笑：「夏南兩目炯炯，極像主公，估計還是主公所做。」孔寧從旁插嘴：「主公與儀大夫年紀小，做他不出，他的爹爹極多，是個雜種，就是夏夫人自己也記不起了！」之後，三人狂笑。

夏南聽到這裏，羞惡之心再也難遏。是可忍孰不可忍，他暗將母親夏姬鎖於內室，從便門退出，命令隨行軍眾，把府第團團圍住，不許走了靈公和孔、儀兩人。夏南戎裝披掛，手執利刃弓箭，帶著得力家丁數人，從大門殺進去，口中叫道：「快拿淫賊！」一箭射中靈公胸口，陳靈公即刻歸天。孔、儀兩人見靈公向東奔，知道夏南必然追趕，就往西跑，倉皇逃到楚國去了。

夏南弒君，然後謊稱「陳靈公酒後急病歸天」，他和大臣們立太子午為新君，就是陳成公，同時請陳成公朝見晉國，找個靠山。這時，陳國人倒沒計較，但楚莊王偏聽逃亡的孔寧與儀行父一面之詞，起兵討伐，殺了夏南，捉住夏姬。楚莊王見夏姬容顏妍麗，對答委婉，楚楚動人，不覺為之怦然心動，但楚莊王聽說在她身旁的男人都會被詛咒身亡，便將這個女人賜給了連尹襄老。

不到一年，連尹襄老就戰死沙場。夏姬假托迎喪之名回到鄭國。此事原本可以就此結束，不料楚國大夫屈巫久慕夏姬美豔，於是藉出使齊國的方便，繞道鄭國，在驛站館舍中與夏姬成親。

歡樂過後，夏姬在枕頭旁問屈巫：「這事曾經稟告過楚王嗎？」屈巫也算一個情種，說道：「今日得諧魚水之歡，大遂平生之願。其他在所不計！」第二天就上了一道表章向楚王通報：「蒙鄭君以夏姬室臣，臣不肖，遂不能辭。恐君王見罪，暫適晉國，使齊之事，望君王別遣良臣，死罪！死罪！」屈巫帶著夏姬投奔晉國的時候，也正是楚王派公子嬰齊率兵抄沒屈巫家族之時。夏姬以殘花敗柳之姿，還能使屈巫付出抄家滅族的代價，可見其能量之大，古往今來獨此一人而已。

隋煬帝死後，老婆的「戰俘生活」

張繼合

大隋開皇二年，也就是西元五八二年，由雙方父母作主，十三歲的「晉王」楊廣娶了十二歲的蕭氏。他們共同生活到楊廣被殺。六一八年春天，隋煬帝被勒死，作為「戰俘」，蕭皇后落在了權臣宇文化及手裏。

《隋書》交代得非常藝術：「化及於是入據六宮，其自奉養，一如煬帝故事。」勝利者霸佔六宮，和隋煬帝生前一模一樣。蕭氏的處境可想而知，俘虜還能怎麼樣？甭耍娘娘脾氣了，休說什麼尊嚴、高貴，想活，就得逆來順受。這個儀態萬方的女人定然成了宇文化及的囊中之物。

常說，女人四十一枝花。女人到這個歲數，就開始走下坡路了。從「二八妙齡」起，十年就能消耗了她們一大半青春。只有非常奇特的女性例外，比如，埃及豔后——克莉奧佩特拉，她生完孩子之後，仍叫凱撒和安東尼兩位羅馬英雄神魂顛倒。蕭氏就是這種奇女子，步入中年，仍舊端莊、秀美。宇文化及從這位大美人身上，獲取了帝王的幻覺。六一九年，他居然跑到魏縣，關起門來當皇帝。

皇帝，永遠是天下的「頭彩」，除非足夠強大，否則誰覬覦，誰挨揍。宇文化及的狂妄行為，馬上招來滅頂之災——爭頭彩的竇建德殺上門來。竇建德是農民義軍的領袖，如今兵強馬壯，腰杆兒粗得很呢。他自稱「大夏王」，口口聲聲為死去的楊廣報仇。聊城一仗，竇建德動用拋石頭的「撞車」，四面攻城。這種原始「土炮」，殺傷力強大，聊城隨即失陷。

蕭氏再次面臨當俘虜的厄運。這回，她想死了。既不哆嗦，也不哭鬧，面無表情地等待死亡。所幸，搶救及時，而且碰上了「忠於大隋」的竇建德。蕭氏用不著投井上吊抹脖子了，戰勝者居然對她非常「禮遇」。《舊唐書》裏說：「建德入城，先謁隋蕭皇后，與語稱臣。」儘管沒上繩索，未遭關押，竇建德還畢恭畢敬地給她施君臣大禮，蕭氏依然未獲自由。與其說她被解救，還不如說被「接管」。一個徒有虛名的前朝皇后，有什麼資格在義軍營寨裏養尊處優呢？

傳聞，竇建德霸佔了蕭氏，惜乎尚未見到過硬的文獻。單憑《舊唐書》這段記載，就能猜個大概：「建德每平城破陣，所得資財，並散賞諸將，一無所取。又不啖肉，常食唯有菜蔬、脫粟之飯。其妻曹氏不衣紈綺，所使婢妾才十數人。至此，得宮人以千數，並有容色，應時放散。」有理由相信，在竇建德那兒，蕭氏似未受辱。這是義軍的政治需要，也受周圍條件的制約。其一，竇建德人品正派，還沒墮落到霸佔女俘的地步；其二，竇建德身邊蹲著一隻「母老虎」，老婆曹氏幾乎寸步不離，看得很緊；其三，蕭氏留駐時間並不長，約莫兩三個月後，就被突厥人接走了。

突厥，野蠻的「胡俗」令中原人心驚肉跳。在沒有血緣的前提下，兒子可以繼承父輩的女人，弟弟能夠再娶兄長的妻妾。胡俗當頭，女性就更像牲口了。

突厥的義成公主，從竇建德手上要走了蕭氏。二十年前，楊堅把這位宗室之女，嫁給啟明可汗。後來，丈夫死了，便改嫁「兒子輩」的始畢可汗、處羅可汗和頡利可汗。從楊廣那兒論，義成公主得叫蕭氏一聲「嫂子」。姑嫂重逢，也算有了依靠。

《隋書》一筆帶過：「突厥處羅可汗遣使迎后於洺州，建德不敢留，遂入於虜庭。」不管情願不情願，蕭氏就這麼身不由己地走了。一個孤苦伶仃的落難寡婦，沒有挑揀的權利，命把妳推到哪兒，就落到哪兒。誰都能猜到，可汗身邊的女人必須無條件地「從其胡俗」，蕭氏和義成公主共同納入了處羅可汗的寢帳。後來，處羅可汗死了，姑嫂兩個又順理成章地嫁給他的弟弟——頡利可汗……

蕭氏早就斷了重返長安的念頭。既已國破家亡，江南春雨、中原杏花對自己還有什麼意義呢？不如在這荒蠻的塞外，了此殘生吧。所幸，還有個小孫子楊正道做伴兒。楊門骨血，是她最後的一點安慰了。西元六三〇年，年屆花甲的蕭氏，含淚回長安。此時，突厥大敗，義成公主死了，頡利可汗遭擒。按理說，蕭氏仍屬「戰俘」。她因特殊的身分，居然贏得大唐禮遇。長安城裏的蕭氏，深居簡出，又孤獨地生活了十八年。

貞觀二十一年（647年），「庚子，隋蕭后卒。詔復其位號，謚曰湣；使三品護葬，備鹵簿儀衛，送至江都，與煬帝合葬」。《資治通鑑・唐紀》裏說，蕭皇后死後，還是回到了丈夫身邊，她當了半輩子「戰俘」，心裏想的還是楊廣。倘若隋煬帝泉下有知，也該滿足了。

太平公主的喪夫之痛

熊肖春

武則天的女兒太平公主本來是個熱衷於愛情、渴望過甜蜜夫妻生活的可愛女孩，但是她後來為何角逐於政治，並落得個不得善終的下場呢？這恐怕要從她的喪夫之痛說起。

盛大的婚禮

從史書上的資料來看，太平公主的父親唐高宗李治只有四個女兒。年長的兩位公主稱義陽、宣城。她們的生母是蕭淑妃。蕭淑妃因與武則天爭寵而死於非命，她生的這兩個女兒從此被幽閉在深宮裏，直到三四十歲才因異母兄弟的關心而得到出嫁的機會，卻也只能嫁給禁軍侍衛。她們同母的兄弟李素節更在不久之後被武則天鴆殺。兩位公主能保下活命，已是意外之喜，何談富貴恩寵？剩下的，就是武則天為李治生的兩個女兒了。長女還在襁褓中時，就被親生母親掐死，成為母親用於爭寵的犧牲品。在這樣的情形下，李治和武則天的小女兒太平，當然就成了他們的心肝寶貝。

太平公主八歲的時候，武則天向李治請旨，要女兒出家為道士，為外祖母楊氏祈福。「太平」其實是她的道號。但是小公主並沒有離開皇宮，還是一直住在父母的身邊。直到她十六歲這年，吐蕃向大唐求婚，要求迎娶唐帝的女兒太平公主，武則天才正式安排太平公主入住她的太平觀，以此向吐蕃拒婚。

時間一久，李治和武后似乎對女兒「出家」的狀況已看得眼熟，忘記了女兒已經不知不覺地長大、懂得兒女之情了。父母忘了，太平公主可沒有忘，她決定提醒一下糊塗的爹娘。有一天，太平公主穿著紫袍，束著玉帶，戴著巾幘，在父母面前既歌且舞。李治和武后一見之下，不禁大笑起來，說：「孩子，妳又不做武官，弄成這樣子做什麼？」太平公主趁機向父母撒嬌：「孩兒雖然不適合穿這樣的衣衫，但是可以把它送給自己的駙馬呀！」一語驚醒夢中人，李治和武則天這才發現女兒已經長大了，而吐蕃那邊也不再來尋她的麻煩，於是立即大張旗鼓地著手為太平公主尋找佳婿。

就這麼一耽擱，太平公主直到二十歲（681年）的夏天，才得以順利出嫁。她的第一位駙馬是薛紹，光祿卿薛曜的小兒子。作為「二聖」的獨女，太平公主的婚禮是空前地盛大。點燃在路兩邊照明的火炬，居然把一路的綠樹都烤焦了。而裝著嫁妝的車子規格超大，連過路的縣府的牆都被推倒了。不過，無論如何，這超豪華的婚禮倒也實至名歸，薛紹與太平，應該是一對恩愛夫妻——短暫的七年姻緣生育了四個孩子，不恩愛恐怕不太可能。

但是這段本該美滿的姻緣中途卻夭折了。說起來，災難的製造者還是身為母親的武則天。

第二次婚姻

早在太平公主出嫁以前，武則天就對準駙馬的兩個哥哥的妻子大為不滿，說這兩個嫂子出身寒微，怎配做自己女兒的嫂子呢？便逼著薛紹的大哥、二哥休妻。幸虧有人力勸，說她們也是出身世家大族的，只是不夠豪貴而已。武則天方才作罷。後來，武則天將馮小寶納為男寵，為了給情人長些身分，又硬逼著薛紹認馮小寶為叔父。這個窩囊氣就更讓薛家的長子受不了了，於是他密謀造反，結果事泄。薛紹雖然沒有參與此事，但是由於他認馮小寶為叔父很勉強，武則天早已對這個女婿心有怨氣，此時趁機一併發洩出來。結果薛紹被關進大牢，活活餓死。太平公主被母親關在宮裏嚴密監視，只有每天以淚洗面。

事過之後，武則天也覺得自己有點過分了，於是把太平公主的封邑增了將近十倍，甚至超過了親王的規格。但是即使如此，太平公主也不肯向母親表示謝意。武則天知道女兒是哀傷駙馬的慘死，為了彌補，她又大張旗鼓地為女兒重選丈夫。

選來選去，武則天看中了侄兒武攸嗣。在武氏男兒中，武攸嗣是才貌俱佳的人選，但是他是有妻子的。這對武則天來說根本不成問題：她派人把從前的侄媳毒死，強行把女兒嫁到了武攸嗣的身邊。這樣淒慘的初戀、初婚結局，這樣荒唐無稽的第二次婚姻，處身其中的太平公主會如何想？

從前閉處深閨中陶醉於愛情的太平公主消失了，而熱衷政治、沉湎色欲的太平公主從此出現在中國的歷史舞台上。但是如果說駙馬之死改變了太平的人生，還不如說是她從此深切感受到了權勢的利害，並沉迷於此，而她正好具有這方面的天賦，於是迷得一塌糊塗。

初試牛刀

大約在四五年後，那個間接造成薛紹慘死的假和尚薛懷義，終於失去了女皇的歡心，武則天想要除掉這個驕橫放縱的舊情人，卻又苦於這男人知道太多宮闈秘事，兼且耳目眾多，一時不知如何下手。

太平公主聽說要殺掉這個連累駙馬的傢伙，大力贊成，自告奮勇將這件事攬了下來。她在宮中選了幾十個身強力壯的中年婦人，由專人領著訓練了一段時間，然後又選了一批勇士，埋伏在瑤光殿。接著，太平公主讓一個從前與薛懷義關係不錯的心腹出馬，去宣薛懷義入宮。薛懷義聽說女皇宣召，大搖大擺地就入了宮。

剛剛踏入後宮，幾十名壯碩的婦人就一擁而上，將這個假和尚按倒在地上，捆得動彈不得——唐時以豐腴為美，年輕時豐滿的美女上了年紀，那可是加倍地身強力壯，早已被酒色掏虛了的薛懷義豈能是她們的對手？幾名隨從也被埋伏的勇士們制服了。太平公主想到自己心愛的駙馬，再看看面前這個狼狽的假和尚，不由冷冷一笑，下令將他亂棍打死，屍體燒灰之後，再混上泥燒磚造屋。如此乾脆的處理手法、如此殘忍的處置，顯露出太平公主與她母親如出一轍的手腕與毒辣。史書形容太平公主「廣額方頤，多陰謀」，連武則天都經常喜滋滋地說：「真像我！」

但是太平公主真正像母親的，是她韜晦的本領。她從哥哥們的遭遇中，敏銳地感覺到：母親的至高權威是不容侵犯的。因此，在武皇當權的時候，太平極少參與政事，絕不染指母親手中的權力，所有的注意力都放在尋歡作樂、享受富貴上面了。尤其是對於才貌俱佳的男人，她更是樂此不疲。

薛懷義原是李淵幼女千金公主的男寵，由她推薦給武則天的。現在這個傢伙死了，女皇枕邊寂寞，太平公主自然看在眼裏。於是她效仿千金公主，把自己的男寵張昌宗推薦給了母親。張昌宗為了鞏固女皇的寵愛，再將自己的哥哥張易之推薦給了女皇。年已七十四歲的武則天，對這兩兄弟百般寵愛，言聽計從，不停地給他們加官晉爵。

太平公主很快就發現，由自己推薦上去的這兩個小男人，成了自己的勁敵。這兩個傢伙甚至還殺害了她的情郎，令她傷心、頭痛不已。無奈之下，太平公主只好和哥哥李顯、李旦聯名上書，請封張昌宗王爵。這個馬屁正中武則天下懷，遂封張昌宗為「鄴國公」。太平公主這一著棋果然高明，張氏兄弟立即對太平公主態度大為轉變，對太平公主的話也不再多所違拗。後來，太平公主想要擁立哥哥李顯復位太子，也是由二張辦成的。

來俊臣是中國歷史上少有的酷吏之一。他以「請君入甕」的辦法，消滅了另一位酷吏周興之後，越發地忘乎所以，甚至想要誅殺太平公主及其兄長李顯、李旦及諸武。這可惹毛了太平公主。在她的運作之下，諸武與諸李聯起手來，聯名上書女皇，揭發來俊臣的各種罪狀。最終，想要殺掉太平公主的來俊臣先被太平公主幹掉了，並被仇人們剝皮吃肉。

擁立皇帝

神龍元年（705年）正月，發生了「五王政變」，五位異姓王合力誅殺了張氏兄弟，放逐他們的黨羽。在這件事情發生的前後，太平公主看清時勢，對殺二張一事，採取參與、幫助的態度；並在二張被誅之後，親自來到武則天的床前勸說母親，得到了一張武則天認可的傳位詔書，將皇位傳給哥哥李顯。中宗李顯即位後，立即對妹妹的大力幫忙投桃報李，將她的采邑增加到一萬戶之多。

中宗李顯是一個性格溫和懦弱的人，因此造成妻子韋后、女兒安樂把持朝政的情況。本來太平公主和上官婉兒聯手是可以制得住她們的，但是太平公主卻看上了上官婉兒的情夫崔湜。於是上官婉兒與太平公主反目成仇，反而成了韋氏的幫兇。

太平公主意識到韋家班是自己的死敵，於是大力培植親信人馬，想與韋后一分高下。但是韋后先出手了，她誣陷太平公主與相王李旦，說他們相互勾結，想要謀奪皇位。李顯一時大驚失色，想要嚴辦。幸虧御史中丞力諫，太平公主與李旦這才死裏逃生。經此一役，太平公主更是與韋家勢不兩立。而此時，韋后與安樂的謀反已漸漸顯露。

西元七一〇年，欲為皇太女而不得的安樂公主與其母韋后，連同情夫，用毒餅殺死了中宗李顯。五天後，傀儡李重茂登基為帝。太平公主派長子薛崇簡與相王李旦的三兒子李隆基合謀，在十二天後發動政變，一舉誅滅了韋后與安樂公主。

韋家班垮台了，但是李重茂還坐在皇帝位上。誰都不甘心讓他繼續為皇，但是誰也不敢出頭做這個主。結果，還是太平公主，在這天早朝時，走到李重茂面前，說：「這不該是你這個娃娃的座位。」說完，抓著李重茂的衣領把他拎了下來，擁立哥哥相王李旦登基為帝。

李旦當上了皇帝，對這個妹妹更是感激涕零，不但大加封賞（連她的三個兒子都一律成了郡王），而且許多政事都要由太平公主來參與決策。從此，太平公主越發權傾朝野。後來甚至出現了這種局面：每當宰相有事要請皇帝蓋印頒行時，李旦只問宰相：「跟太平商量過沒有？」如果商量過了，就再問一句：「跟三郎（太子李隆基）商量過沒有？」如果也商量過了，李旦連看都不看，便取出玉璽，一蓋了事。

與李隆基爭權

太平公主權勢熏天，朝中官員，如果不在她的門下走動，官升不了還是小事，已有的職務做不做得長都要成問題。於是，大小官員都想方設法地想要和太平公主攀交情。別的不說，單是當時唐王朝的正副宰相七人，就有五人出自太平公主的門下。凡事沒有經過太平的應允，沒有人敢於實施。假如她因為某些原因不能上朝的話，宰相們就拿著文書趕到她的公主府裏去請教。漸漸地，朝廷裏太平公主與太子李隆基兩股勢力便互不相容了。

當初，為了剷除韋家班，太平公主在侄兒中間選中了最為果斷的李隆基，但是當李隆基因為這樁大功勞而被李旦立為太子，太平公主卻十分震驚，她知道這個有膽有謀的侄兒，遲早要有和自己不相容的一天。

果然，李隆基成為太子後，朝中大臣們漸漸向他依附，太子黨有了與公主黨相抗衡的意識。不能容忍這種情形的太平想要哥哥更換皇儲，但是李隆基的親信大臣們都強烈抵制，甚至要求李旦放逐太平公主。太平公主怒不可遏，跑到太子府裏，當面斥罵了李隆基一頓，指責他過河拆橋，不知感恩。李隆基只好賠罪道歉，並將自己的親信姚崇、宋璟貶謫。

為了擺脫令自己煩擾不堪的國政，從家、政不分的狀況中脫身，李旦不久就決定將帝位提前傳給自己的兒子李隆基。這個決定自然更讓太平公主難以接受。但是這一次，不管她怎麼搗騰，李隆基還是提前當上了皇帝。太平公主受不了李隆基過於英明的表現，決定廢了這個侄兒皇帝，還策劃讓宮女元氏在李隆基的補品裏下毒。

當初與李隆基共同起兵的薛崇簡對母親的所作所為深感不安，力勸她放棄謀反的計劃。太平公主見兒子不聽話，怒火中燒，常常打罵他。但是太平公主的起兵計劃，卻因丈夫武攸嗣逝世而耽擱了下來。事情就此發生轉變。

西元七一三年，得到消息的李隆基突然出兵，擒獲了太平公主的親信及家人。太平公主逃入南山，躲藏了三天，請求侄兒放自己一條生路。太上皇李旦也為妹妹向兒子求情。但是李隆基不為所動，將太平公主賜死在公主府裏。她的兒子們只有薛崇簡一家被饒過。這一年，太平公主大約五十出頭。

相比之下，忍不住讓人羨慕起蕭淑妃的兩個女兒來了。當初她們雖然下嫁低等禁軍，卻總算苦盡甘來。

義陽公主下嫁權毅，早死，沒有經歷後來的風雲變幻。

宣城公主後封高安公主，下嫁王勖。王勖頗有才幹，一直官至穎州刺史。天授年間，王勖與薛紹一樣，因為觸怒武則天而被殺。宣城公主雖然失去了丈夫，卻平平靜靜地一直生活了下來。李顯再次即帝位後，晉封姊姊為長公主，享邑千戶，賜居公主府，並設立自己的官員僚屬。李旦即位後，再次給姊姊增加了一千戶的封邑。

宣城公主一直平靜地生活到開元盛世之時，年過七十方才去世。玄宗對最後一位姑母的喪禮十分盡心，登上暉政門舉哀哭泣，並派遣大鴻臚代表自己持節前去追悼，京兆尹攝鴻臚主持喪儀。

義陽和宣城公主雖然沒有享受過太平公主那樣的頂極權勢，卻能夠壽終正寢，得以善終，這恐怕才是帝王之家最重要的福氣吧。

李白與楊貴妃到底是啥關係

桂 昉

天寶元年（742年）八月，唐玄宗下令徵召李白進京。李白接到命令，以為可以從此仕途通達，不再灰頭土臉地生活在蓬蒿之間，「仰天大笑出門去」，從山東兗州起程奔赴長安。到達長安不久，在金鑾殿受到了玄宗的隆重接見。雖然李隆基並沒有給李白安排什麼官職，只是讓他待詔翰林，但是，這個臨時、候補的身分，卻讓李白有了接近玄宗、接近楊貴妃的機會。

「謫仙人」李白進宮

從李白的詩歌中可以看到，玄宗每次攜楊貴妃遊玩，都喜歡讓李白跟隨左右，吟詩佐興。天寶元年十月，玄宗攜楊貴妃往驪山泡溫泉，李白跟著去了，完後寫了《侍從游宿溫泉宮作》等詩；次年初春，玄宗在宮中娛樂，李白奉旨作《宮中行樂詞十首》（今天只能看到其中的八首）；仲春，玄宗游宜春苑，李白也去了，奉詔作《龍池柳色初青聽新鶯百囀歌》；暮春，玄宗與楊貴妃於興慶宮沉香亭賞牡丹，玄宗想要聽新詞入曲的演唱，命李白作《清平調詞三首》；入夏，玄宗泛舟白蓮池，李白作了《白蓮花開序》；此外，《春日行》、《陽春歌》等詩，大約也是陪侍應制之作。不難想見，「謫仙人」李白進宮，給奢侈而沉悶的宮廷生活吹進了一股清新的空氣，玄宗見到李白，一定是覺得新鮮有趣的。一時之間，玄宗對李白優禮異常，也完全是可能的事情。史書記載的「御手調羹」、「貴妃捧硯」、「力士脫靴」，未必是後人的憑空杜撰。

但是，好景不長。天寶二年春夏之際，李白開始在《望終南山寄紫閣隱者》、《下終南山過斛斯山人宿置酒》、《題東溪公隱居》等詩歌裏流露出悵惘之情。當年秋天開始，寫了多首表現憂讒畏譏、怨尤失望的作品，例如《玉階怨》、《古風四十四・綠蘿紛葳蕤》、《怨歌行》、《妾薄命》、《長門怨二首》等。到了天寶三年春天，李白就離開了朝廷，離開了長安——李白不是主動離開長安的，他是被放逐的。

李白與楊貴妃的關係

李白在朝廷充當文學侍從的一年多裏，陪著玄宗和楊貴妃到處遊玩。據此可以推測，李白是見識過楊貴妃的美貌與歌舞才藝的——史書上說，楊貴妃是「資質天挺」、「善歌舞，邃曉音律」，琵琶彈得非常好。天寶二年暮春，玄宗與楊貴妃在興慶宮沉香亭賞牡丹，李白奉詔作《清平調詞三首》，「雲想衣裳花想容」、「可憐飛燕倚新妝」、「名花傾國兩相歡，長得君王帶笑看」，很可能寫的就是楊貴妃，就是李隆基、楊貴妃相親相愛的情景。倘若說，擅長歌舞、精通音律的美人楊貴妃對才華洋溢的李白無動於衷，恐怕也不合情理。才子與佳人相遇，雖然沒有傳出任何緋聞（楊貴妃當時的緋聞男友是安祿山），但是，合理想像一下，惺惺相惜之情應該是有的。

李白被「賜金放還」之因

因此，對於《新唐書・李白傳》所說，李白沒有得到玄宗的任用、被逐出長安，根源在於楊貴妃的屢次「沮止」，令人深表懷疑。那時李白的身分不過是「翰林供奉」，說白了就是「娛樂人士」，用詩詞娛樂皇帝及后妃，高力士、楊貴妃還犯不著跟他計較。再者，高力士是一個對玄宗十分忠誠、言聽計從的宦官，為了玄宗的遊玩高興，他竭力操辦唯恐不及，哪裡還會去拆牆腳呢？說高力士因為一次李白酒醉後在玄宗等人面前寫詩，讓他脫靴，他便引以為恥辱，然後在楊貴妃面前說李白壞話，排擠李白，這未免也太小看高力士的肚量，而太高看高力士的膽量了——這點娛樂度量都沒有，怎麼能在玄宗身邊做弄臣？李白當時不啻是玄宗的開心果，竟然要排擠他？一個宦官，難道他吃了熊心豹子膽？更為重要的是，當時的玄宗李隆基，雖然沉溺於愛情之中，但是，他在治國上仍不失其鐵腕風格，他是不允許臣屬在他面前替人說情或詆毀他人的。

《明皇雜錄》（輯佚）有一條，安祿山暗地裏賄賂楊貴妃，希望「帶平章事」，即掛一個宰相之職，玄宗沒有答應；駙馬張垍以為玄宗在一次造訪他的私宅之後會任命自己為宰相，可是遲遲沒有得到任命，私底下向安祿山說過抱怨的話，安祿山又告訴了玄宗。結果，玄宗大怒。

玄宗寵愛楊貴妃，「三千寵愛在一身」，堪稱千古佳話，但是，他並沒有允許楊貴妃干政。楊貴妃兩度被逐出後宮，貴妃身分幾乎被廢掉，也可以說明玄宗並沒有被愛情沖昏頭腦。楊貴妃大概也不敢隨便在他面前說李白的壞話，阻止李白的仕途。

宋人洪邁根據《新唐書》記載，高力士摘出李白詩中以趙飛燕影射楊貴妃的句子以挑撥楊貴妃這一情節，舉出李白諷刺歷史上的亂政婦人的《雪讒詩》作為例證，說李白是在影射和揭發楊貴妃跟安祿山的淫亂秘密（《容齋隨筆》卷三）。這種說法也難以置信。李白儘管對自己的遭遇很不滿意，但是，他不至於在詩歌中進行如此直接、露骨的影射和揭露。如果真是這樣，李白得到的恐怕就不是「賜金放還」的待遇了。

李白被「賜金放還」的原因，還有其他的一些說法。魏顥《李翰林集序》說「（玄宗）許中書舍人，以張垍讒逐，遊海岱間」；李陽冰《草堂集序》說「醜正同列，害能成謗，格言不入，帝用疏之」；劉全白《唐故翰林學士李君碣記》說「同列所謗，詔令歸山」。這些人雖然都是李白生前有過交往的親友，但是，所說的理由未必全然可信——他們都有所顧忌。李白的供奉翰林，還不是正式的公務員，對駙馬張垍沒有多大威脅，他用不著冒風險「讒逐」李白；同列之人，也許有嫉妒李白才華和皇帝隆遇的，但是，按照玄宗的性格和處事手法，他們未必膽敢在他面前說李白多少壞話。比較可信的是范傳正《唐左拾遺翰林學士李公新墓碑序》所說的：「……玄宗甚愛其才，或慮乘醉出入省中，不能不言溫室樹，恐掇後患，惜而逐之。」也就是說，李白的離開朝廷、離開長安，主要原因在唐玄宗本人：他擔心經常喝醉酒的李白在外面洩露宮闈秘聞。這是玄宗最忌諱的事情。

唐朝皇帝在許多方面學習漢朝，這是眾所周知的事情。漢朝法律，外傳朝中言語是大罪。例如，著名西漢學者夏侯勝一次出了朝廷，告訴外人宣帝跟他說過的話，遭到了宣帝的嚴厲斥責，從此不敢再說；京房（西元前七七年至西元前三七年，西漢學者），把漢元帝跟他說的話跟御史大夫鄭君說了，鄭君又跟張博說了，張博悄悄記了下來，後來因此被殺了頭。其實，恐怕不獨漢朝、唐朝如此，任何朝代都會對朝廷內幕嚴加保密的。玄宗之所以打消了一度有過的任命李白為中書舍人的念頭，主要原因應該是李白太愛喝酒、太容易喝醉，喝醉後嘴上又缺少把門的。

美女宰相「上官婉兒」石榴裙下的極致風流

逸　名

在權力問題上，男女並無本質不同。熬到「一言興邦，一言喪邦」的顯赫位置，不論男女都會起到改變歷史進程的作用。儘管女人掌權只是千載難逢的偶然性事件。

中國歷史上，武則天是獨一無二的女皇帝，追隨女皇左右、深受信賴的上官婉兒，儘管沒有明確的封號，但實際屬於手握實權的「女宰相」。翻翻中國歷史，這種權傾朝野的鐵腕女人，簡直是鳳毛麟角。一方面，她資質絕佳，天賦靈犀，具有卓越的學識和文才；另一方面，她玩弄權術，駕馭政治，石榴裙下掩藏著極為淫蕩的私生活。

和其他爬上權力巔峰的人物一樣，上官婉兒也曾有過淒苦卑賤的出身。因為爺爺上官儀政治上排錯了隊，西元六六四年，他們全家獲罪——殺！包括上官婉兒的父親在內，很多親人都掉了腦袋。這時候，可憐的小婉兒剛剛降生，還沒吃幾口奶，便隨著母親鄭氏做了朝廷的「官奴」。雖說僥倖保全了性命，可是處境極為低賤。母親拼死拼活地幹苦力，跌跌撞撞地拉扯自己的小女兒。當然，敗落的官宦人家也很有見識，母親千方百計讓婉兒接受全面而嚴格的正統教育——這可是將來安身立命的資本。小姑娘太聰明了，一點就透。剛四五歲，就做得漂亮的詩詞。

《舊唐書》在列傳中講了一個半真半假的故事：

鄭氏懷孕期間，夢見一名巨人送來一桿秤，囑咐說：「持此，稱量天下！」「稱量天下」，豈不就是皇帝身邊說了算的人物？大概要生兒子吧。孰料，呱呱墜地的是個肥白的女嬰，鄭氏不免失望。做夢的事只能姑妄一笑了。

後來，武則天終於給了破敗的上官家族一個翻身得解放的機會。她久聞上官婉兒的才學，便將那對可憐的母女召進了皇宮。現場考試滿意極了，於是除了她們母女的「賤籍」，還把婉兒留在身邊工作，擔任掌管詔書的貼身秘書。那年，上官婉兒剛剛十四歲。從此，她涉足政壇，一步一步接近了當朝的權力核心。

新手總有拿不准的時候。上官婉兒也需要宦海沉浮，不斷歷練。因為不聽話，武則天差一點宰了她，礙著根深蒂固的「愛才癖」，武后只在姑娘粉嫩的額頭上刺了一個烏黑的犯罪標誌，這種近乎毀容的刑罰叫做「黥面」。雖說，額頭不完美了，上官婉兒依舊是光彩照人的大美女。她利用兩種最厲害的東西在宮裏混：頭腦和姿色。

才華固然重要，但做得好不如嫁得好。十六歲，大約是念高中的年紀，上官婉兒嫵媚地倒在皇太子李顯懷裏。她深知這種「政治投資」的重要意義。此後，李顯被廢，遠戍鈞州、房州，上官婉兒又坐到了武則天親侄子武三思的大腿上。她利用皇帝秘書的便利，大講武三思的好話，甚至有意排擠李唐皇室。李家的人，怎能不恨這個多事的女人！

風水輪流轉，李顯鹹魚翻身了。七〇五年，唐中宗李顯又從衰老的武則天手裏接過了皇權，「老相好」上官婉兒隨即投靠。她被冊封為「昭容」，其實，就是皇帝的小老婆。按《舊唐書》的說法，她的地位僅次於皇后一人、妃子三人，屬於「九嬪」的第二名。婉兒擔當的具體職務，類似於今天的內閣秘書長。有了政治靠山，她仍覺不穩固，便在李顯大老婆韋皇后身上押了寶。最奇妙的手段，便是引薦情人：很快，細皮嫩肉的武三思順著婉兒的牽引，做了韋后的情人。對此，天性懦弱的「氣管炎」——李顯，總是睜一隻眼、閉一隻眼。

這一時期，是上官婉兒紅得發紫的巔峰階段。在她倡議下，天下大興文學之風，各種各樣的賽詩會像今天的選秀節目一樣如火如荼地展開。皇宮裏更熱鬧，帝后王公率先垂範，文采飛揚的婉兒理所當然成了焦點人物。她當仁不讓地主持會議，不但代帝后捉刀作詩，還充任考評裁判，並對文才絕佳者實施獎勵。據說，第一名可以榮獲黃金鑄造的「爵」一尊。

女人成為炙手可熱的人物，投機鑽營的人便紛紛投靠。提拔個把行政官員，對於婉兒來說，簡直是小事一樁。話又說回來，她畢竟是有七情六欲的健康女人，環顧人生，她美中不足的還是「私生活」。於是，婉兒秘密購買私宅，在宮外和一些風流倜儻的花花公子們勾勾搭搭。《新唐書》說：「邪人穢夫，爭候門下，肆狎昵……」要命的是，婉兒還為這幫傢伙謀求政治利益，很多人踩著她溫柔的肩膀，做了顯官。

她最著名的情夫就是崔湜。小夥子模樣好，兩人初相識也就二十三四歲。那時，婉兒已不是情竇初開的小姑娘了，紅顏易老，一眨眼，居然四十多歲了。按年歲，徐娘半老，差不多可以當小崔的姑姑、阿姨了。為了報答婉兒的垂青，小崔厚顏無恥地引薦了自己的三個親哥們兒：崔蒞、崔液、崔滌。很快，崔湜被她弄到了副部級主管。即便崔湜犯錯誤，也沒關係，她在皇上跟前一嘀咕，隨即豁免，而且一步一步升到了宰相的高位……

清朝有位詩人感嘆：「妻子豈應關大計？」其實，這與「紅顏禍水」的說法，遙遙相對，都是強調女人在政治問題上作用的大與小。在權力問題上，男女並無本質不同。熬到「一言興邦，一言喪邦」的顯赫位置，不論男女都會起到改變歷史進程的作用。儘管女人掌權只是一種千載難逢的偶然性。

上官婉兒總算踢到鐵板了。她的剋星就是政治新秀李隆基。畢竟樹敵太多，一切哀告都無濟於事了。景龍四年（710年）夏天的一個晚上，李隆基操縱的宮廷政變爆發。夜幕中刀光一閃，上官婉兒慘叫著倒在了血泊裏。那年，她剛剛四十七歲。

古時男人們在青樓裏都在做些什麼？

黛　琰

今天所說的青樓指的是妓院，其實古代高級的妓院才叫「青樓」。青樓原本指的是富貴人家豪華精緻的青磚青瓦的樓房，後來，由於貴族之家的許多姬妾、家妓大多住於這些樓房之內，到了唐代的時候，就逐漸成了煙花之地的專稱。大詩人杜牧的名句「十年一覺揚州夢，贏得青樓薄倖名」裏面的青樓指的就是妓院。

其實，古時的青樓並不是我們平常以為的那樣俗麗庸華，只不過是一棟樓房、幾個房間而已。實際上，大多數的青樓是一個大的庭院的總稱，裏面的建築一般都是比較講究的，門前有楊、柳等樹木，窗前也少不了流水之景，至於院子裏的花卉、水池等也是必不可少的，姑娘們的雅閣內，陳設也不寒磣，琴棋書畫、筆墨紙硯是必須要有的，其他的如擺設的古董瓷器，床前的屏風等也都是很精緻的。

古代青樓裏的女子不乏極品，而極品的大多是藝妓，賣藝不賣身，她們大多數才貌雙全。像蘇小小、魚玄機、嚴蕊、李香君等都是非同一般的女子。她們跳舞唱曲、吟詩誦詞也是極為風雅的事情。

一般來說，要見青樓裏面的頭牌或紅牌姑娘，並不是很容易的事情，也並不是有錢就能如願的。這些花魁之類的青樓女子，一旦成名之後，背後大多都有權勢富貴人物作為靠山，即使客人們見了這些女子，大多也是客客氣氣的，所以一般的色鬼餓狼也是不敢動手動腳的。

古時青樓女子也並非全然都是無情的，也產生了一些可歌可泣的情愛故事，歷史上如唐代的崔微、段東美，宋代的劉蘇哥、陶順兒等人都為了愛情身死。所幸，他們的戀人也都是深情之人。不過，儘管如此，青樓裏面的女子和進入青樓裏面的男子大多都是不容易動真感情的。

男人們進了青樓到底在幹什麼呢？由於青樓是比較高級的妓院，普通的人一般也進不來，客人的素養或者社會地位一般都很高，主要以文人士大夫、富商、江湖豪客為主，尤其以文人居多；他們中間有的人遊戲人生、笑傲江湖，有的寄情於紅粉知己，享受溫香軟玉。不過也不是每個上青樓的男子就會和那裏面的女子們發生性關係，其實裏面的許多人不過去坐一坐，喝幾杯清茶、吃幾塊點心、聽幾首小曲，有的還下下棋、吟吟詩、喝點小酒，然後就離開了。

男子為何要上青樓？首先，有的男子的家庭生活不是很溫馨、浪漫。古時的女子大多信奉「女子無才便是德」，再加上大多不是自由戀愛，有感情的夫妻不多。還有古時的賢妻良母要端莊，做事不能不合體統，也就沒什麼風情可言了，而最好的夫妻關係是相敬如賓。「賓者」哪還有親密感、浪漫感可言？青樓裏面的女子就不一樣了，相對而言，哪個更有誘惑力可想而知了。更何況有的妻子從來就沒有和丈夫溝通的欲望和想法。

其次，有的男子上青樓是由於事業的關係。功名不成時，來青樓逃避現實，醉生夢死，獲得一份或虛情或真意的安慰；功成名就時，則是為了來青樓尋求享樂和刺激，或者尋求一兩個紅粉知己，得到身心放鬆。有的男子上青樓，則是為了交際應酬，朋友聚會，或商人談論合作事宜，進行資訊的交流和交換。當然還有一類男子本來就花心好色，他們來青樓的目的就不言自明了。

雖然如今青樓這個詞已經成了歷史名詞，它所有的風花雪月都成了昨日煙塵，但是，關於愛情的忠貞、家庭的和諧、知己的貼心，這些話題永遠不會結束。

李白是「倒插門」嗎？

康震

李白在四川生活了近二十年，遍遊蜀中山川。唐玄宗開元十二年，二十四歲的李白走出巴蜀，開始了遊歷天下、施展抱負的路途。李白沿長江水路東下，從今四川樂山清溪出

發，經渝州（今重慶市），經荊門東下，過今湖北江陵、湖南洞庭、江西廬山，到達金陵（今江蘇南京），又到廣陵（今江蘇揚州），最後落腳在今浙江紹興地區。

兩年的時間裏，他幾乎遊遍了長江中下游的大部分地區。在揚州，他「不逾一年，散金三十餘萬」，這說明他出川的時候帶了一大筆錢。可是錢再多也有花完的時候，所以等到他從浙東地區返回時，身上的錢財已所剩無幾。在《淮南臥病書懷，寄蜀中趙征君蕤》一詩中，他說：

吳會一浮雲，飄如遠行客。
功業莫從就，歲光屢奔迫。
良圖俄棄捐，衰疾乃綿劇。
古琴藏虛匣，長劍掛空壁。
楚冠懷鍾儀，越吟比莊舄。
國門遙天外，鄉路遠山隔。
朝憶相如台，夜夢子雲宅。
旅情初結緝，秋氣方寂歷。
風入松下清，露出草間白。
故人不可見，幽夢誰與適。

寄書西飛鴻，贈爾慰離析。

這首詩大約作於開元十四年（726年）。詩中慨歎光陰易逝，功業難成，並抒發了自己病中思鄉的情懷。這個詩的格調非常蕭瑟，正是他精神上、經濟上陷入窘境的寫照。也就是在這一年，二十六歲的李白來到安州（今湖北安陸），在這裏，他娶妻生子，結束了單身生活。

入贅相門

開元十五年（727年），李白跟許氏結婚。許氏的祖父叫許圉師，是當年唐高宗時期的宰相，許圉師的父親許紹曾與唐高祖李淵為少年同學，是高祖、太宗朝的重臣。開元十五年前後，許圉師已經去世多年。但是不管怎樣講，許氏家族算是權貴之後、相門之後。

李白跟許氏的結合符合當時唐代知識分子一般的擇偶觀念。唐代知識分子在政治生活當中有兩個重要的主題：一個是婚；一個是宦，就是做官。對於唐代知識分子而言，迎娶的妻子最好是名門之女，不然會被人看不起。當時知識分子結婚娶妻，主要是瞄準五大望族：清河、博陵崔氏，范陽盧氏，趙郡、隴西李氏，河南滎陽鄭氏，還有太原王氏。如果能與豪門望族攀上親戚，會對以後的政治發展有很大的推動力。許氏當然不是豪門望族，只不過因為她爺爺做過宰相，算是一個權貴之門。但是對李白來講，這也行。看起來在注重姻親和仕途的時代氛圍下，李白也不能免俗。

然而李白並非將許氏迎娶回家，他是入贅到許家，做倒插門的女婿：「許相公家見招，妻以孫女。」（《上安州裴長史書》）這在當時是不尋常的舉動，一般的知識分子不會這麼做，但是李白這麼做了。李白這麼做可能是受到了西域地區突厥文化的影響，也許在異族文化觀念中，對於男方入贅女方的行為並不介意。而且反過來再一想，連武則天都能當皇帝，李白做回倒插門女婿也沒什麼了不起。如此看來，一方面有他自身深受異族文化思想影響的原因，另外一方面，也是由於整個唐代的社會觀念比較開放。而李白當時的經濟處境的確也是較為窘困，必須依靠許家這樣的大家族才能繼續宦遊的生涯。

婚後他們住在安陸的白兆山桃花岩，這名字很浪漫。結婚後許氏給他生了一兒一女，兒子叫伯禽，女兒叫平陽。在安陸，他的家庭生活看來很不錯——「三百六十日，日日醉如泥，雖為李白婦，何異太常妻。」（《贈內》）他在詩中使用了一個典故：東漢太常卿周澤病臥齋宮，妻子去看望他，他卻認為妻子冒犯了齋禁，將其投入監獄。當時的人認為周澤不懂得維護夫妻感情，作歌說：「生世不諧，作太常妻。一歲三百六十日，三百五十九日齋，一日不齋醉如泥。」李白這首詩無非是說自己開懷暢飲，不免冷落了妻子，但詩意的重心在於暢飲，而並非冷落。題目本是《贈內》，可見是順手拈來周澤的典故與妻子開小小的玩笑，這恰恰說明他們夫妻之間感情深厚，關係融洽。

天涯飄零

然而這段婚姻持續的時間並不算長。在李白與許氏結婚十年之後，也就是在他四十歲左右的時候，許氏去世了。李白作為入贅女婿，不便繼續在許家養育子女。而且根據李白這一時期所作詩文判斷，他與安州當地官員關係不睦，似乎還得罪了不少人。所有這些原因促使他不得不遷居他鄉。許氏的去世對李白來說是一個家庭悲劇，但也成為他新生活的開始。

李白決定把家遷到東魯兗州地區，也就是山東兗州，時間大約是開元二十八年（740年）左右。天寶元年，李白四十歲左右的時候，他接到了唐玄宗召他進京的詔書，所以他不得不趕緊安排、安頓他的一兒一女。李白給兒女寫了一首詩《南陵別兒童入京》，就像留言一樣，說：「呼童烹雞酌白酒，兒女嬉笑牽人衣……」我們能從這首詩裏看出當時他的孩子還很小，他要走了，這一雙兒女笑著牽他的衣服，還不太懂得父親要離開家，不太懂得悲傷。那麼許氏去世以後，李白的家庭生活是怎麼安排的呢？

有一段時間，他把兒女安頓在了安徽的宣州，後來又托人將子女接回東魯兗州，直至李白在李陽冰家去世之前，他的子女一直在東魯地區。

關於他這段時間的感情生活，魏顥在《李翰林集序》裏談到了這點，這也是現在能依據的很重要的一項資料，他說：「白始娶於許，生一女一男，曰明月奴，女既嫁而卒。又合於劉，劉訣。次合於魯，一婦人生子曰頗黎。」意思是李白最初娶許氏，許氏給他生有兒子伯禽、女兒平陽，「明月奴」很可能是伯禽的乳名，這一點後面我們會談到。「合於劉」，是指李白在許氏去世之後，曾與一劉姓女子住在一起。值得注意的是，這裏沒有說李白「娶」劉氏，說明李白與劉氏不過是一種同居關係。「劉訣」，後來兩個人分手了，劉氏沒有生育子女。「次合於魯一婦人」，李白後來又在東魯與一名女子同居，這位東魯女子給李白生育了一個孩子，取名頗黎。最終，李白娶了第二任正式夫人宗氏。

我們前面提到李白將子女暫時寄放在宣州南陵，後來又寄放在東魯。現在看起來李白雖然去了長安，但還是一直有女子來照顧他的孩子。只不過李白的情感生活並不順利，那個劉氏看來是跟他感情不和，很快分手了；東魯的女子給他生了一個孩子，也許他們的感情還不錯，但是李白的詩文裏並沒有具體說他們到底是怎樣的結果。

在李白寫給兒女的那首《南陵別兒童入京》中，他用了朱買臣的典故：「會稽愚婦輕買臣，余亦辭家西入秦。」朱買臣是漢武帝時候的一個大臣，他年輕的時候家裏很窮，妻子看不起他，最後離開了他，但是後來這個朱買臣做了會稽太守，詩中這個「會稽愚婦」也許指的就是那個劉氏，那個女子看李白一天到晚在外頭漫遊，錢也拿不回來多少，官也沒做上去，可能是看不起他。李白很討厭別人看不起他，尤其讓這女子看不起他！他還看不起別人呢！後來的資料裏，再也沒有出現過劉氏和東魯女子的消息。

再次入贅

李白在長安不到兩年就離開了，後來又繼續在各地漫遊。西元七四九年，四十九歲的李白在梁園（今河南開封）迎娶宗氏，他的家庭生活又發生了一次變化，他擁有了第二次正式的婚姻。

特別有意思的是，宗氏也是一個宰相的孫女，看來李白結婚的對象總是離不開宰相的孫女。宗氏是前朝宰相宗楚客的孫女。宗楚客是武則天堂姊的兒子，他們兄弟三人都曾是武則天的親信，後來因為奸贓事發，被發配流放嶺外。宗楚客在武后、中宗時代曾三次被拜為宰相，後來因為依附韋后與武三思，唐玄宗起兵誅滅韋后一黨的時候，也殺了宗楚客。這段經歷雖說不上光彩，但宗氏畢竟是宰相之後，多少有一些政治資本。

李白的這次婚姻很可能還是入贅妻家，因為有的學者認為，李白的《自代內贈》（清康熙繆曰芑刊本《李太白文集》）一詩透露出一線資訊。這首詩是李白模擬宗氏口吻，寫夫人對自己的相思之情。其中有兩句：「曲度入紫雲，啼無眼中人。女弟爭笑弄，悲羞淚盈巾。」意思是說，自己（指宗氏）聽到熟悉的樂曲婉轉入雲，眼前卻不見心愛的丈夫，禁不住哭哭啼啼。女弟們看到我思夫心切，都爭著前來取笑戲耍，我又難過又害羞，淚水點點滴落手巾。女弟，指宗氏的妹妹。按照當時的風俗，姊姊出嫁後，妹妹不能住在姊夫家中，而此詩描寫的卻是姊姊與妹妹們戲耍取笑的尋常生活場景，因此推測李白也許就與宗氏家人住在一起，也就是入贅宗家。看起來在擇偶方面，李白不像別的士大夫、知識分子有很多的忌諱，只要能夠選擇到適合自己的妻子就好。

這位宗氏跟李白有一個共同的愛好，就是都信仰道教。李白曾經在一首詩裏說：「拙妻好乘鸞，嬌女愛飛鶴。提攜訪神仙，從此煉金藥。」（《題嵩山逸人元丹丘山居》）這首詩是寫給他的好朋友元丹丘的，詩裏說，我們夫妻倆帶著女兒跟你一起煉丹藥，我們準備全家都飛到天上去成仙。宗氏的確是個虔誠的道教徒，她曾與唐代宰相李林甫的女兒李騰空一起求仙訪道。對此李白有詩（《送內尋廬山女道士李騰空二首》）為證：

君尋騰空子，應到碧山家。
水舂雲母碓，風掃石楠花。
若愛幽居好，相邀弄紫霞。
多君相門女，學道愛神仙。
素手掬青靄，羅衣曳紫煙。
一往屏風疊，乘鸞著玉鞭。

宗氏和李白的感情很好，李白常年在外漫遊，尋找政治機遇，他也寫詩給自己的妻子：「我今潯陽去，辭家千里餘。紅顏愁落盡，白髮不能除。」（《秋浦寄內》）李白還模仿宗氏的口吻寫妻子對丈夫的相思：「妾似井底桃，開花向誰笑。君如天上月，不肯一回照。」（《自代內贈》）詩中用愛妻的口氣絮絮叨叨地撒著嬌，埋怨丈夫久客不歸，字裏行間可見夫妻兩人的深厚情意。

「安史之亂」爆發後，李白帶著妻子逃出梁園，隱居廬山。他派自己的門人武諤前往東魯接應兒女，但似乎沒有結果。所以「安史之亂」期間，李白一直跟自己的子女是隔絕的，他跟宗氏就待在廬山上。這時候永王李璘派他的使者韋子春來請李白下山，李白給妻子寫了一首詩告別：「出門妻子強牽衣，問我西行幾日歸。歸時倘佩黃金印，莫學蘇秦不下機。」（《別內赴征》）這個典故是說戰國時代著名的縱橫家蘇秦當年求取功名不得，回家後他的妻子織布不理他，不下織布機，嫂子不給他做飯，父母不跟他說話，都挺討厭他的，覺得這個人沒出息。而李白在這裏是反其意而用之，說我哪天要真是佩戴了相國的黃金印回來見妳，妳可不要嫌我過於庸俗而不理我啊。詩中字裏行間充滿了夫妻之間依依不捨的感情和幽默的情趣。從「問我西行幾日歸」一句可以看出宗氏對李白前途的擔憂。

果真，厄運降臨到李白身上。由於複雜的政治鬥爭，永王軍被肅宗擊敗，李白由於參加了永王李璘的軍隊，遭了罪，被投到監獄裏。當時李白被關在潯陽，也就是現在的江西九江市。宗氏當時在豫章，也就是現在的南昌市。得知李白的情況後，宗氏開始為他四處奔走，疏通關係，想把丈夫救出來，表現了患難夫妻的深情。所以李白在《在潯陽非所寄內》中說：

聞難知慟哭，行啼入府中。
多君同蔡琰，流淚請曹公。
知登吳章嶺，昔與死無分。
崎嶇行石道，外折入青雲。
相見若悲歎，哀聲那可聞。

在詩中他稱讚妻子像當年的蔡文姬一樣，為了要救她的丈夫在曹操面前求情。李白出獄後，被流放夜郎，宗氏的弟弟宗璟，對這位姊夫也相當不錯，陪同姊姊送別李白直到潯陽江畔。從這一點來看，我們覺得李白的最後一次婚姻還是相當幸福的。

兩鳳擁一龍：影響中國歷史的「一夜情」

張劍鋒

中國歷史上曾發生過因為「一夜風流」而影響歷史進程的重大事件，而這一事件的男主角便是大唐王朝的開國皇帝李淵。

李淵（618年至626年在位），靜寧成紀（今甘肅省靜寧縣治平鄉）人，祖父李虎，西魏時官至太尉。父李昞，北周時歷官御史大夫、安州總管、柱國大將軍，隋時封唐國公，死後諡唐仁公。母為隋文帝獨孤皇后姊，李淵是隋煬帝的姨表兄弟，他曾深受隋煬帝的重用。隋煬帝即位後，李淵任滎陽（今河南鄭州）、樓煩（今山西靜樂）兩郡太守。後被召為殿內少監，遷衛尉少卿。大業十一年（615年），拜山西河東慰撫大使。大業十三年，拜太原留守。當時，隋末農民起義遍布全國。李淵自知無力鎮壓農民起義，又深曉煬帝猜忌嗜殺，政局動亂，難以自保，便與次子李世民在大業十三年五月起事。

李世民黑白兩道通吃

李世民作為一名自幼在軍旅中長大的孩子，他的性格中充滿了堅毅、果敢和叛逆，他反觀自己的父親，認為父親在避禍，在韜光養晦，但絕不會扯旗造反。為此他決定不再等待，他要做個時代的強者，絕不做大隋王朝的陪葬品。

李世民利用自己的身分，黑白兩道通吃，長孫順德、劉弘基等殺人亡命之徒，都被他藏起來，以備不時之需。可他也知道，這群人光膀子掄菜刀那是沒得說，但想奪取天下，靠這群「古惑仔」肯定不行，必須要蕭何、張良一樣的謀臣方可。

他找到了這樣的謀臣，他的摯友劉文靜——大隋朝原晉陽市市長，同李世民交情深厚，由於一不小心和瓦崗軍的領導人李密聯了姻，所以光榮入獄。此人極富韜略，性情狂傲，眼高於頂，但正所謂輕狂者必有過人之能，就是這個孤傲的劉文靜，在未來的日子裏，為李唐江山立下了不朽的功動。

除了善於識人，李世民還有一個比李淵強的地方就是心胸寬闊。李世民找到劉文靜，他還沒說話，劉文靜就開了腔：「要收拾現在局面，非學商湯、周武王、漢高祖、光武帝不可！」言下之意沒別的——造反。李世民更不廢話：「那你說怎麼造反？」

謀臣劉文靜的想法

劉文靜立刻全盤托出他的想法：

一、舉事可以，但不宜大張旗鼓，以防被人所乘。畢竟這年頭造反的太多了，你就算登高一呼，也沒人答理你，不如悄然行事，一鳴驚人。

二、籌集兵馬。我劉文靜當了這麼多年市長，晉陽市誰強誰軟，我再清楚不過，只要放我出去，我給你招個十萬八萬的亡命徒沒問題。

三、你老爹李淵手握重兵，我再給你招個十萬亡命徒，我們合兵一處，直取長安，俘虜隋王室，各地的中小股義軍為了生存，必來歸附，那時再號令天下，誰敢不從？大業定基矣！

一番話，說得李世民茅塞頓開，大喜過望。什麼叫謀臣？所謂謀臣，就是你還在琢磨下頓飯吃什麼，他已經幫你把食材、佐料都準備齊全了。劉文靜對唐朝有開國定策之功，功不可沒。

李世民買通李淵最信任的人——裴寂

但李世民還有一個障礙沒有解決，那就是他爹李淵。作為兒子，他深知李淵這老頭兒的秉性。

李淵這個人對皇權一向不敢造次；對國家一向恪盡職守（曾經擊退突厥）；對農民起義，他敢於鎮壓（鎮壓歷山飛農民軍）；對兒子，特別是能幹的兒子，只要日常生活中沒有時刻討他歡心，他就不是很信任。估計自五胡十六國到隋朝，殺君弒父的事情實在太多，給李淵造成的心理陰影很大。

李世民是個幹才，自然不精於阿諛奉承，李淵平時不是很待見他，如果貿然提出擁兵自立，老頭子不但不同意，可能還會招來一通臭罵。所以李世民買通了李淵最信任的人裴寂——時任晉陽宮副監，從職位看，這就是個奉行拍馬政策的人。楊廣為了能隨時遊歷，在各處興建行宮，包括這個晉陽宮。搞工程是個肥缺，如果裴寂沒有一定的吹捧功夫，怎能謀到這個職位？

裴寂和李淵兩人非常對脾氣，經常通宵達旦地飲酒、下棋、做遊戲，不分晝夜地玩。說李淵和裴寂是同朝為官，倒不如說他們是一對很要好的哥們兒。裴寂知道，要想在晉陽這個地界吃得開，就得和李淵處得好。他在李淵面前始終都是響噹噹的人物，終李淵一朝都是李淵的人。這麼個大紅人，別說旁人惹不起，就是李世民也不能輕易結交。

裴寂自小清貧，父母雙亡，看慣了他人的白眼，巴不得有一天飛黃騰達，這種環境使他的性格變得非常狹隘，屬於有奶便是娘的類型。他仗著和李淵的關係，在李世民面前一向以長輩自居，這類人想買通他，可不是一步到位的。

裴寂拉上兩個宮女，直奔李淵處

李世民自有辦法，他經常結交一些有用的朋友，有個叫高斌廉的朋友經常和裴寂一起賭博，李世民就從高斌廉身上下手了。於是這段日子裴寂賭錢總是贏，高斌廉總是輸，裴寂越來越高興，心裏舒坦，一舒坦，什麼事兒都好說。所以李世民想和他說說話，搞個一日遊什麼的，裴寂一般都很賞面子。李世民終於和裴寂掛上了鉤。裴寂很快答應，扯旗造反一事，他來跟李淵說，就不信這麼多年的交情，還說不服他？於是裴寂去了。話雖然吹得很大，裴寂可不傻，他回到行宮，拉上兩個宮女，直奔李淵處。

於是裴寂趁著李淵高興，說了李世民的打算，並勸李淵：「你兒子早準備好了，你不做，他自己也得做，到時候你還左右不是人，反正現在大隋朝四面起火八面冒煙，不如反了吧。」這一席話恰似給了李淵一悶錘，李淵先是傻在那裏，半天才歎氣說，既然這小子已經準備好了，我也只有做了。

李淵只是缺少點勇氣

李淵並不傻，只是缺少點勇氣，他知道隋朝快完蛋了，但總要有人推他一把他才敢下決心。

現代人一提起李淵，面前就浮現出一個上嘴唇直哆嗦，就知道幫李建成、李元吉變著法兒地害李世民的昏君，其實這不公平。李淵作戰勇敢，武藝十分高強，他曾經連發七十箭，射退農民軍騎兵，在對農民軍歷山飛的作戰中，他身先士卒殺入敵陣，鏖戰於數萬人中。李世民能有此剛毅的性格，不能不感謝李淵，是李淵給了李世民軍旅生涯，是李淵自小教李世民習練武藝、殺敵報國，是李淵教他兵書戰策、行軍佈陣。沒有李淵的教誨，就沒有後世的唐太宗李世民，不能因唐太宗的光環太盛，而盲目地否定李淵。

隋大業十三年三月，李淵起兵於太原，兵鋒直指長安，起兵名義：幫助隋室匡復天下。

此時楊廣被困在江都，齊郡杜伏威義軍渡過淮河，直指江都，而於大業六年起義的瓦崗軍，也在李密的領導下攻破隋朝的大糧倉——興洛倉，隨後李密稱魏公，瓦崗軍數十萬，攻陷河南各郡。

群雄逐鹿的局面形成了。

康有為晚年的異國黃昏戀

霍建生

流亡歲月，四海探花

東南亞夏季熱帶風光是綺麗旖旎的，海天一色，一艘艘海船從地平線上冒出來。海船靠岸發出了巨大的聲響，在獅城新加坡的碼頭，每天都能聽到這樣嘈雜的聲音。又有一艘來自中國的客船開始下客、卸貨。「嘩」的一聲，三等客艙中黑壓壓地擠出了一大群下南洋的中國勞工，這些被煤煙熏得髒兮兮的黃皮膚男人們腦後都拖著一條辮子，這些人先是貪婪地大口大口呼吸著新鮮空氣，然後目光呆滯地打量著這個陌生的世界，接著開始不安地騷動，領班趕忙大聲吆喝，裹著白色頭巾的印度巡捕不時地向空中甩動皮鞭，劈啪作響。隊伍慢慢地挪動，向四周散去。不遠處的洋面上，停泊著一葉精緻的小篷舟，上面坐著一名表情凝重的五六十歲中國男子，旁邊陪伴著一名面目姣好的少婦，男子不動聲色地望著這一切。他就是康有為，身旁是他的三姨太何旃理。

一九一一年，辛亥革命前夕，康有為仍然在世界各地遊歷，來到新加坡繼續為保皇會向海外華僑募捐籌款。長期的流亡生涯，不僅沒有消磨這位廣東漢子的意志，反而使得他大開眼界、精神矍鑠，成為晚清為數不多的環球看世界的中國人之一；西太后追殺的懿旨，沒有奪去康舉人的生命，卻幫助他獲得了世界性的聲譽，同情中國變法的國家和人民，無不將其待為上賓；官府將康家的產業全部沒收，並沒有令這位變法失敗的亡命客貧窮，康有為成立了「保救大清光緒皇帝會」，面向海外籌集了巨額款項，其中的一部分明確是為支付康「遊歷各國，考察政治」的費用。另外，他還註冊了「保救大清皇帝公司」，用於經營活動。幾乎在同時，革命先驅孫文也在北美註冊了一家「推翻滿清光復中華有限公司」。在那個時代，無論是保皇黨還是革命黨，都操著流利的英語、日語和廣東話在海外不遺餘力地籌款，從海外僑商腰包裏流出的錢，一會兒是花在保全帝制，一會兒是用於建立共和，同時清政府又在不斷地向列強割地賠款——這種現象是晚清獨特的政治景觀之一。

當初，戊戌變法失敗，康有為孤身一人倉皇逃上英國艦船，開始了顛沛流離的生活。在流亡前，康有為的妻子和兒女滯留在國內和港澳。後來大女兒輾轉來到海外陪伴父親，照顧他的生活。康有為曾經和弟子梁啟超一道，倡立「一夫一妻一世界」運動，提倡婦女解放和建立現代家庭制度。但其後師徒相繼食言，各自開始納妾。梁啟超是由於原配不能生育，靠納妾來延續香火，與梁有所不同的是康有為的妾大部分是其在流亡後納娶的。中國傳統士大夫文化以「詩酒文化」為主要基調，而「詩酒文化」的潛意識是英雄美人相伴的圖景，所以康有為作為一個有深厚文化積澱的文人，和具有豪放情懷的客家人（章太炎記載其「目光炯炯，如岩下之電」，並且遇事愛走極端，喜歡辯論，甚至不惜靠大聲說話來壓倒對方），在世界各地生活優裕地遊歷之時，順勢將美人收入帳下，自然是順理成章的事情。

四年前，康有為在北美巡迴演說，同時也是順道打理其在墨西哥的地產投資。在美國西部的夫勒斯諾市，其風采讓當地富商、華僑種植園主的十七歲女兒何旃理深深折服，不顧一切地以身相許。何旃理成為康的第三位姨太並隨同丈夫來到新加坡。

康有為在新加坡面對當地華人，心情沉痛地發表演講，因為光緒皇帝和慈禧太后都已經在兩年前駕崩，「保救大清光緒皇帝會」已經無皇可保，從而將重點放在了保國和保教上。連日來，康有為不斷地會見殖民地總督、僑領、商會領袖等名流，對他們講中國不能搞大規模暴力革命的道理，強調用「舊瓶裝新酒」的社會成本最小。但是眼見革命黨人的聲勢越發浩大，康有為的觀點越發被冷落，他本人也有些意興闌珊，於是用更多的時間偕新婦到獅城各地觀光，興致好的時候還泛舟爪哇諸島。就在這年六月份時，梁啟超拍來電報，極力敦請先生赴日本暫住些時日，同時日本的出版界和書道同人也來函就其舊著《廣藝舟雙楫》的日譯本事宜討教。康有為認為日本的政治變革恰恰也是「舊瓶裝新酒」的典範，當年他撰寫的《日本變政考》就極大地激發了光緒皇帝變革的欲望，其東遊之志久矣，遂欣然接受邀請，買舟北上，不經意間又為另一場異國之戀拉開了帷幕。

客居日本，納第四妾

康有為曾經三次客居日本，住了三年時間。康有為對日本有著說不出的複雜情感。文化上，日本是中華文化的養子，在這個狹長島國，竟然保存了那麼濃郁的大唐遺風，置身於此，他彷彿回到魂牽夢縈的故國，確切地說是比故國還要具有中國的原汁原味的感覺，看到這些，每每讓他對自己拖著一條辮子感到極不自在。另一方面，日本在政治、經濟上又是中國的逆子，對中國權益鯨吞蠶食、敲骨吸髓式地榨取戰爭賠款，讓中國進一步滑向災難的深淵。內憂外患之際，革命浪潮不可遏止，康梁的改良主張徹底破產，西望神州，他彷彿預見到了華夏社會將來百年動盪、生靈塗炭的局面，每思及此，康有為總要對大街上看到的比他要矮一個頭的日本男人投射出憎惡的目光。

當年的維新變法，很大程度上是對日本明治維新的一次學習。變法失敗後，日本朝野又關注和救護了包括自己和梁啟超在內的流亡人士。流亡初期，康有為前往美洲，也曾取道日本。日本輿論中，一部分學習西方、聯合中國對抗西方的聲音也讓康有為感到十分受用。他發現，雖然語言不通，但在和日本人的交往中，用書寫漢字交談基本可以勝任，他們將康有為這位知名書法家的手跡視若珍寶，並將《廣藝舟雙楫》的日譯書更名為《六朝書道論》，一下子將這本書中最有價值的部分突顯出來，讓康有為欣喜不已，更加體會到大和民族善於學習的一面，感到日本之崛起不是偶然的，激發了他對日本進一步了解的熱情，於是他選擇在風景如畫的須磨「奮豫園」長住下來。

搬到「奮豫園」之後，適逢何旃理懷孕，康同凝等孩子又年幼，生活多有不便，朋友便介紹了一名十六歲的神戶少女市岡鶴子做女傭。市岡鶴子出身寒門，為了補貼家用，也為了賺份嫁妝，有人介紹工作是求之不得，她再三向中間人鞠躬道謝，滿心歡喜地背著小布包來到了「奮豫園」。這時，鶴子本人也不曾想到，這一腳步的跨出，改變了她一生的命運。

第一次來到康家，鶴子拘謹地低著頭，用眼角悄悄地打量屋子裏豪華的陳設，大氣也不敢出，康有為看到她稚氣未脫的樣子，哈哈一笑，便讓她坐下，通過翻譯和她聊起了家常。為了舒緩氣氛，康有為命何旃理打開留聲機，播放起唱片來。鶴子驚訝地望著這個能發出聲音的盒子，不敢相信自己的耳朵。望著鶴子手足無措的樣子，康有為笑得前仰後合，鶴子微微地抬起頭，仰望著這個五十多歲的男人，竟然有種父親般的親切感，因為他和她認識的那些不苟言笑的日本男人比起來，有那麼多的不一樣……

在何旃理的調教下，聰明的鶴子很快就熟悉了康家的工作。康有為逐漸將一些原本是何旃理來做的近侍工作交給了鶴子，開始讓她研墨、展紙，代為購買圖書等，這樣，何旃理也有更多的時間來從事她所喜歡的繪畫愛好。

康有為在「奮豫園」居住期間，日日高朋滿座，鶴子雖然不懂得迎來送往的貴客在忙碌什麼，但還是盡心盡力地做好分內的工作。鶴子知道康先生是清國的舊臣，遂尊稱其為

「大臣」。鶴子還驚訝地發現，這位大臣對日本的歷史竟然瞭若指掌，他是那樣地博學和見多識廣，到過世界那麼多地方，並且大臣也喜歡和自己聊天來了解日本的風俗，說到投機的地方，他們倆還拋開翻譯，手腳並用地夾雜廣東話交談起來。鶴子小時候家附近住著許多從中國廣東來的商人，和他們的孩子玩耍時，她還學會了些廣東話，沒想到在這裏派上了用場。

康有為也對日本文字發生了興趣，他饒有興致地解讀日文，並向鶴子請教發音。康有為對同樣是方塊字卻能拼讀的日文羨慕不已。中國漢字不能直接拼讀，無論對學習還是使用來說總是一大遺憾。當年他遊歷埃及時，特意留心考察了古埃及的楔形文字，發現也是可以拼讀的。世界各國的文字大多數是字母構成，拼讀十分方便，遺憾之餘，他萌生了將漢字拉丁化的想法。現在來到日本，受日文的啟發，他又產生了將漢字統一加以字母注音的設想。

鶴子也奇怪地發現，來康家做客的中國人，南腔北調，每個人說話都不太相同，有時大臣和他們交談還要借助紙和筆，那中國究竟是多大的國家呢？想到鄰居家參軍去中國服役的小夥子，以及從中國戰場退伍的老兵，一談到征服支那便慷慨激昂、兩眼發光的樣子，鶴子越發對中國充滿了好奇，望著康有為搖頭晃腦學習日語一副童心未泯的樣子，鶴子感到是那樣的開心、有趣。兩顆心跨越了年齡、種族，越走越近了。當然，這一切都沒有逃過何旃理的眼睛，何旃理也從心裏喜歡這個殷勤的日本女孩，只要她能讓深愛著的丈夫快樂，她的心經過一番曲折的翻騰之後也是快樂的。

「奮豫園」附近有座淨土真宗觀光寺，康有為在鶴子的陪同下，經常去那裏漫步。康有為每每在此流連忘返，因為觀光寺的景物讓他想起這座寺廟的祖庭——中國廬山東林寺。在觀光寺，供奉著中國淨土宗的鼻祖慧遠和尚的牌位。二十多年前，在東林寺的遠公墓塔前，留下過康有為的足跡，他還為當時的東林寺住持灑下了翰墨辭章。那時的康有為自認為「吾年三十，學已成」，正是經世大用的時候，睨視千古，為了成就一番「內聖外王」的理想，讀萬卷書、行萬里路，遍訪名嶽，汲取大地山川之精華；遍參名士，定文字之交；遍訪名宦，做投石問路之舉；遍搜名書，以展眼底煙雲；遍拓名碑，使筆端生出萬象。觀光寺大殿角下的風鈴在海風的伴奏下聲聲入耳，陣陣松濤滾過，此情此景讓康有為慨然發起思鄉之情。

一九一三年二月，康有為最後一次攜家眷和鶴子遊歷觀光寺，和寺廟的管理人員在大殿前話別，就在這裏，康有為和何旃理正式告知了鶴子他們即將歸國的決定。鶴子聽到這個消息，一言不發，只是身著和服虔誠而又寧靜地面向佛像久久合掌禱告。鶴子的內心深處已經認為自己的生命和康家緊緊聯繫在一起了，她仰慕大臣，喜歡他的孩子們，她現在已經無法接受和康家分離的現實，只有在內心默默地向佛菩薩禱告，請求佛菩薩為她點化這個難題。

康有為與何旃理仿佛一眼看穿了鶴子的心事，何旃理說：「鶴子，妳如果捨不得和我們分開，那就和我們一道生活吧？我們也覺得離不開妳啊！」何旃理遂向她提出將其納為康氏第四妾並一同回到中國的想法，鶴子聞言，默默地抬起頭來，臉上泛起陣陣潮紅。康有為隨後向鶴子父母備出厚禮提親，鶴子的家長感於康家的誠意，也就同意了這門親事。於是鶴子回家去做好出閣的準備，而康有為一家先期回國。

在回國之前，康有為和梁啟超一道漫步在日本街頭，恰逢日本陸軍年度應徵新兵的入伍儀式。在火車站旁搭著一個兵站，風展旌旗，人聲鼎沸。送兵的隊伍形成了兩堵人牆，新兵精神抖擻地從中魚貫穿過。送兵的人們在聲嘶力竭地喊著鼓勵的口號，眼中含著淚水，那分明是喜悅的淚水，兵站的上方插著一面巨大的旗幟，上書「祈戰死」三個大字。梁啟超見狀極為驚訝，對康有為說：「南海先生，吾國軍興既久，戰事亦頻，漢唐邊塞軍旅詩歌中，有氣勢雄強之作，然多出於文人騷客之筆。南宋稼軒之詞，雖有振作但徒作壯士途窮之歎；平常百姓向來視從軍為畏途，弗論護國勤王、平叛驅胡，官府亦只能以抓丁為配伍之方，杜工部《兵車行》、《新婚別》、《垂老別》道盡其中辛酸，豈有如日人之全民尚武、視死如歸若此哉？」康有為聞言，不住地頷首稱是。望著日本男子極其好鬥、尚武的場景，又聯想起日本婦女極度細膩柔媚的一面，這表面上的矛盾似乎蘊涵著某種必然的聯繫，想到這，也想起鶴子，康有為禁不住撚鬚長歎起來了。

築廬上海，琴瑟相和

康有為一家先期回到了中國。康有為先返回了闊別十多年的廣東家鄉，祭掃了先人的陵墓，隨後在上海、青島、杭州等地租賃和購置了別墅，開始了他悠然閒逸的晚年生活。

康有為回國不久，鶴子也來到了上海。在辛家花園的遊存廬，康有為和鶴子舉行了婚禮，從此鶴子正式成為了康有為的第四妾。婚後不久，康有為來到後屋書房探望何旃理，適逢何旃理在作畫，畫的是一棵遒勁的梅花樹，上面開了朵朵新花。何旃理見到康有為也十分高興，笑著請他為畫題名。康有為想起了宋人梅堯臣的詩句，便脫口而出說道：「我看那就叫『老樹著花無醜枝』吧。」何旃理不假思索，在畫面上題款一行：「老樹著花亂新枝」，老夫少妻遂相視莞爾一笑。

築廬上海的生活是舒適和充實的，鶴子的青春活力和如雪肌膚激發了康有為的生命熱忱，康有為攜鶴子優遊於各地名勝之間，有時也會聊發少年之狂，扔掉拐杖跳到海中暢游一番。鶴子也滿心歡喜地陪侍著自己的夫君，盡著自己的心思去照顧他的生活，為他調試可口的飯菜，同時也為他漫天飛舞如潮之思找一塊著陸的地方。

在鶴子的精心照料之下，康有為心態安逸地檢點、回顧自己的一生。中國人講究丈夫處世有立德、立功、立言之說，佛家也要求菩薩遍學所學，然後造論渡生。康有為前半生叱吒風雲，始終是站在時代的浪尖上，也始終是大眾矚目的焦點，雖然進入民國了，各界名流仍然無不對他優禮有加。但因為前段時間曾經北上紫禁城叩見了前朝廢帝溥儀，並參與了張勳的復辟事件，引得一些後生小子群起攻之，給他扣上種種「守舊」、「老古董」、「保守勢力」的罵名，甚至有激進的左翼直稱他為「絆腳石」，幾乎要把他當做革命對象了。

其實，康有為何嘗不知道共和的好處，在美國遊歷時，他就深刻地感受到了這一點。但歷史悠久的傳統東方國家搞共和，鮮有成功的例子，西方人搞共和的如法國也是血雨腥風好長時間。最好是能像英國和日本那樣「虛君共和」，否則社會顛覆起來成本太大，到頭來吃虧的還是老百姓，而且容易搞得不倫不類。這一點，留洋多年的嚴復先生與辜鴻銘先生倒是和他有很多共同的地方。雖然在戊戌變法時他也曾有過「圍園殺后」的主張，但是一直反對大規模的社會暴力革命。那些指責他「守舊」的人，又何嘗知道他的思想也是常變常新的呢？從萬木草堂到天遊館，他始終在探求、在變化，從撰寫《大同書》到創辦天遊學院，他總在想給國人、給世人開一劑太平處方；對兒女們，他也是鼓勵他們修身內省，故理新學，不可偏廢，並且眼睛要朝外，要多去異國他鄉參訪闖蕩，不要裹足在國門之內，一家人哪怕像星星一樣散落在全球各處也無妨，只要能發出光芒。想到這裏他決定把剛在上海創辦的雜誌《不忍》月刊移交給自己的學生去經營，讓他們去代替自己申張政治主張，自己可以留出更多的時間去整理著作，能給後人留存更多的完整言論。

鶴子也希望丈夫能減少些政治活動，能有更多的時間精力來從事寫作等文藝活動，這樣有利於他的健康，自己也能更多地陪伴他。康有為由於在定居上海的初期投資了地產，獲得了豐厚的回報，加之多年海外經營的盈餘和再版著作的版稅，使得康氏大家族能維持上流的生活水準，但還是有吃力的地方：康家長年供養著大批門生故舊，間或有不菲的饋贈支出，每遇國是，康有為還要通電全國表態，費銀可觀。這些虧空的地方都需要靠康有為靜下心來賣文鬻字填補。

平時，鶴子精心地為康有為準備好筆墨與上等的紙張和硯台，以備他能在興致來時隨時揮毫濡墨。為了爭取更多的定單，康氏在各大報紙刊登賣字潤格廣告，也在上海、北京各大書店放置「康南海先生鬻書潤例告白」，中堂、楹聯、條幅、橫額、碑文、雜體，有求必應，無所不寫。康有為的書風古樸，落拓不羈，雖然遠不如他的書法理論成就高，後人也對此貶褒不一，但其是傳承魏《石門銘》的磅礴氣勢，在書法史上也屬於別開生面之筆。當時的官宦軍閥、名流富商，附庸風雅、趨之若鶩，紛紛收藏康有為的手跡，此項收入每月能達到一千銀圓左右。

在鶴子的照料下，康有為樂此不疲，但也有忙不過來的時候，於是通常就會找來年輕的門生劉海粟幫忙。一般是讓劉海粟模仿「康體」把正文寫完，然後由康有為來簽上大名、蓋章，這樣產量頗高而又天衣無縫，能夠基本滿足客戶的需求。多年後，劉海粟已經是百歲老人了，還饒有興致地回憶起這段往事，說市場上流通的許多康有為簽名、蓋章的手跡其實是屬於康、劉合作，戲言這些書法作品不僅不屬於贋品，反倒屬於「特級品」，並提到了師徒聯合「造假」過程中鶴子忙碌的身影。

在鶴子的悉心陪侍之下，康有為在晚年致力於文化藝術領域的教育啟蒙工作，為民族文化的保存和發展做出了許多天才貢獻。居滬其間，康有為見到徐悲鴻的繪畫作品，認為孺子可造就，便勸告出身寒微但天分頗高的徐悲鴻不要坐井觀天，要走出國門去學習西洋畫法以改造、振作中華畫壇，並幫助當時的這個窮小子突破重重阻力與大家閨秀蔣碧薇完婚。康有為注重國民的美學教育培養，認為美育對人身心極其有益，是取代宗教造就健康國民之利器，鼓勵劉海粟在此方面多有作為。康有為對於中國書法理論造詣極深，立論既高，眼光亦非同尋常。其卑視唐宋，於時人之筆更鮮有首肯，但對自己的老朋友、大學士沈寐叟之弟子少年王蘧常獨具青眼，為日後王蘧常取得在中國書法史上里程碑式的成就起到了重要鞭策作用。

康有為在其晚年以上海為基地，時而北上青島，時而南下杭州，過著輕鬆愜意的生活。「談笑有鴻儒，往來無白丁」，書畫大師吳昌碩、詩人陳三立、教育家蔡元培等，都是其座上客。在青島，他見到了「五四」運動的精神導師之一胡適，用風趣的語言告誡他「不要打倒孔家店，孔聖人是打不倒的」，反倒使得胡博士手足無措。在上海，和猶太富商哈同一道，在哈同花園籌劃著開辦大學事宜。

康有為和鶴子夫唱婦隨，琴瑟相和。在一個夏日的夜晚，康有為像往常一樣手執一卷，吟詠諷頌（康有為有夜讀的習慣），鶴子在燈下為其研磨第二天所需要的墨汁。讀倦後康有為踱著方步來到花園漫步，望著不遠處鶴子勞作的身影，康有為不由得對比起中國和日本的男女之異同來：中國婦女大多是能為家庭奉獻、犧牲，日本婦女也能做到，然而更加細膩與柔和；日本的男子大多數能為國、為集體犧牲，並且謹嚴而又富有自律精神，而中國的成年男子大多數不能做到這些，否則中國就不會一而再、再而三地淪落於異族鐵蹄之下。

當年的變法運動，不就是大多數的實權男子不肯為國家大局放棄些許既得私利而夭折的嗎？過去有岳武穆、文天祥、史可法，現在有譚嗣同和自己的胞弟康廣仁等為大義捐軀，但還是不能挽狂瀾於既倒，究其原因還是因為大多數男子的麻木與私欲在作祟，想到這，他不知不覺地來到供奉著戊戌六君子靈位的堂前，望著冰冷的牌位，康有為又想起那一張張熟悉的面孔：譚嗣同、林旭、楊銳、劉光第、楊深秀、康廣仁……這些人能捨生取義、捨家為國，都是中國的真丈夫、真男子，是國家的真正棟梁，卻慘遭屠戮，現在中國又是一片混亂，大家都在靠槍桿子說話，耕者無田，官場腐敗，社會矛盾空前激化。自己矢志保皇、保教、保國，可帝制已廢，孔子的言教被許多年輕人指為糞土，國家亦被日本虎視，國人相鬥不斷，內憂外患，岌岌可危！

想到這，康有為悲從中來，淚水奪眶而出，撫著譚嗣同等的牌位，恍惚之間，仿佛看到這六個人一字排開，渾身血淋淋地從靈案上走下來，面對他們，康有為悲慟地問道：「壯飛（譚嗣同的字號），你說變法應流血，可是流了血之後為何法還未變成啊？暾谷

（林旭的字號），莫非真如同你說的君子死，正義盡嗎？鈍叔（楊銳的字號），模糊一握手，未得親右左；裴村（劉光第的字號），你不惜一死以醒國人，可現在還有多少人在睡大覺？儀村（楊深秀的字號），春風無不到，真見幾英雄？幼博（康廣仁的字號），你說如果自己死了而中國能強，死亦何妨，你是死了，但中國到何時才能變強，我愧當兄長，九泉之下不能直面母親！」康有為情緒激動，想去抓他們的手，但撲了個空，把持不住平衡，一個踉蹌，即將摔倒。一隻手從背後伸過來迅速把他攙扶住，康有為回頭一看，原來是鶴子一直尾隨在身後。鶴子攙著丈夫，為他拭去淚水，然後走出了屋子，兩人漫步到後花園，在鶴子的安慰下，康有為的心浪平息了許多。

康家的後花園著實花費了一些心思經營。院子裏挖了一個大池塘，上面架有兩處木橋，池內可以蕩舟。挖出來的泥土堆成一座大假山，山腰裝點有草亭。散落在各處種有一千兩百多株樹，其中有應鶴子的要求從日本運來的四百株櫻花，還有產於蘇州的數十株紅梅，另有桃花四百株，還有不多見的開綠色花的梨樹。池旁邊、屋簷下搭有爬滿葡萄和紫藤的棚架，種植了很多菊花和玫瑰。園內有五百尾大金魚，還別出心裁養了兩隻孔雀、一隻麋鹿、一隻猴子和一頭驢子。康有為和鶴子徜徉其間，走累了坐在籐椅上歇息，清涼的晚風拂面，幾對鴛鴦在水上閒游，鶴子隨意地給麋鹿餵著青草，望著這幅圖景，檢點這輩子的進退得失，康有為又記起童年啟蒙時背誦的千字文，其中有幾段描寫中國士大夫理想的晚年生活狀態：「索居閑處沉默寂寥求古尋論散慮逍遙」、「耽讀玩市寓目囊箱」，兒時背誦到這總是對這幾句話不甚了了，現在算是有了些體會。

大家難處，鶴子返國

一晃，鶴子已經在中國居住了十多年。和康有為在一起生活的初期是甜蜜而又愉快的，然而美好的時光總是那麼短暫，漸漸，大家族常有的那些煩惱像陰雲一樣開始籠罩在鶴子的天空。

康有為家中的成員十分龐雜。家中除有元配夫人張雲珠，先後迎娶了包括鶴子在內的五位妾（康有為在一九一九年又將西子湖畔的浣紗女張光納為第五妾），同住的有六個未成年的子女，另外還有常住的「食客」二三十人左右。加上日常侍候他們的僕役四十多人，通常是維持一百人左右的居住保有量，大門口也是由兩名上海大戶人家流行雇用的印度錫克族門衛把守著。「大有大的難處」，在這個大家裏，鶴子小心翼翼地扮演著自己的角色，但總是有難合人意的地方。鶴子愛乾淨，總將自己的周圍收拾得一塵不染，所到之處也是盡力而為，時間久了，僕從們漸生怨氣，覺得她不如其他太太、少爺好侍候，其他姊妹、妯娌中有的也覺得和她在一起對比顯得自己邋遢，乾脆就回避她。有的僕從也常常反過來和鶴子暗中較勁，在為鶴子喜歡的花草做修剪時，故意把好的枝葉和敗葉一塊剪除，有時為了圖省事，還將一些鶴子正在使用、半新不舊的家什和垃圾一塊兒倒掉，弄得鶴子有苦說不出來。

上海有一陣子發起抵制日貨的運動，波及康公館，有好事的族人風言風語地稱鶴子為「日貨」，還在背後調侃說康有為為何不把她「抵制」掉，雖然被康有為發覺並嚴加呵斥，但給鶴子不小的刺激。一九一四年，鶴子來到中國不久，與自己最要好的何旃理姊姊不幸染上猩紅熱症去世了，讓她備添感傷。康有為在納張光為妾後，和自己在一起的時間也逐漸變少了。鶴子默默地忍受這些，總相信時間能改變這些，更渴望自己能為康有為生個孩子來改變這一切，有時就靠回憶和思念老家來打發孤寂的時光。

一九二五初，鶴子發現自己懷有身孕了。和康有為結為連理十多年了，終於快有了自己的孩子，鶴子欣喜地把這消息告訴了康有為，也告訴了康家的老老少少，但意想不到的是，竟然有人懷疑她所懷的不是康有為的後代，畢竟這年康有為已經是六十八歲的老人了。還有人繪聲繪影地猜測揣度可能是鶴子和康有為長子康同篯暗度陳倉所致，一場不可收拾的家庭紛爭爆發了。鶴子最後的希望破滅了，遂強忍著悲痛提出回國探親的要求，康有為不願意老來別愛，更不忍鶴子有孕在身時遠走，鶴子便寬慰夫君說自己在娘家會得到很好的照顧，也不會在日本住太長時間，而現在的家庭環境氣氛也不利於分娩，康有為老淚縱橫，被迫應允。但鶴子內心知道，這一別後很可能就是黃泉再見了。

在一個霧濛濛的早晨，鶴子搭乘一艘開往神戶的客輪踏上了歸國的旅途。望著漸漸遠去的大陸地平線，回憶起從「奮豫園」到「康公館」多年和康有為共同生活的時光，鶴子淚流滿面，百感交集，一種無可名狀的憂鬱徹底籠罩了她的身心。

遺恨東瀛，抑鬱而終

鶴子回到日本不久生下一個女兒，取名為凌子。

第二年，鶴子獲悉了康有為猝死於青島的噩耗，遙望中國，鶴子痛不欲生。

一九七四年二月，七十多歲的市岡鶴子在須磨距離「奮豫園」不遠處臥軌自殺。

黃金榮、杜月笙：曾為女明星明爭暗鬥

張宏、張晨怡

上海灘，在近現代的中國歷史上一直有「東方樂園」的稱號。這裏的十里洋場，風雲變幻，機會與風險並存，成為冒險家施展自己的能量、實現飛黃騰達的理想場所。「流氓大亨」是一九四九年以前，舊上海灘裏的特有產物。一些善於投機的流氓頭子，利用幫會勢力，網羅門徒，成為上海灘秘密勢力的霸主，在當時的社會生活中橫行霸道，無惡不作，被唯恐躲閃不及的老百姓稱為「流氓大亨」。而在舊上海的「流氓大亨」裏，排名第一的，當推黃金榮。

上海灘第一「大亨」

黃金榮的家族沒有一點顯赫的背景，他們世代居住在浙江余餘，父親黃炳泉年輕的時候是餘姚衙門的捕快，後來來到上海的漕河涇種地。黃金榮六歲跟隨父親來到上海，住在南市張家弄，黃金榮就在附近的廟宇孟將堂內的私塾讀書。他從小頑皮，不喜歡讀書，頭腦卻很靈活。當時，張家弄內住有不少當過清朝武官和捕快差役的人，黃金榮從小和這些人接觸，耳聞目睹，也學習了不少江湖訣竅，為他後來在法租界捕房起家發跡，打下了伏筆。

一八八一年，黃金榮十四歲時，父親因病去世，留下母親鄒氏和姊弟四人，只能依靠母親給人洗衣服勉強維持生活。於是，鄒氏就把黃金榮送到附近的廟宇內做些零碎事情，混口飯吃，因此周圍的人就叫他「和尚」。後來由於上海流行一種傳染病，黃金榮也被感染，雖然僥倖地活了下來，臉上卻生出麻皮，因此後來就有了「麻皮金榮」的綽號。

黃金榮在廟宇內做和尚雜活之後，僅僅勉強維持自己的溫飽，後來，他母親又托人把他送到城隍廟一家裱畫店當學徒。這家裱畫店開設在豫園路環龍橋下，名叫萃華堂裱畫店。黃金榮做了三年學徒，每月只拿月規錢四百文（四十個銅板）。滿師後，他又站了兩年櫃台，因為不肯吃苦，沒多長時間就不幹了，從此在法租界和一群地痞流氓鬼混，成為一個上海灘的小混混。

一八九〇年，為了加強租界內的治安，當時的法國駐滬總領事白早脫和公董局總董白爾研究決定招募一百二十名華人巡捕。這時，二十二歲的黃金榮正窮困潦倒，走投無路，便決定去碰碰運氣。結果，巡捕房看中了他那強壯的身體，居然錄用了他，從此黃金榮成為法租界捕房的三等華捕。黃金榮從此否極泰來，天天跟在法國巡捕的後面，挨家挨戶去徵收「地皮捐」、「房屋捐」，還參與鎮壓那些不願意動遷的農戶、墳主和抗議加捐的活動，表現得格外賣力。由此，他再次獲得上級的欣賞，一下就由華捕提升為巡捕房便衣員警，俗稱「包打聽」。

升職後的黃金榮被派差到十六鋪一帶活動。由於他在萃華堂學藝期間，常到城隍廟得意茶樓喝茶，結識了城隍廟一帶的地痞流氓和青洪幫分子。當了「包打聽」後，為了管理十六鋪碼頭的治安和破獲盜竊案件，他進一步有意識地和這些人廝混，在社會黑暗面中的關係逐漸多了起來。在此期間，黃金榮用「黑吃黑」、「一物降一物」的手法，網羅了一批流氓混混給他提供各類情報，破了一些案子。為了繼續迅速地升遷，黃金榮甚至製造假案，用賊喊捉賊的辦法來提高自己的聲名和身價。有一天，法國巡捕房的街對面，有一家鹹貨行的一塊金字招牌突然被偷盜，老闆急得六神無主。有人就對他說，對面巡捕房的黃金榮破案子「靈光」。老闆半信半疑，進了巡捕房就直接點名找黃金榮破案。誰知，不等黃金榮跑出巡捕房，一班小流氓就敲鑼打鼓地將那塊招牌給送了回來。由此，黃金榮的名聲不脛而走。後來，人們才發現，這全是黃金榮在幕後一手策劃、自導自演的一齣騙局。

不久，黃金榮果然再次獲得提升，擔任探目，即刑事出外勤股和強盜班兩個部門的領班，後又升為督察員。在黃金榮在任期間，也曾經真的破過一些大案子。有一次，法國總領事的書記官凡爾蒂偕同夫人去太湖遊覽，結果被那裏的土匪綁架。法租界聞訊後，就派黃金榮設法營救。黃金榮通過黑社會的關係，很快找到了太湖土匪的頭領「太保阿四」、「豬玀阿美」，隨後將凡爾蒂夫婦安全地營救了出來。還有一次，福建省督理周蔭人的參謀長楊知候帶了六箱古玩、字畫到上海來，不料，一出碼頭就被人盜走。為此，淞滬護軍使何豐林特請黃金榮協助追查。結果，不到半天黃金榮就查明真相，將原物如數追回。

最使黃金榮得意的，是他後來破獲的一件法國天主教神父被綁架的大案。

當時，這名法國天主教神父與法國駐滬領事、法捕房總巡等關係密切。他為了開闢傳教基地，由上海乘火車趕往天津，打算去開辦教堂，結果在山東臨城被軍閥張宗昌的部隊攔車搶劫，把他綁架到臨城鄉下看管起來，準備敲詐一筆鉅款。

法國天主教神父被綁事件發生後，轟動國內外，法國駐滬領事限令法捕房火速破案，救出人質。捕房動員所有的偵緝人四處打聽、搜索，都沒得到任何消息，只得採取高價懸賞的辦法，凡通風報信這名法國天主教神父下落的，賞銀洋三千元，如能救出人質，賞銀洋一萬元。黃金榮得知此事，認為是升官發財的大好機會。於是千方百計尋找線索，但過了許多日子，仍然一無所獲。

這個時候，一個名叫韓榮浦的山東人，從臨城乘火車到上海來買東西，結果在上海車站附近的旅館登記住宿時，發現裝在衣服裏的一百元不翼而飛。韓榮浦不甘心錢被偷，忽然想起有個姓隋的同鄉在法租界裏當巡捕，於是就前去求助。隋巡捕聽了他的遭遇後，就替他報了失竊案，並介紹他和黃金榮見面。

黃金榮和韓榮浦閒聊，隨口向他打聽法國神父被綁架的事件。恰巧韓榮浦當時正是吳佩孚手下的副官，消息非常靈通，而且吳佩孚的部隊和張宗昌的部隊都駐在天津附近，雙方的所作所為，彼此都有所聞，所以韓榮浦就告訴黃金榮一些法國天主教神父被軍隊綁架的消息。聽到消息，黃金榮非常高興，立即付給韓榮浦一五十元，要他回到臨城去詳細打聽人質藏在什麼地方，一有下落趕快到上海來報信，再給他五百元賞金。如果破案，更有重賞。

韓榮浦見錢眼開，立即回到臨城，很快就發動關係，打聽到法國神父被關押的地方。隨後，韓榮浦再次來到上海，告訴黃金榮情況。黃金榮當即給了韓榮浦五百元，另給他一千元，叫韓榮浦設法買通看押法國神父的人員，並告訴韓榮浦，等到他帶人到達關押法國神父的地點時，再付兩千元，並讓這些看守人員事後逃往外地。

韓榮浦返回臨城之後，按照計劃行事，結果一切順利。黃金榮在約定日期親自帶領幾十個便衣到達臨城。當天夜晚，他們化裝成張宗昌部隊的官兵，把人質悄無聲息地營救出來，隨後安然返回上海。

由於黃金榮不斷立功，法國東正全權大臣授予他一枚頭等金質獎章，法國巡捕房還破例提升他為警務處唯一的一個華人督察長，委派了八名安南巡捕給他當保鏢。從此以後，黃金榮平步青雲，成為上海聞人。

黃金榮初到上海，僅僅是一個不入流的街頭混混，並沒有加入當時有名的黑幫幫派，後來勢力壯大以後，為了今後更好地發展，他就拜當時的青幫「大」字輩張仁奎為師，列「通」字輩。黃金榮一生涉足賭、娼、盜，大發不義橫財，只要能掙錢，他從不問行當，下三濫的手段無所不用其極。他憑藉勢力聲威，廣收門徒，靠販煙土、設賭場、開戲園和敲詐勒索等手段聚斂財物，此外黃金榮還和杜月笙、張嘯林組織三鑫公司，從事走私鴉片、軍火買賣等活動，聚斂財富，成為擁有巨萬家產的大富翁。黃金榮對金錢貪得無厭，他曾經不無得意地宣稱，自己的人生嗜好是「賺銀子、睡女人」。他對金錢的法力充滿迷信，認為有錢能讓鬼推磨，因此，狂妄地叫囂：「天大官司，磨盤大的銀子。」在黃金榮的勢力更加強大之後，目空一切的他開始自稱為「天字輩」青幫老大，意思是比當時上海灘青幫最高輩分「大」字輩更高，並建立有忠信社、榮社等幫派組織，收徒上萬人，其中就包括後來的蔣介石。

二十世紀二〇年代初期，當時名叫蔣志清的蔣介石正在上海灘四處投機。為了賺錢，他和周駿彥等人在上海開辦證券物品交易所「恒泰號」，幻想以此實現自己的發財美夢。

初期，交易所的業務還算可以，孰料一九二一年上海爆發金融危機，一時交易所紛紛倒閉，股票值如廢紙。勉強支撐到一九二二年，「恒泰號」徹底倒閉，眾多股東拿著股票要求兌現。交易所的監察人周駿彥被逼得兩次要跳河自殺。債主們還雇用一些打手來強迫蔣介石等還錢。走投無路的情況下，經過當時上海的商界大亨虞洽卿的介紹，蔣介石來到當時正如日中天的黃金榮門下尋求「保護」。

蔣介石拜黃金榮為師後，黃金榮在酒店招待「恒泰號」的債主們。酒席中，他指著蔣介石說：「現在志清是我的徒弟了，志清的債，大家可以來找我要。」債主們聞聽後面面相覷。大家眼看著錢要不回來，只好順水推舟，給黃金榮一個面子。於是，把蔣介石逼得走投無路的事情，黃金榮一句話就擺平了。

一九二七年三四月間，身為北伐軍總司令的蔣介石，親自來到黃金榮公館，再次向他當年的救命恩人行師徒之禮。一九二七年，黃金榮與杜月笙、張嘯林等積極支援並參與蔣介石發動的「四一二」政變，黃公館是主要活動地點。因反共有功，南京國民黨政府成立後，蔣介石任命黃金榮為國民革命軍總司令部的少將參議及行政院參議。

一九二七年底，黃金榮從督察長的位置退休閒居，開始將位於漕河涇鎮附近的黃家祠堂擴建為自己以後養老的家園，並於一九三五年建成黃家花園（今桂林公園）。該園占地八十多畝，中有「四教廳」，壁上懸掛黎元洪、徐世昌、曹錕、宋子文等軍政要人和社會名流所送匾額，還有蔣介石手書「文行忠信」的紀念碑。

一九四七年，黃金榮過八十壽辰，蔣介石曾經大張旗鼓，親自來黃家花園為其祝壽。

提拔杜月笙

在黃金榮的一生裏，他和杜月笙的關係最為複雜。他曾經一手提拔了杜月笙，但是後者的勢力後來一天一天地超越了他。他們彼此心存忌憚，但是為了共同的利益互相勾結和利用，在凶險的上海灘彼此依靠，一起叱吒風雲。

杜月笙（1888至1951年），原名月生，發跡後改名鏞，號月笙，一八八八年八月二十二日出生於江蘇川沙（今屬上海市浦東新區）高橋南杜家宅，這一天，正好是農曆七月十五日，民間俗稱的鬼節。杜月笙的父親杜文卿，曾在茶館當過跑堂，在碼頭做過丁役，後又與人合作在楊樹浦開過一家米店，慘澹經營。母親朱氏則時常幫人漿洗衣物，補貼家用。

杜月笙剛過周歲時，由於連年天災和疫病到處流行，母親朱氏在高橋鎮無以為食，只好抱著杜月笙步行幾十里，到楊樹浦投奔丈夫。後來，朱氏和丈夫商議，進紗廠做工。一八九〇年夏天，上海流行霍亂，朱氏卻在這情況危急的歲月裏又生下了一個女兒。產後，她由於極度衰弱而死亡。杜文卿悲痛萬分，無奈之下，他把杜月笙和女兒一同抱回楊樹浦，三人相依為命，最終無法支撐，把女兒送給了別人。

多年以後，杜月笙歷盡滄桑，成為名聞全國的上海大亨之後，曾高價懸賞、千方百計尋找這位早年送人的妹妹，結果杳無音信。

一八九二年冬天，上海一帶天降大雪，氣溫陡降，杜文卿突然染病，很快離開人世。這個時候杜月笙還不到四歲。此後，杜月笙由繼母張氏撫養。張氏性格堅強，視杜月笙如己出，她起早貪黑為人洗衣服，賺幾分錢，聊以度日。不料，災難再次降臨，一八九五年，張氏突然神秘失蹤，從此活不見人、死不見屍。杜月笙也從此徹底成了孤兒，流落街頭，整天在茶館、賭棚流走，撈到什麼便吃什麼。十四歲的時候，杜月笙到上海十六鋪鴻元盛水果行當學徒，日夕與當地的一些流氓痞子鬼混，又因為嗜賭成性，不久便被水果行開除，轉到潘源盛水果店當店員。後來，杜月笙為了在上海灘立足，便拜青幫「通」字輩的流氓頭子陳世昌門下，按輩分排在「悟」字輩。由於陳世昌等人的關係，杜月笙獲得機會進入黃金榮公館。

當時的黃金榮在上海法租界捕房內步步高升，已經成為租界當局中唯一的華人督察長。他利用這個勢力在上海東新橋附近開了一家「聚寶」茶樓，廣收徒弟，為租界做耳目。同時，他也經營戲院、浴室等各種財源流暢的生意。

黃金榮第一次見到杜月笙就非常欣賞，覺得這個人很有點氣派，就收容了他，從此，杜月笙成了黃金榮的隨從。黃金榮每天早晨要到「聚寶」茶樓，以喝早茶為名，處理各種官司，杜月笙總是拿著大衣、皮包，隨侍在旁。

杜月笙是個很有心計的人，他不動聲色地觀察著周圍的一切，暗地裏卻把上自黃金榮，下至一般聽差，每個人的生活習慣、脾氣性格，揣摩得清清楚楚，並且針對不同的人投其所好，見機行事。

當時，黃金榮的夫人是林桂生，人稱桂生姊。她雖然身材矮小，相貌平平，但精明能幹，是黃金榮的得力助手，深得黃金榮的喜愛。杜月笙對這一切心知肚明，因此也處處找機會討桂生姊歡心。

有一次，桂生姊得了一場大病，杜月笙在旁盡心照顧。病癒後，桂生姊對杜月笙另眼相看，常在黃金榮面前誇獎杜月笙。隨後，杜月笙又抓住機會做了幾件讓桂生姊和黃金榮讚賞的事情，漸漸地，他就成了桂生姊的心腹，並參與了黃金榮最機密的工作——搶奪鴉片。

當時的煙土鉅賈人稱「潮州幫」，他們經常利用英租界和法租界從事鴉片走私，因這是外國人管轄區，中國法律鞭長莫及。「潮州幫」煙土商利用租界大搞鴉片走私之事，雖然隱秘，但仍然被上海灘的那些地痞流氓千方百計地打聽到資訊，他們便採用各種手段，巧取豪奪，半路搶劫走私的鴉片。

當年上海灘上搶奪鴉片最厲害的八個人物，按照出道時間的先後，被人稱為「大八股黨」。「大八股黨」成名已久，並因此積累了萬貫家產，已經不想再拿腦袋做賭注，開始選擇一種穩妥可靠、不冒風險的斂財方法。於是，他們的頭目如沈杏山、季雲青、楊再田等人，先後投效上海的緝私機構，並倚仗手中的金銀錢鈔，上下買通，很快就鑽進了這些緝私機構的核心部門，佔據了高級職位，逐漸地控制了這些部門。

當「大八股黨」把水陸兩途，以及英租界的查緝煙土之大權抓到手之後，不但自己公然販賣和走私鴉片，而且向煙土鉅賈收取大量的保護費。而「潮州幫」煙土商也自願奉獻，因為從此以後，有緝私部門的槍桿子保護，他們的買賣就合法化了。

當時的鴉片商和煙土行多半開設在英租界，「大八股黨」和煙土商們並沒有把法租界的黃金榮放在眼裏。因為在他們看來，法租界總共只占地一千多畝，地小人少，力量微不足道，只要事先打個招呼，就不會有事了。於是，「大八股黨」的頭領，這個時候已當了英租界巡捕房頭目的沈杏山，就派人向黃金榮傳話。

誰知黃金榮和杜月笙一聽完來人的話，就沉下臉來，一口回絕。沈杏山惱羞成怒，利用軍警的力量，對煙土實行武裝接運，斷了黃金榮和杜月笙的一條財路。黃金榮怒氣衝天又無可奈何。杜月笙卻老謀深算，向黃金榮和桂生姊提出搶劫鴉片的主意，並得到兩人的贊同。

杜月笙說做就做，立即招兵買馬，網羅亡命之徒，很快就建立起一支搶劫鴉片的隊伍，後來被人稱為「小八股黨」。第一次搶劫鴉片得手，就弄到一船煙土，等於搶到幾十萬銀洋，通過這次「搶土」，他們也看出「大八股黨」在護送煙土過程中的種種漏洞。從此，伴隨著一次次佈置周密的搶劫鴉片事件的發生，大量財富流進了黃金榮和杜月笙的腰包。一九二五年七月，黃金榮和杜月笙又聯合另外一個流氓頭子張嘯林，在租界與軍閥當局庇護下，成立了主要做鴉片生意的三鑫公司。不久，英國在上海的租界開始禁止鴉片生意，而三鑫公司乘機壟斷法租界鴉片生意，因此大發橫財。杜月笙擔任三鑫公司的主要負責人，同年，擔任法租界商會總聯合會主席兼納稅華人會監察，勢力日大，地位逐漸與黃金榮、張嘯林並列。他們三個人成為上海灘上顯赫一時的「流氓大亨」。

在上海三大「流氓大亨」中，有「黃金榮貪財，張嘯林善打，杜月笙會做人」的說法。和黃金榮、張嘯林相比，杜月笙更善於協調黑白兩道各派勢力之間的關係。他通過販賣鴉片、開設賭場等活動，大肆聚斂錢財，又用這些不義之財，籠絡社會上各種人物，從政治要人、文人墨客到幫會骨幹，無所不有。由於杜月笙在上海善待當時已經下台的北洋軍閥黎元洪，黎元洪的秘書長特地撰寫一副對聯贈予他：「春申門下三千客，小杜城南五尺天。」杜月笙對這副對聯愛如拱璧，專門請名家雕刻為黑底金字，懸在他家客廳的兩楹。杜月笙因此被其黨羽吹捧為「當代春申君」。杜月笙還附庸風雅，廣結名流，大學者章太炎、名士楊度、名律師秦聯奎都是他的座上客。

一九三七年，「七七」盧溝橋事變和上海「八一三」事變相繼爆發。上海人與全中國人一樣，投入到英勇悲壯的抗日戰爭中。在全中國人抗日要求推動下，杜月笙參加了上海各界抗敵後援會，任主席團成員兼籌募委員會主任。他參與勞軍活動，籌集大量毛巾、香菸、罐頭食品，送到抗敵後援會。他還通過自己的關係，弄到一些軍中急需的通訊器材、裝甲保險車送給抗日將領。上海淪陷後，杜月笙拒絕日本人的拉攏，於一九三七年十一月遷居香港。在香港，他利用幫會的關係，繼續活動。他擔任中國紅十字會副會長、賑濟委員會常務委員和上海黨政統一工作委員會主任委員，從事情報、策劃暗殺漢奸等活動。一九四〇年他組織人民行動委員會，這是在國民黨支持下的中國各幫會的聯合機構，杜月笙為主要負責人，由此實際上成為中國幫會之總龍頭。

在黃金榮、張嘯林、杜月笙成為上海叱吒風雲的人物之後，他們之間的關係也出現了微妙的變化。特別是杜月笙，運用高超的手段廣交天下名流，織成了一張盤根錯節、無所不在的龐大勢力網，被人們稱為上海灘的「厚黑教主」，其勢力發展到巔峰時期，甚至已經超越了一手提拔他的黃金榮。而恰在此時，圍繞著當時走紅的坤伶露春蘭的爭鬥，引起了一場風波。

露春蘭本是黃金榮門生張師的養女，常來黃公館串門，平日也喜歡去聽戲。她生得聰明伶俐，沒多久就學會幾句老生戲和青衣。當時已經五十多歲的黃金榮對露春蘭一見傾心，決定讓年僅十四歲的露春蘭在舞台登場演出，捧她出道。黃金榮對此不遺餘力，一連兩個月，親自下戲館為她捧場，又甩出大疊銀洋，要各報館不惜工本地捧露春蘭。他還親自為她張羅演主角、灌唱片。一時間，上海各大小報紙上紛紛刊出露春蘭的俏影玉照。她的名聲壓倒了上海紅伶小金玲和粉菊花。

浙江督軍、軍閥盧永祥的大兒子、上海灘出名的四公子之一盧筱嘉，最愛聽戲，他看到報紙上大篇幅介紹露春蘭，就一襲青衫，輕車簡從，專程前往榮記大舞台。戲尚未開場，盧筱嘉就讓跟班給露春蘭送去一枚鑽戒，約定戲散後同度良宵，被露春蘭推說有約拒絕了。

偏巧這天露春蘭一不留神，將一段戲文唱走了板。盧筱嘉在台下正沒有好氣，就陰陽怪氣地喝了聲倒彩。黃金榮正坐在正廳包廂裏看戲，一聲倒彩傳來，氣得他暴跳如雷，馬上派人過去給了盧筱嘉兩巴掌。盧筱嘉見打手人多勢眾，自己只有兩個保鏢，就悻悻地走了。

過了幾天，黃金榮吃罷晚飯，又帶了四個貼身保鏢耀武揚威地踏進了包廂。就在這時，盧筱嘉帶領十幾個便衣悄悄溜進了正廳包廂，用手槍頂著黃金榮的光腦袋，隨後架了他就走。

後來，還是杜月笙和張嘯林出面，打通了盧府內部關係，花了三百萬款子，總算把黃金榮贖了回來。

黃金榮一手捧紅露春蘭之後，就想據為己有。但是他明白自己的老婆林桂生不會輕易答應，因她當年為自己發跡立下過汗馬功勞。他知道林桂生非常信任杜月笙，於是就讓他去遊說。不料林桂生回答得非常乾脆，要娶露春蘭可以，除非先和她離婚。讓杜月笙、張嘯林等人沒有想到的是，黃金榮真的提出了離婚。他給了林桂生一大筆生活費作為補償後，就迫使她搬出了黃公館。露春蘭名正言順地成了黃太太。黃金榮驅趕林桂生出門之後，杜月笙對黃金榮內心裏非常不滿，也對林桂生的遭遇感到不平。不過黃金榮的新婚並沒有維持多長時間，不到三年，露春蘭就堅決地提出和黃金榮離婚，據傳是與德孚洋行的買辦薛恆產生戀情。隨後，兩人在法國律師魏安素事務所協議離婚。

一個買辦敢奪在上海呼風喚雨的黃金榮之愛，很多人都推測是杜月笙在台後支撐。而在經歷了這場風波之後，黃金榮和杜月笙在內心裏也都彼此忌憚，不過，為了共同的利益，他們在表面上仍然相好如故。

大亨末日

抗日戰爭勝利以後，杜月笙於一九四五年九月初返回上海，收拾舊部，重整旗鼓。這時，由於租界已被收回，國民黨勢力可以公開活動，幫會的作用不再像以前那麼重要。一九四六年十二月，上海參議會選舉議長，杜月笙經過多方活動，雖然以最高票當選議長，但因國民黨不那麼支持他，他當選後馬上辭職。

上海解放前夕，杜月笙去了香港。據說，在一九四九年四月，離開上海前的杜月笙曾經來到黃金榮家辭行，並勸黃金榮也去香港，但是被黃金榮拒絕了。

流落異鄉的杜月笙心情憂鬱，朋友甚少，幾乎整日待在家裏喝茶、聽收音機、看看報紙，不久，就患了嚴重神經衰弱、心臟病。一九五一年七月，杜月笙中風偏癱，他拒絕進醫院治療，對家人說：「苦難流離，備受刺激，生不如死。再說中風後遺症難癒，不要讓我過手足不能動的活死人日子了。」八月七日，杜月笙口述了遺囑，將所有財產，包括不動產、債券、現金分配給各房夫人及子女，訓勉兒女努力守成創業。八月十日以後，杜月笙進入昏睡狀態，水米不進，彌留期間，他曾對家人交代：「把我的屍骨帶回上海，葬在浦東高橋老家。」一九五一年八月十六日，杜月笙在香港撒手西去。

與杜月笙不同的是，黃金榮選擇了留在中國。一九四九年，上海解放以前，黃金榮的夫人李志清席捲了黃金榮的金銀珠寶離開上海往香港，後又到了台灣。這時，有人勸黃金榮也到香港去。一九四九年四月，人民解放軍準備渡江解放上海前夕，蔣介石特別召見杜月笙，讓其帶信給黃金榮，囑咐他「抓緊時機」到香港或台灣去，「以免遭種種不測」。

但是，八十二歲的黃金榮最終決定留了下來。他對人說：「我已經是快進棺材的人了，我一生在上海，屍骨不想拋在外鄉，死在外地。」實際上，此刻的黃金榮，在上海還有難以割捨的東西。黃金榮一生，利用自己特殊的社會背景，腳踏黑白兩道，苦心經營上海「大世界」遊樂場十幾年，使其成為名噪一時的滬上名勝。一九四八年春夏之交，他以鉅資與沙遜洋行簽訂了「大世界」十年的租地合同。他擔心，自己離開上海，用一生心血經營的「大世界」將會成為無主財產，即使由養子繼承，也極可能被共產黨沒收。

上海解放初期，黃金榮蟄居在家，深居簡出，不問外事，也過了一段安逸日子。黃金榮每日享受三樣東西：吸大煙、搓麻將、下澡堂。解放後，共產黨雖有明令禁止抽大煙，但是黃金榮早已經在家中藏了大量上好的大煙土，據說足夠他後半生吸食。

當時黃家上上下下二十多口人，都住在龍門路均培里一號。這是黃金榮發跡後造的一幢三層洋房，有幾十個房間。黃的居室在二樓東端，附近房屋大多由他的門徒租住，可以互通聲氣，方便走動。除夏天避暑去漕河涇黃家花園住一段時間，黃金榮一直居住於此。上海市人民政府這時還允許黃金榮照常經營他的產業，如大世界、黃金大戲院、榮金大戲院等，每月都有一筆不菲的收入。

一九五一年初，鎮壓反革命運動開始後，黃金榮的日子開始難過起來，市民甚至自發湧到黃宅門口，要求他接受批鬥。一封封控訴信、檢舉信，如雪片般飛進市政府和公安機關，懇請政府為民報仇雪恨。在嚴峻的形勢面前，連黃金榮的一些門徒也起而揭發，要求靠近共產黨，與黃金榮劃清界線。

一九五一年五月二十日，迫不得已的黃金榮在上海的《新聞報》、《文匯報》刊出了《黃金榮自白書》，他在「自白書」中，自稱「自首改過」、「將功贖罪」、「請求政府和人民饒恕」，並表示要「擁護人民政府和共產黨」，「洗清個人歷史上的汙點，重新做人」。上海灘第一大亨的「懺悔」，轟動一時。隨後，黃金榮響應中國的改造號召，開始掃大街，由於此刻的黃金榮已經是風燭殘年的老人，這項象徵性的「改造」措施並沒有持續下去。

一九五三年，上海市政府考慮「大世界」的複雜形勢，決定對黃金榮的殘餘勢力再行打擊，將「五虎將」、「四大金剛」等殘渣餘孽一網打盡，使「大世界」的舊貌徹底換了新顏。黃金榮病倒了。一天，他將養子黃源濤喊到家中，口傳了遺囑，最後感嘆道：「我的一生，都風掃落葉去了，唯有留下這個『大世界』。不過，斷氣瞑目後，『大世界』不可能再屬於我的了。」幾天之後，這個曾在上海灘顯赫一時、叱吒風雲的黑幫老大，一個從小癟三起家跨越黑白兩道的「流氓大亨」，便突然高燒不止，在昏迷了幾天以後，閉上了眼睛，時年八十六歲。

第3篇 還原真相

很多史書記載的事情，未必是真的，因為動手腳更改的人，連皇帝也有一份。只要深入分析，我們就會發現，「史實」與「真相」似乎天差地遠……

曹雪芹祖父竟然是康熙的密探

楊東曉

在康熙年間，康熙帝非常重視他賦予曹寅及其大舅子蘇州織造李煦、後代曹顒、曹頫等人的這項特殊的政治任務，允許他們「專折密奏」江南地區的官風民情，並「親手寫奏帖來」，這種千里眼加耳報神的職責的確超出了江寧織造的許可權範圍，對於曹家，可說是一項特殊待遇。

曹雪芹的祖父曾是康熙的密奏使，他的密奏中有區域性的天氣、糧食價格以及盜匪等問題，這種密奏方式也是康熙管理農業國家遼闊疆域的手段之一。

江寧織造曹寅熟練地將一方寫過字的紙折成複雜的六角形，上面的「報告」是除了皇上康熙以外任何人也不允許看的。這張紙在康熙的手中打開後，是一張十釐米寬，二十釐米高的密奏。這種紙從江寧到北京，騎馬傳遞大約要二十天左右。這項在曹寅和康熙皇帝之間的秘密傳送，一直進行了二十年。因此，美國耶魯大學歷史學家史景遷稱曹寅為「康熙的密探」。

康熙的密探們

曹寅將他折成六角形的密報，放在一個用封條封好了的小信封裏，封條的上面寫

「固」，下面寫「封」，信封上寫著「奏摺」。他又拿出一只大信封，套住這只小信封，在外面用一個白紙條紮住，他在紙條上寫上自己的全部銜階和名字，然後小心翼翼地用白紙包好，同樣在白紙的包裝口下方寫上自己的全部銜階和名字，最後用來封箴的幾個字是「臣寅叩首謹封」。

這封信康熙皇帝看完後，也許會加御批，也許只寫三個字「知道了」。但最後都會用一個朱紅的「封」字封過以後，重新傳到曹寅的手中。

在康熙年間，康熙帝非常重視他賦予曹寅及其大舅子蘇州織造李煦、後代曹顒、曹頫等人的這項特殊的政治任務，允許他們「專折密奏」江南地區的官風民情，並「親手寫奏帖來」，這種千里眼加耳報神的職責的確超出了江寧織造的許可權範圍，對於曹家，可說是一項特殊待遇。

在曹寅、李煦給康熙的密奏中，天氣問題如雨水、冰災，糧食問題如收成、米價，社情民意如疫病、民情、官吏貪廉，都是康熙所關心的。在沒有各種地方性媒體的時代，這些秘密管道傳輸的情報，也算是一種內參了，通過這些內參，康熙皇帝可以對各地實情「明察秋毫」。

在古代，天氣、天象資訊事關國家前途，所以這些情況被認為不應該由更多的人所掌握。尤其是在自然災害頻度過高的康熙年間，皇帝一定要對各種自然現象了然於心。

中國社會科學院重大課題《中國歷代自然災害及其對策研究》課題第一主持人赫治清

說，康熙年間旱災尤為突出，在歷史的長河中百年不遇的旱情就出現過十二次；康熙四年、三十五年的風暴潮災，風助浪勢，沖入沿海一帶長達數百里，這樣巨大的風暴潮不僅淹了江浙沿海地區，還把今天的上海和蘇州也淹了。

赫治清說，在曹寅密報給康熙的奏摺裏，就雨雪分寸的測量、雨水入土幾分、冰雪凝結幾寸都有清楚的記載，這對於位居北國的帝王了解長江流域和沿海農耕情況至關重要。

康熙重視天氣狀況

康熙在位的六十一年間，水災與旱災持續侵犯，旱災和蝗災又總是相伴而生，所以康熙非常重視各地傳來的有關天氣正常和異常的報告。

在康熙初年，他已經接觸到一些西方來的傳教士。康熙是一位善於學習的君王，他從這些傳教士那裏學到一些觀察天氣的常識，並懂得了記錄天氣形勢的重要性，於是在全國各地都安排親信幫他觀察與記錄。儘管那時還不能做出天氣預報，但是記錄天氣成為康熙非常重視的一項工作，他希望能從已記載的文獻中找出氣候的規律來。

康熙三十二年夏季，淮徐及至江南地區大旱，到了陰曆六月中才降雨，李煦奏報收成和米價後，康熙御批道：「五月間聽聞得淮徐以南時暘舛候，夏澤愆期，民心慌慌，兩浙尤甚。朕夙夜焦思，寢食不安，但有南來者，必問詳細，聞爾所奏，少解宵旰之勞。秋收之後，還寫奏帖奏來。」因為天氣總是和糧食收成及米的價格緊密相關，五月間聽說江南大旱，直到六月才下雨，所以康熙凡見到南方來人都要詢問詳情，他還命李煦到了秋季收成統計出來以後，再報上糧米情況。

康熙不僅要求各地報上天氣形勢，本人也對天氣有所研究。他從清代逐日按時辰記載的降水紀錄《晴明風雨錄》中摘抄下有規律的現象來，認為通過其中的規律可以做出天氣預報。

《晴明風雨錄》現存的只有雍正二年（1724年）以後至光緒二十九年（1903年）間的天氣現象。當時康熙將能夠看到的規律大致總結為陰曆每月初八、十八、二十、二十二、二十四這些日子下雨；在初九到十五這幾天能看到月光；如果出現了雲擋月，則將有一場持續幾天的暴風雨。康熙不僅摸索旱澇規律，他還觀察過風向：康熙曾記錄過中國北方在所有季節中西南風是很罕見的；被人們稱為客風的西北風出現時，將會在三四天內改變風向；而一旦刮起東北風和東南風，就是要下雨的象徵。為了能夠準確地判斷風向，康熙在他的住所還豎起一竿小旗子。非但醉心於觀察和學習，康熙還把自己的觀察和思路記錄下來，與來自各地的天氣密報做比較。這也應該算是農業大國國君一種特殊的勤政方式了。

科學種田賜「御稻」

作為農業大國的一國之君，康熙對於糧食問題稱得上是煞費苦心。來自魚米之鄉蘇州的密件裏，有很大一部分是關於科學種植稻米的。這種優良稻種是康熙命人在豐澤園的多塊稻田中培育出來，再命人拿到全國各地去試種的。

其中一種新品種名叫「御苑胭脂米」，是一種緋紅的香米，有人考證出《紅樓夢》中莊頭烏進孝給賈府送的，就是這種「御米」。康熙五十八年時，李煦寫給康熙的密報中就有某官紳種了多少畝、畝產幾石幾斗；某商人種了幾畝、畝產幾石幾斗。其實這些人的實驗任務也不過是兩三畝，只有李煦自己家種得最多，他甘願冒這種試驗性的風險，種了一百畝。李煦向康熙報告了自己家那塊水稻實驗田的收穫情況：

奴才種了您的御稻一百畝，六月十五日收割，每畝約得稻子四石二斗三升，謹礱新米一斗進呈。而所種原田，趕緊收拾，六月二十三日以前，又插完第二次秧苗。至於蘇州鄉紳所種御稻，亦都開始收割了。他們的詳細賬目，我給您另寫一個奏摺，請您御覽。

康熙在京城搞試驗田，也是四處取長補短，有次下江南看到老百姓存有豬毛、雞毛等不值錢卻又汙穢的東西，便著人詢問，聽說當地人用這些東西做農家肥後，他便也做起了試驗，結果收效顯著。

密報管理的性質問題

儘管康熙吩咐親信定期或逢到值得注意的事情向他密報解決了不少問題，但是對於這種密報的性質，他心裏一直存在著一個有關職業倫理的困惑。即使是為了天氣、農業這樣關係到國計民生的問題，康熙自己也走不出心理陰影。

李煦在康熙四十七年正月十九日的密件中，向康熙如實交代了自己在去年差人送奏摺時，所差之人曾經弄丟了密信的問題，他感到自己實在是罪該萬死並求萬歲懲處自己。康熙得知此情後，說你奏的那些都是密報，這是與地方官不同之處，將你的家人一併寬免好了，這種事讓外人知道了，也不好聽。

由此可見，康熙本人也認為自己派人在各地暗訪、密報是與他頭上那塊「正大光明」的匾額不太相符的事，讓別人知道了是不名譽的。正是在這種心態下，所有密件均由他本人閱讀、回復。這種心態與他的兒子雍正公然建立自己的特務組織和強化密折制度截然相反，也可以看做是政治清明與獨裁的一項分野。

諸葛亮是如何「借」來東風的？

馮立鼇

三國時代赤壁大戰中諸葛亮借東風的故事，至今仍廣為流傳。他在南屏山七星壇上披髮仗劍、步斗踏罡、施法術借東風的場面，使人們幾乎無法分辨諸葛亮到底是人還是神仙妖怪。難怪魯迅先生在《中國小說史略》中批評作家羅貫中「至於寫人，亦頗有失，以致欲顯劉備之長厚而似偽，狀諸葛亮之多智而近妖」。

《三國演義》對諸葛亮借東風的描寫，到底是憑空杜撰、神化誇張之辭，還是事有所本、言之有據，當時是隆冬季節只有西北風，那麼如何解開這一千古之謎呢？

赤壁大戰時，孫劉聯軍指揮部決定對曹操實行火攻，但隆冬季節只有西北風，曹兵隔江在西北方，聯軍在東南方，曹兵在上風頭的位置，聯軍若放火去燒，只會傷了自家戰船，當時真是「萬事俱備，只欠東風」。這時，孔明願為聯軍憑天借到三日上夜東南大風，以應戰爭急需，並約定十一月二十日甲子之時。周瑜為之撥兵築壇，等候動靜，在約定日子的當夜三更時分，果然東南風大起，聯軍乘風出擊，火燒赤壁，大敗曹兵。還在孔明隨周瑜剛出兵時，他就告訴劉備說：「但看東南風起，亮必還矣。」（《三國演義》第四十五回），並吩咐劉備於十一月二十日甲子派趙雲駕船在約定的地點等候他。

時逢冬至，陽氣生長

十一月二十日是什麼日子呢？原來那天是冬至之日。地球在圍繞太陽公轉的軌道上有「得到日光照最多」和「得到日光照最少」的兩個日子，這會引起地球表面各種氣候的變化，古人雖不了解這樣深層的道理，但發現了這兩個轉折性日子的存在，分別命之為「夏至」和「冬至」，並用「夏至一陰生」、「冬至一陽生」來概括這兩個日子後的氣候變化規律。

按照這個規律，冬至之前，如果陰氣旺盛，在長江沿岸表現為西北風，那麼冬至之後，陽氣生長，風向則要發生變化，表現為東南風。諸葛亮正是在隨季節而生的氣候變化規律上大做文章，貪天之功，神乎其神，迷惑了周瑜。

其實，即使在起風的當天，諸葛亮對是否有風尚無絕對的把握。他對身邊的魯肅說：「子敬自往軍中相助公瑾調兵，倘亮所祈無用，不可有怪。」（《三演演義》第四十九回）有人認為，諸葛亮能知道起東南風的日子，是他事先在江岸漁民中了解當地氣候變化的特點而知道的。當然不能排除這一可能，孔明若能這樣做就更好。然而，孔明若是知道了「冬至一陽生」的氣候變化規律，就可以準確地把握起東南風的時間了。赤壁東南風大起時，程昱提醒曹操加以提防，曹操笑著回答：「冬至一陽生，來復之時，安得無東南風？何足為怪！」（《三國演義》第四十九回）既然曹操也知道這種氣候變化的規律，那孔明當然就更可能掌握和運用這一規律了。

故弄玄虛，詐稱借風

時逢冬至，自有東南風起於江岸，孔明所以向周瑜詐稱自己借風，一是要故弄玄虛，貪天之功為己有，在破曹戰役中「爭」得一份大功，作為日後佔有荊州的重要藉口。例如一次魯肅來索要荊州，他就提出：「若非我借東南風，周郎安能展半籌之功？」（《三國演義》第五十四回）詐稱借風的第二個原因是他要擺脫周瑜，迅速回到自己軍中，調兵遣將，與周瑜爭奪曹操失地。

事實上，孔明為他離開周瑜營寨，事先做了許多準備工作：第一，吩咐劉備在甲子日東南風起時派趙雲在指定地點接應；第二，以祭壇借風為名離開周瑜營寨，既擺脫了周瑜的直接監視，又造成了對他的麻痺；第三，起風的當天尋找藉口打發走了身邊的魯肅；第四，起風前對周瑜派來的守壇將士下令：「不許擅離方位、不許交頭接耳、不許失口亂言、不許失驚打怪，如違令者斬！」（《三國演義》第四十九回）他利用兵士對祭壇借風的神秘感剝奪了他們的一切自由，直到周瑜派兵來捉他時，守壇將士仍在執定旗子，當風而立。這為他的行動自由創造了極大的方便條件。

諸葛亮的高明之處

這裏出現了兩個問題：第一，既然「冬至一陽生」的諺語揭示了氣候變化的規律，那麼周瑜等將領為什麼要為無東南風而苦苦犯愁呢？其實，許多將領在戰爭中往往忽視氣候因素的作用，尤其會忽視氣候隨季節的轉折性變化，他們沒有養成在戰爭中對未來各種因素通盤考慮的思維模式，而諸葛亮善於做這樣的考慮，這正是他作為軍事領導人的異常高明之處，也正是我們所要指出並給予充分肯定的一點。第二，既然曹操也知道「冬至一陽生，來復之時，安得無東南風」的道理。那麼為什麼他在接受龐統的建議，用鐵環連鎖船隻時，還給眾人解除疑慮說：「凡用火攻，必借風力。方今隆冬之際，但有西風北風，安得有東風南風耶？」（《三國演義》第四十八回）。

我們認為，曹操這裏出現了一個漏洞，「隆冬之際，但有西風北風」，是對一個時間期間內氣候情況的判斷；「冬至一陽生」是指氣候在一個時間點上的轉折，而冬至這一點是包含於隆冬這一時間期間內的。曹操在做「但有西風北風」的判斷時，是處在P點上，其判斷在當時是正確的，但由於P點處於隆冬之際，他就做出了「隆冬之際，但有西風北風」的結論，這就出了問題。

事實上，他只能說，隆冬之際的前段時間只有西風北風，他的結論是把特稱判斷換成了全稱判斷，思維上出現這個漏洞，使他不恰當地延長了判斷的時間期限，忽視了冬至這一點上的氣候變化。冬至之時，風向轉折。當第一場東南風驟起時，曹操還沒來得及對他關於「隆冬之際，但有西風北風」的錯誤判斷做出反應並糾正過來，就被大火燒敗。曹操考慮的是一個時間區間，卻忽視了其中的一個特殊點。諸葛亮則抓住這個特殊點大做文章，不給曹操以糾正的機會。孔明利用大霧天氣「草船借箭」，也是與「借風」事件相類似的。

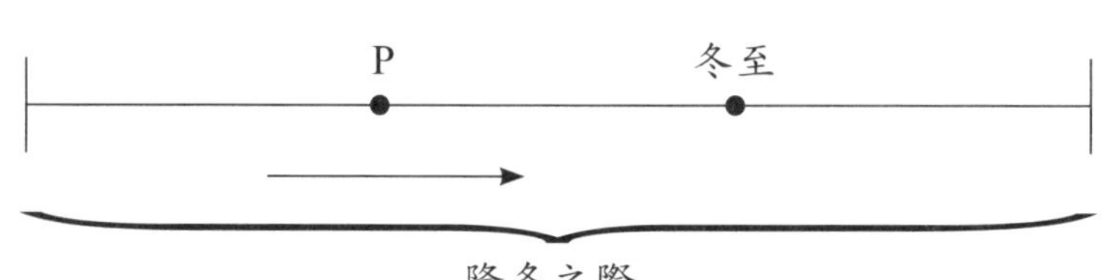

千年謎案：宋太祖趙匡胤被謀殺真相

史式

西元九七六年，宋代開國之君趙匡胤一夜之間猝然離世，正史中沒有他患病的記載，野史中的記載又說法不一……

歷朝歷代的政變事件屢見不鮮。「陳橋兵變，黃袍加身」便是由後周禁軍最高統帥趙匡胤發起的一次成功的政變。趙匡胤（927年至976年）兵不血刃登上帝位，在位十六年，統一了大半個中國。宋朝的經濟和文化之所以能夠達到中國歷史上的又一個高峰，與趙匡胤的治國之道有密切的關係。然而，他當年究竟是怎樣被謀殺的呢？

千秋懸案

西元九七六年十月十九日的深夜，宋王朝的開國之君趙匡胤被人謀殺於東京開封府皇宮裏的寢殿，這是北宋開國以來第一件驚天大案。這件懸了一千餘年的大案從形式上來說，至今未破，但是從事實上來說，在南宋孝宗時，此案實際上已經破了。孝宗朝的禮部侍郎、南宋著名史學家李燾經過認真考證，把此案的作案人趙光義與他的死黨程德玄、王繼恩兩人在當時（十月十九日至二十日）的活動寫得清清楚楚，整個記入《續資治通鑒長編》卷十七，全文由宋孝宗親自審閱一遍，因此可以認為已經得到宋王朝官方的認可，有

意讓這件大案的真相流傳後世。當時為什麼沒有公開宣佈破案，自有不得已的苦衷。如果把宋王朝的第二代皇帝宣佈為非法，那麼宋代的歷史將如何寫？好在時間已經過去了一千年，皇帝制度在中國早已結束，要了解此案案情已經沒有任何障礙。

因為犯罪者趙光義本人在謀殺了親兄趙匡胤之後，隨即奪得帝位，控制現場，不許立案，不許調查。在他做皇帝的二十二年中，更是組織班子，修改史書，製造輿論，吹捧自己，對於一切不利於自己的記載，盡力加以銷毀，因此當時留下來的史料，已經很少。但是對一位被老百姓所推崇的開國之君的含冤慘死，很多人是不服氣的，是寄予同情的。趙光義不可能一手遮盡天下人耳目，有關此案的真相仍在悄悄地流傳，趙光義本人又做了許多此地無銀三百兩的蠢事，弄巧成拙、欲蓋彌彰，更加引人議論，到了他死後，揭發他的資料、批評他的文章越來越多，積累到現在的數量已經很多了。那麼，千年前皇宮中的案發現場是怎樣的呢？

案發經過

這一年開封冷得很早，到了十月十九日，已經北風驟起，大雪紛飛。官家（當時的臣民，特別是宮內的內侍和宮女都習慣稱皇帝為官家）當天一個人宿於寢殿，召晉王（當時臣民習慣稱趙光義為晉王）入宮一邊飲酒，一邊商量國家大事。因為談話的聲音很低，門外聽不清楚。一會兒，晉王出門，揮手叫幾個內侍退出，遠立於寢門之外。大家不敢違命，只好遠遠站著，一聲不響，注視那門裏的動靜。宮內掛著青布製成的門簾、窗簾，隔著簾布只看到紅燭高燃，看不清兩個人有何動作。不久，談話的聲音漸高，好像有所爭執。晉王連連起身，似有謙讓遜謝的動作。這時燭影搖晃，光線或明或暗，只聽到在爭執中，官家以柱斧頻頻戳地，大聲對晉王說：「你好自為之！」聲音激越而淒厲，以後即久無聲息。

晉王離開之後，約在四更時分，內侍入內巡視，發現官家目閉口張，已經辭世。內侍急報宋皇后。宋皇后命內侍王繼恩急呼趙德芳（官家少子），但是王繼恩不呼趙德芳，卻把晉王呼來。宋皇后在寢殿等候，一見王繼恩進來，忙問德芳來了沒有。王繼恩回答：「是晉王來了。」宋皇后一見晉王，大吃一驚，連忙呼晉王為官家，並且說：「我母子之命，皆託付與官家。」晉王回答：「共保富貴，不必擔憂。」

當時內侍、宮女所見到與所聽到的趙匡胤臨終時的情況就是如此。為什麼會如此，當然不是他們所能了解的。後來有人仔細地記下了這一幕，稱之為「燭影斧聲」，卻也十分貼切。燭影搖晃是他們親眼所見，柱斧戳地為他們親耳所聞，足見都是實事求是，並未添油加醋。根據李燾在《續資治通鑒長編》的記事，案情的框架已經全部說清，罪犯活動的時間、地點已經處處落實，大案已破，只差對外公佈而已。現在有些大案都有代號，用「燭影斧聲」作為此案的代號也很適宜。

案情分析

根據李燾的記事：

一、在當年十月十九日這一夜，皇宮中案發現場，他們兄弟兩人的關係已經不是兄弟關係、君臣關係及前後任兩個皇帝之間的關係，也不是政治人物之間的政爭或者政變的關係，而是一個殺人犯與被害人之間的關係。在犯案時，趙光義並不是主使人、指使人，他自己就是兇手。這是因為在案發現場，別人進不去，只能由他親自動手。除他之外，這個案子沒有第二個犯罪嫌疑人。

如果趙匡胤死於毒酒，他就是親自下毒藥並把毒酒端給被害人的人。

如果趙匡胤死於傳說中的背疽，他就是手持柱斧或別的兇器擊打背疽的人。

如果趙匡胤死於別的任何兇器，他就是手持兇器的人。

二、趙匡胤的死因，可能性最大的就是飲了毒酒。在各種有關史料中幾乎一致記載，趙匡胤是在與趙光義飲酒之後才死去的。在案發現場，能與趙匡胤對飲，能在酒中下毒的只有趙光義一人。

趙光義用毒酒害死降王降將以及他所不滿意的人例子很多，這主要是由醫官程德玄向他提供毒藥。程德玄與趙光義的特殊關係，《宋史・程德玄傳》、《續資治通鑑長編》卷

二十二、《涑水紀聞》等書都有記載。

正因為是程德玄下的毒，趙光義才會預知趙匡胤的死期，才會派他守候宮中來人。在趙匡胤被害的那兩天（十月十九日至二十日），程德玄一直在現場活動。

與毒酒相比，用其他方法殺人的可能性要小得多。趙匡胤生背疽一事，只不過民間有此傳說，難以落實，柱斧是一種文房用具，殺人的可能性不大。

那麼這個犯罪集團有哪些人？趙光義自從出任開封府尹之後，久已在開封結成一夥死黨，程德玄是他的死黨之一，並不避諱。內侍王繼恩受皇后之命去喊皇子，卻敢拒不奉命，反而去喊趙光義，這是很明顯的背叛行為。這些人如果不是趙光義的死黨，絕不會參與這種罪惡活動。

三、李燾在記事中，一再在關鍵時刻記錄下趙光義、程德玄、王繼恩這三個人的行動與語言。當時王繼恩受宋皇后之命去找趙德芳，他卻背著宋皇后偷偷地來給趙光義送信。趙光義還在磨磨蹭蹭地和家人商量事情的時候，王繼恩很不客氣地催促他進宮，說是「事久，將為他人有矣」（時間拖欠了，會給別人得到了）。這裏所說的他人，就是趙德芳，這裏所說的「為他人有」，指的就是皇帝位置。除此之外，不可能有任何別的解釋。當時天降大雪，「（王繼恩）遂與王於雪中步行至宮」，匆忙的情況可以想像。

他們三個人走到了宮門前，王繼恩還準備先進去通報一聲，程德玄立刻催他：「便應直前，何待之有？（趕快進去就是，還有什麼好等的？）」這就充分說明，趙光義殺兄奪位這件大案當時正按預定計劃進行，他們已把宋王朝的皇宮看成了自己的家，隨便出入，毫無顧忌。

宋皇后聽說王繼恩回來了，還在急切地問：「德芳來了沒有？」但她在此時一旦見到了趙光義，不禁「愕然」，就立即明白自己已經完全落在趙光義的圈套之中，只好馬上改口，稱這個小叔子為「官家」，希望能夠保住母子之命。

皇宮外面：這裏的黎明靜悄悄，似乎平安無事。但是宮裏面正在進行一場激烈的宮廷政變，以趙光義為首的犯罪集團正在有計劃地進行殺人奪位。皇帝已經被殺，皇后與皇子已被控制，其他一些重要的人物正在進行談判。趙光義這個集團的人員也在進行串聯、組織，佔據要害部門。只要這時的工作進行順利，可以先行登位，還有許多問題，不妨等到登位以後再說。

根據《宋史》與宋代不少史書記載，趙匡胤與趙光義兩人手足情深，極為友愛。趙氏家族內部早有協議，在帝位的傳承上是傳弟不傳子，趙匡胤本人也曾經公開表示過，他的帝位以後是會傳給他的弟弟晉王趙光義的。既然是這樣，這個接班人就該耐心等待，不應該這樣沉不住氣，冒著極大的風險，如此狗急跳牆，冒死一逞。這次殺兄奪位的宮廷政變萬一失敗，所有的參與者都會被斬盡殺絕，身為齏粉。一個精神正常的人，是絕不會做這種風險極大的事的。那麼，事情的真相究竟如何？

真相

原來，《宋史》與許多史書上有關趙氏兄弟手足情深的記載都是假的，是趙光義做了皇帝的時候命令史官按照自己的意圖加上去的。趙氏家族帝位傳承傳弟不傳子的協議「金匱之盟」也是假的，是宰相趙普按照趙光義的意圖在二十年之後所編造的。歷史的真相是，趙匡胤與趙光義近年來在一些政策上的分歧越來越大，矛盾越積越深。他們帝位傳承傳弟不傳子的說法過去雖然提過，只不過是家族內部的議論而已，並無正式手續，最後還得由趙匡胤自己決定。當時趙匡胤年紀不到五十，身強力壯，短時間死不了，大兒子德昭已經二十六歲，早已成年，趙光義繼位的可能性越來越小。特別是在西元九七六年二月，吳越王錢俶來朝，趙匡胤命令德昭前往接待，這是前所未有的事，也是一個危險的信號，日後趙匡胤如果身體不適，就有考慮傳子的可能。

這年春天，趙匡胤帶了不少隨從視察西京（今河南洛陽），首次向群臣提出了遷都的想法。趙光義急於勸阻，還拉了很多人出來勸阻，這就暴露了自己在開封府培植個人勢力不願離開開封的真實想法。當時趙匡胤笑而不答，似乎胸有成竹，這也是個危險的信號。趙匡胤做事穩重，他的不答，是自己早有主見，到時候說做就做，說不定什麼時候就會實行。一旦宣佈遷都，趙光義多年來在開封府培植的勢力將會付之東流。

趙光義一想到老宰相趙普，就覺得心情緊張。只要趙普當權，自己就出不了頭。近年來趙普被貶到外地當節度使，是因為他自己抓權、受賄，被幾個諫官所告倒。不過，趙匡胤還是離不了他，什麼時候心血來潮，還會把他喊回來。趙普一旦回來，肯定對自己不利，繼位的希望就一點也沒有了。思前想後，趙光義覺得不能再等待了，必須馬上進行搶班奪權。就在西元九七六年十月，這個驚天大案終於爆發。

誰藏了中國的流失國寶

李紅霞

中國近代史是一部中華民族的屈辱史。鴉片戰爭以來，由於帝國主義列強的不斷入侵和清廷的日益腐敗，大量珍貴文物被外國侵略者野蠻掠奪……

中國是具有悠久歷史的文明古國。亙古亙今的歷史長河中，中華民族的燦爛文明持續發展從未間斷，並為後世流傳下豐富多彩的歷史文化遺存。文物是歷史文化的載體，是中華民族傳統文化的積澱和化身，也是中國歷史文化的再現和見證。

英國

大英博物館　大英博物館一向被認為是中國之外藏有中國文物最多的博物館。一八六○年，英軍從圓明園中劫走的文物，一部分獻給了當時的維多利亞女王，另一部分被拍賣。獻給女王的圓明園文物就存放在大英博物館。大英博物館收藏的中國文物包括青銅器、瓷器、玉器、書畫、雕刻品等，共計二・三萬餘件，有許多是珍品、孤品。其中，清代乾隆皇帝的心愛藏品、東晉顧愷之《女史箴圖》的唐代摹本，最為引人注目；而精美的商周青銅器和二十世紀由斯坦因（被指「敦煌盜寶第一人」）帶往英國的大批敦煌文物，也是極其重要的珍品。

書畫除顧愷之《女史箴圖》唐代摹本外，還有李思訓《青綠山水圖》、巨然《茂林疊嶂圖》、李公麟《華岩變相圖》、范寬《攜琴訪友圖》、燕文貴《群峰雪霽圖》、馬遠《山水再遊圖》等。青銅器有商代雙羊尊，西周康侯簋、邢侯簋等。

大英圖書館　館內藏有中國珍貴文獻和古籍六萬多種，其中有中國波羅密佛經最早版本、《永樂大典》四十五卷及甲骨片、竹簡、刻本古書、敦煌藏經（包括刻版印刷的《金剛經》）和地圖。

法國

楓丹白露宮　在西方博物館中，收藏和展覽圓明園珍寶最多最好的要數法國的楓丹白露宮，宮中的中國館可以說是圓明園在西方的再現。

楓丹白露宮中的中國館是法國皇帝拿破崙三世的王后歐仁妮主持建造的。興建的原因很簡單，就是為了存放搶自圓明園的文物。一八六〇年英法聯軍劫毀圓明園後，侵華法軍司令孟托邦把從圓明園搶劫來的所謂戰利品敬獻給拿破崙三世和歐仁妮王后。目前，這裏收藏的中國歷代名畫、金銀首飾、瓷器、香爐、編鐘、寶石和金銀器有三萬多件。

巴黎國立圖書館　館內目前收藏的圓明園藝術珍品主要有：由清代宮廷畫師沈源和唐岱共同繪製的絹本《圓明園四十景圖》、宮廷畫師沈源和孫佑刻版的木刻本《圓明園四十景圖》、宮廷畫師伊蘭泰製作的海晏堂等西洋樓銅版畫四十幅、郎世寧繪製的宣揚乾隆皇帝武功的《格登鄂拉斫營》以及《圓明園菊花迷宮圖》等。

巴黎東方博物院　清末外交官薛福成在其《出使英法義比四國日記》中記述：光緒十六年（1890年），他在巴黎東方博物院中國展室中發現「有圓明園玉印二方。一曰『保合太和』，青玉方印，稍大；一曰『圓明園印』，白玉方印，稍小」。

巴黎集美博物館　館裏的瓷器從中國最早的原始瓷器一直到明清的青花、五彩瓷，各個朝代各大名窯的名品應有盡有，且多為精品。

館內還收藏有圓明園藝術品珍品：郎世寧繪製的《乾隆肖像》，是乾隆皇帝四十一歲時的坐像，乾隆身旁站立兩位大臣，人物極具神韻，為中國與歐洲繪畫技藝相結合的佳作；乾隆百花瓷瓶，陀螺狀，造型精美，畫法上乘，瓶上的花卉圖案種類各異，絢麗多彩，非常美觀，是乾隆時代的藝術珍品。

日本

東京國立博物館　該館是日本最大的博物館。館內的九萬多件藏品中，有上萬件中國文物，上自新石器時代的良渚文化玉器、唐宋元瓷器，下迄清代的瓷器字畫，可謂無所不包。馬遠的《洞山渡水圖》、《寒江獨釣圖》，梁楷的《李白行吟圖》、《六祖截竹圖》，李迪的《紅白芙蓉圖》等，都是曠世名作。

此外，日本各地上千座博物館收藏有中國文物，珍品也是數不勝數，數量估計在數十萬件左右。據《日本侵華對文物的破壞》一書作者孟國翔介紹，戰後日本歸還了一部分戰時掠奪的文物，但那只是很少的部分。此後由於各種因素中國沒有再繼續追討。

美國

紐約大都會藝術博物館　館內收藏的康熙玉如意，為圓明園散失的藝術珍品之一。它由一塊名貴的白玉雕刻而成，長近半公尺，白中透綠，被雕刻成多孔真菌形狀。手柄頂部有「御製」兩個大字，下部刻銘文：「敬願屢豐年，天下咸如意。臣吳敬恭進。」當年它被英法聯軍搶走後，在巴黎拍賣，最後入藏大都會藝術博物館。

波士頓美術博物館　該館以收藏東方藝術品著稱於世，現藏有中國和日本繪畫五千餘幅。其中有相當數量的宋元時期名畫，如保存完好的唐張萱《搗練圖》宋代摹本、宋徽宗

《五色鸚鵡圖》。

克利夫蘭藝術博物館　收藏的圓明園藝術品最珍貴的是：郎世寧繪製的《乾隆帝后和十一位妃子肖像》，畫中青年時代的乾隆皇帝英姿颯爽，栩栩如生。這幅畫乾隆只看過三次，即繪製完成之時、七十歲時和他退位之際。

芝加哥美術館　該館的東方部以收藏中國青銅器而為世人矚目，最讓人震驚的是一件戰國提梁盉。

舊金山亞洲藝術博物館　這是一座以收藏於亞洲文物尤其是中國文物為主的博物館。其中陶瓷部有兩千多件，始於新石器時代，迄於清。玉器部有一千兩百多件，為世界上收藏中國玉器最豐富的博物館。青銅器部約有八百件。

該博物館收藏有一座原藏圓明園的乾隆大玉山子。這是一塊含有綠色和白色的玉石，能放射清冷的灰綠色光澤，在乾隆四十九年（1784年）被雕刻成一座高峰深谷的玉山。山岩下露出亭台殿閣，小路和下面的山脊上有幾組浮雕人物，房前有一個百合花環繞的池塘，極為壯觀而精緻。在峭壁之上，還刻有乾隆皇帝御筆臨摹的王羲之《蘭亭集序》。

挪威

伯爾根實用藝術博物館　該館其中一處展廳擺放著幾千件中國文物，這些文物僅出自挪威人蒙茨的捐獻。一八八七年蒙茨來到中國，在中國海關任職，後又擔任袁世凱的騎兵團長、參謀長等多個職務。蒙茨在中國生活了五十多年，收集了兩千五百多件中國文物。該館藏品中最不尋常的是圓明園的石雕，在一層的整個陳列室中，幾乎全部是雕刻精美的圓明園建築石構件，有殘斷的柱礎、欄杆、望柱、石像。在大廳的牆壁上還掛著一幅印在白布上的圓明園海晏堂銅版畫，從上面還能認出部分石雕原來所在的位置。這座展廳被命名為「圓明園展廳」。

《尼布楚條約》是如何簽訂的

趙　宣

一六八九年，中國與沙皇俄國簽訂了《尼布楚條約》，規定了中國對黑龍江流域及庫頁島在內的廣大領土的主權。但是與中國相隔萬里的沙皇俄國是怎樣來到東方的？沙俄是怎樣同清政府談判的？清政府為什麼在尼布楚談判時做出了讓步……

黑龍江、烏蘇里江流域自古以來就是中國領土。秦漢以後各朝均在此設官統轄。清朝建立之後，繼續對這一地區行使管轄權，加強統治。除設盛京將軍（駐今遼寧瀋陽）、寧古塔將軍（駐今黑龍江寧安）和黑龍江將軍（駐今黑龍江璦琿）外，還把當地居民編為八旗。與此同時，還加強了吉林、黑龍江將軍對所轄各鎮的管理，在沿江重要地區建立船廠、設置倉屯，陸上開闢台站驛道，發展水陸交通運輸，進一步加強了邊境地區與內地的政治、經濟和文化聯繫。

沙俄東擴

俄國直至十六世紀時，仍是歐洲一個不大的封建農奴制國家，和中國相隔萬里。俄羅斯統治者逐步對外侵略擴張，明崇禎五年（1632年），沙俄擴張至西伯利亞東部的勒拿河流域後，建立雅庫次克城，作為南下侵略中國的主要基地。從此，它便不斷地派兵入侵中國黑龍江流域。

明崇禎十六年（1643年）夏，沙俄雅庫次克長官戈洛文派波雅科夫率兵一百三十二人沿勒拿河下行南侵，於這年冬天越過外興安嶺，侵入中國領土。十一月，這些侵略者到達精奇哩江（今結雅河）中游達斡爾族人多普蒂烏爾的轄地後，四處搶掠，滅絕人性地殺食達斡爾族人，被黑龍江地區人民稱為「吃人惡魔」。次年夏初，精奇哩江解凍後，這夥匪徒闖入中國東北部最大的內河黑龍江，沿途遭到中國各族人民的抗擊。

清順治三年（1646年），波雅科夫率領殘部經馬亞河、阿爾丹河進入勒拿河，逃回雅庫次克。波雅科夫回去後揚言，只要派兵三百名，修上三個堡寨，就能征服黑龍江。波雅科夫帶回的有關黑龍江流域的情報，和他提出的武力侵入黑龍江流域的打算，引起了沙俄當局的重視和贊許。

順治六年（1649年），雅庫次克長官派哈巴羅夫率兵七十名，從雅庫次克出發，於這年末侵入黑龍江，強佔中國達斡爾族人拉夫凱的轄區，其中包括達斡爾族人阿爾巴亞的駐地雅克薩城寨（今黑龍江左岸阿爾巴金諾），遭到當地人民的抵抗。哈巴羅夫將同夥交由斯捷潘諾夫率領，自己回雅庫次克求援。次年夏末，哈巴羅夫率領一百三十八名亡命之徒，攜三門火炮和一些槍支彈藥，再次侵入黑龍江，強佔雅克薩城，不斷派人四出襲擊達斡爾居民，捕捉人質，擄掠婦女，殺人放火。九月底，哈巴羅夫又率領侵略軍兩百餘人，侵入黑龍江下游烏扎拉河口（今宏加里河）赫哲人聚居的烏扎拉村，強佔城寨，蹂躪當地居民。英勇的赫哲人奮起抗擊，並請求清政府予以支援。

順治九年（1652年）二月，清政府令寧古塔章京（官名）海包率所部進擊，戰於烏扎拉村，打死沙俄侵略者十人，打傷七十八人。清順治十五年（1658年）六月，寧古塔都統沙爾瑚達率戰艦四十艘同侵略軍激戰於松花江下游，殲敵兩百七十人。順治十七年（1660年）寧古塔將軍巴海率水軍破敵於古法壇村，斬首六十餘級，溺水死者甚眾。

雅克薩之戰

經過中國軍民的多次打擊，侵入黑龍江流域的俄國侵略軍一度被肅清。後來，沙俄侵略勢力又到雅克薩築城盤踞。清政府雖多次警告，都無濟於事。在同沙俄的長期交涉中，清帝看到，若非「創以兵威，則罔知懲畏」，於是決意征剿。同時也認識到，「昔發兵進討，未獲翦除」的原因：一是黑龍江一帶沒有駐兵，從寧古塔出兵反擊，每次都因糧儲不足而停止；二是沙俄侵略軍雖為數不多，但由於「築室散處，耕種自給」，加上尼布楚人與之貿易，故使其得以生存。於是造成我進彼退、我退彼進，「用兵不已，邊民不安」的局面。

針對這種情況，清朝康熙皇帝「採取恩威並用、剿撫兼施」的方略，即發兵扼其來往之路，屯兵永戍黑龍江，建立城寨，與之對壘，進而取其田禾，使之自困，同時再輔以嚴正警告。如果侵略軍仍執迷不悟，則堅決予以翦滅。

為此，康熙採取了一系列措施，加強邊防建設，準備剿滅沙俄侵略軍：

偵察地形敵情，派兵割掉侵略軍在雅克薩附近種植的莊稼，又令蒙古車臣汗斷絕與俄人的貿易，以困憊和封鎖侵略者；屯戍要地，康熙二十一年（1682年）十二月，決定調烏喇（今吉林市北）、寧古塔兵一千五百人往黑龍江城一帶，駐紮璦琿、呼瑪爾（今呼瑪南）。後鑒於兩處距雅克薩路途遙遠，令呼瑪爾兵改駐額蘇里（今俄羅斯沃特德內西南）。次年七月，寧古塔副都統薩布素率軍進駐額蘇里。九月，確定在璦琿築城永戍，預備炮具、船艦，同時派烏喇、寧古塔兵五六百人、達呼爾（今黑龍江嫩江縣境）兵四五百人，調往璦琿一帶；修整戰具，設置驛站，運儲軍需。這些措施，適合當時東北邊防戰爭的需要和特點。

黑龍江至外興安嶺地區距東北腹地遙隔數千里，與沙俄這樣的入侵者戰鬥，單靠當地人民的部落武裝是無法制止其侵略的。必須籌劃全面，扼要屯兵戍衛，在適當地點控制一定兵力作機動，才能對付沙俄飄忽不定的反復侵擾。為此，需要建立相當數量的驛站和糧站，開闢水陸交通線和籌集運輸工具，從而保障反擊作戰的勝利，並在反擊勝利後建立一條較完整的邊界防守線，以有利於長期的邊防防衛。

康熙二十二年（1683年）九月，清政府勒令盤踞在雅克薩等地的沙俄侵略軍撤離清領土。侵略軍不予理睬，反而率兵竄至瑷琿劫掠，清將薩布素將其擊敗，並將黑龍江下游侵略軍建立的據點均予焚毀，使雅克薩成為孤城。但侵略軍負隅頑抗。康熙二十四年（1685年）正月二十三日，為了徹底消除沙俄侵略，康熙命都統彭春赴瑷琿，負責收復雅克薩。

四月，清軍約三千人在彭春統率下，攜戰艦、火炮和刀矛、盾牌等兵器，從瑷琿出發，分水陸兩路向雅克薩開進。五月二十二日抵達雅克薩城下，當即向侵略軍頭目托爾布津發出通牒。托爾布津恃巢穴堅固，有兵四百五十人，炮三門，鳥槍三百支，拒不從命。清軍於五月二十三日分水陸兩路列營攻擊。陸師布於城南，集戰船於城東南，列炮於城北。二十五日黎明，清軍發炮轟擊，侵略軍傷亡甚重，勢不能支。托爾布津乞降，遣使要求在保留武裝的條件下撤離雅克薩。經彭春同意後，俄軍撤至尼布楚（今俄羅斯涅爾琴斯克）。清軍趕走侵略軍後，平毀雅克薩城，即行回師，留部分兵力駐守瑷琿，另派兵在瑷琿、墨爾根（今黑龍江嫩江）屯田，加強黑龍江一帶防務。

沙俄侵略軍被迫撤離雅克薩後，賊心不死，繼續拼湊兵力，圖謀再犯。康熙二十四年（1685年）秋，莫斯科派兵六百人增援尼布楚。當獲知清軍撤走時，侵略軍頭目托爾布津率大批沙俄侵略軍再次竄到雅克薩。俄軍這一背信棄義的行為引起清政府的極大憤慨。次年初，康熙接到奏報，即下令反擊。

七月二十四日，清軍兩千多人進抵雅克薩城下，將城圍困起來，勒令沙俄侵略軍投降。托爾布津不理。八月，清軍開始攻城，托爾布津中彈身亡，改由杯敦代行指揮，繼續頑抗。八月二十五日，清軍考慮到沙俄侵略者死守雅克薩，必待援兵，且考慮隆冬冰合後，艦船行動、馬匹糧秣等不便，於是在雅克薩城的南、北、東三面掘壕圍困，在城西河上派戰艦巡邏，切斷守敵外援。侵略軍被圍困近年，戰死病死很多，八百二十六名侵略軍最後只剩六十六人。雅克薩城旦夕可下，沙皇彼得大帝急忙向清政府請求撤圍，遣使議定邊界。一六八六年二月以沙俄御前大臣戈洛文為首的俄國談判使團離莫斯科東來，隨行軍隊五百餘人；在行前，彼得大帝加授戈洛文以勃良斯克總督銜，賦予他指揮西伯利亞俄軍的廣泛權力；途中戈洛文又增募哥薩克一千四百餘人，根據彼得大帝訓令，使團在中國不接受談判條件時可採取軍事行動。

尼布楚談判

一六八九年八月，中俄雙方代表集中到中俄交界處的尼布楚城，展開一場針鋒相對的外交談判。八月二十二日，中國欽差大臣索額圖和俄國首席代表戈洛文各帶四十名隨員和兩百六十名衛兵來到談判地點。談判地點設在距雙方駐地各五里的地方，在那裏搭起兩座緊連在一起的大帳篷。

戈洛文提出以黑龍江為界，河北岸劃歸俄羅斯帝國，南岸屬於中國。索額圖根據史實，說明黑龍江兩岸一直是中國領土，是俄國強行佔領了中國的土地，要求歸還尼布楚和雅克薩等地，以勒拿河與貝加爾湖為中俄兩國國界。雙方各不相讓，談判進入僵局。

考慮到當時中國國內的噶爾丹叛亂，為避免沙俄與噶爾丹勾結，清廷在談判中做出讓步，同意將貝加爾湖以東的原屬蒙古茂明安部的領地讓與沙俄。尼布楚周圍的居民由於不堪忍受沙皇的殘暴統治，紛紛起義，並要求與清朝使團聯合進攻尼布楚。戈洛文發了慌，於是同意中俄邊界以額爾古納河和格爾必齊河為界，再沿外興安嶺向東直到海邊。河東嶺南歸中國，河西嶺北歸俄國，烏第河與外興安嶺之間劃為待議地區。俄方保證拆毀雅克薩城堡，把軍隊撤離中國領土。

一六八九年九月七日，中俄雙方舉行隆重的簽字儀式，索額圖和戈洛文先在條約上簽字、蓋章，然後宣讀誓詞，相互交換條約。這個條約就是《尼布楚條約》。為表示慶賀，雙方互贈禮品，還舉行了盛大的宴會。

《尼布楚條約》雖然把原屬於中國的一些土地讓給了俄國，但這是清政府出於戰略上的考慮同意的，是雙方商議的結果。所以說，《尼布楚條約》是個平等的條約。此後一百五十年間，中俄這段邊界一直比較平靜。

吳三桂緣何令兒媳痛苦一生

李景屏

建寧公主，《鹿鼎記》裏那個刁蠻、霸道，讓人愛不起來的十四公主，在真實的歷史上原來是清太宗皇太極的小女兒。順治十年（1653年），從一統海內的大局出發，兄長順治挑選平西王吳三桂的兒子吳應熊為十四額駙，並為十四公主與吳應熊舉行了隆重的婚禮。十四公主逃離了戲說裏與其他女子共侍一夫的結局，但實際上，她的人生結局更為不幸，這一切的根源在於她的公公——吳三桂，這究竟是為什麼呢？

公公大權在握，皇帝坐立難安

康熙十年（1671年）是吳三桂的六十大壽。此時，十四公主與吳應熊締結連理已經十八年。在這十八年中，國家結束了戰亂，額駙的父親也已經位極人臣，稱得上是國興家和。對平西王來說，此次為六十大壽錦上添花的壽禮，莫過於朝廷恩准公主、額駙以及他們的兒子吳世霖不遠數千里來雲南祝壽。公主的雲南之行，把吳三桂推上了人生的巔峰。但身在其中的十四公主所感受到的是朝廷與吳三桂之間猜忌日深，她深知，自己南下拜壽就包含了為皇帝和公公消除猜忌、立志言和的使命，而要消除猜忌，又談何容易！

早在幾年前，十四公主就已經聽聞她的侄子——康熙皇帝在宮中的柱子上書寫了要集中精力解決的「漕運、河務、三藩」三件大事，而駐防雲貴的吳三桂是三藩之首。十四公主非常了解兄長順治與侄子康熙的用心。儘管吳三桂坐鎮雲南已經十二三年，對雲貴兩省的管轄也將近十年，但雲貴兩省畢竟是朝廷的轄地，不是平西王的封地。然而長時間的駐防，已經使吳三桂產生一種錯覺——雲貴兩省就是他的藩邸。這種錯覺還能維繫多久？一旦這種幻覺被打破又將產生怎樣的後果？

公主此次昆明之行，已經把國事與家事連到了一起，這是她最不願發生的事情。其實，婚後的十四公主和額駙嚴格恪守夫妻之間不議論朝政的準則。他們清醒地意識到：他們解決不了朝政。雖然一個是皇帝的姑姑，一個是平西王的兒子，但真正的權力掌控者並不會因為一段利益聯姻的婚姻而改變自己的權力地位。而且，皇帝與平西王的利益不是簡單的組合就可以解決的，這中間的是是非非他們也無法梳理得清楚，一旦把朝政摻和進來，家也就不像家了。

但手心是肉，手背也是肉。說不摻和很難。十四公主雖然不和額駙談論朝政，她卻一直都非常關心朝廷對平西王的態度以及平西王在數千里之外的動向，這是她的家庭能否穩定的關鍵。伴隨著海內一統的實現，平西王已經開始失去大顯身手的舞台，在朝廷中的地位也今非昔比。但他的地位不是一紙詔書就可以削弱的。而且皇帝年幼，根基尚不穩固，對於朝中老臣不敢輕舉妄動，更何況是重臣吳三桂。

就連順治皇帝也要適時地讓他三分。順治十七年（一六六〇年）十一月，四川道御史

楊素蘊就對吳三桂所享有的用人之權提出異議，明確提出：用人乃「國家之大權，惟朝廷得主之」。儘管楊素蘊之疏一語破的，但當時的清朝統治者還要依賴吳三桂綏靖雲貴，受到降處的反而是有先見之明的御史。

皇帝羽翼漸豐，雙方劍拔弩張

可到了康熙二年（1663年），情況就大不一樣了，一名內大臣甚至公開質問額駙吳應熊：以前邊疆多事，朝廷才賜給你父親「大將軍印」，便於集中號令；如今天下太平了，你父親為何還不把「大將軍印」歸還朝廷？內大臣是直接為皇室辦事的官員，與皇帝關係非同一般，此人如此直言，已經在一定程度上反映出朝廷的意向。頗為識相的額駙立即修書昆明，勸父親主動上交順治帝所賜予的「大將軍印」。平西王對此有何感受，十四公主不得而知，但額駙在言行上越發小心翼翼。

交出「大將軍印」僅僅是開始，平西王的用人權也越來越受到制約，凡是吳三桂所題補的官員，多被朝廷否決，疑慮重重的平西王便以「精力日減」為名，請辭總管雲貴兩省軍政大務，以此來試探朝廷對自己的態度。吳三桂的呈請在一六六七年五月送抵御前，康熙立即批准，並令吏部對兩省事務的管理進行議奏。康熙如此處置，不僅出乎吳三桂的意料，也令額駙感到有些突然。可在十四公主看來，交出總管雲貴事務的權力只是時間問題，早一點交出可以省去許多的麻煩，也免得夾在朝廷與家庭之間的額駙兩頭為難。一念及此，十四公主反而如釋重負。

但事情並不像十四公主所想像的那樣簡單，即使在吳三桂辭去總管雲貴兩省事務後，朝廷上下依然對平西王疑慮甚深，康熙七年，甘肅慶陽知府傅弘烈疏言吳三桂「必有異志，宜早防備」。儘管傅弘烈之疏見微知著，也點到了清朝統治者的心病，但在當時吳氏握有五十三個佐領的軍隊，在三藩中實力最為雄厚，觸動吳三桂的時機還不成熟，康熙遂以傅弘烈「越職言事」為名將他發配到廣西梧州。康熙對平西王在昆明的狀況依然放心不下，為此特派御前侍衛以頒賞為名前往昆明察看虛實，已經摸透皇帝脈的吳三桂在校場比武時專挑老兵上陣……

十四公主與額駙一行人等一進入昆明城，就感受到喜慶的氣氛。在距王府還有幾十公尺遠的道路兩旁已經跪滿了迎接十四公主的人，為首的兩個銀髮的老人就是平西王與王妃，十四公主立即下車，大禮參拜公婆。

平西王府位於昆明城西北角的五華山，因山就水構建亭廊館閣，其規制僅次於紫禁城。蜿蜒數十里、臨泉而建的亭閣更是名甲天下，即使在皇宮內院長大的十四公主，也是前所未見。

王府西側還有一處園子，名曰「安福園」，是平西王的休憩之處，也是他金屋藏嬌之所，那些從蘇州買來的少女住在園中，或彈曲，或輕吟，朝夕歌舞，頗有安享福祿之意，倒也名副其實。平西王耗費三年的時間修建一處如此奢華的園子，是「安福」享樂，還是韜光養晦？下車伊始的十四公主，又焉能說得清。

平西王在雲南擁有太多的不動產——豪華的王府、佔有前明黔國公沐氏家族的莊田七百頃……這些都是帶不走的，他能心甘情願地離開這裏嗎？一旦——十四公主實在不敢往下想，她的心比來的時候要沉重得多。

妥協？公公以退為進的「將軍棋」

一六七三年七月，忐忑不安的十四公主終於得到吳三桂疏請撤藩的資訊。她很清楚這不過是平西王迫於壓力在政治上所做的一個姿態，言不由衷，其實他心裏所期望的是朝廷下旨挽留，平西王之心堪稱路人皆知。

年輕的皇帝雖然猜透了吳三桂的心思，但絕不會放棄這個難得的機會，他決定假戲真唱，毅然批准了吳三桂的撤藩請求，並在該年的八月十五日派遣禮部侍郎折爾肯、翰林院學士傅達禮前往雲南辦理撤藩事宜。

撤藩的戲已經開幕，而且兩位主角都有自己設計的腳本……十四公主最擔心的就是這場戲如何唱下去。她實在拿不准：平西王吳三桂能否按照康熙的安排捨棄經營多年的駐防地？能否在經歷了一個令世人羡慕的波峰之後，再回到波谷？

吳三桂以標下人口日增，請求增加安插地方官兵為題的奏摺在十月初送到京城後，十四公主緊繃著的心才稍許放鬆，只要平西王能按照朝廷的安排把家眷、部下帶回錦州就萬事大吉了。十四公主遙望南天，急切地盼望著平西王從雲南起程的那一天——十一月二十一日的到來。在將近一個月的時間裏，十四公主得不到任何消息，惴惴不安，度日如年。

十二月二十一日，雲貴總督甘文焜從貴州發出一份馳遞到京的急報，把十四公主驚得目瞪口呆，吳三桂扣留朝廷派去的折爾肯與傅達禮，執殺雲南巡撫朱國治，據雲南叛變，自稱天下都招討兵馬大元帥，蓄髮易服，國號「周」，以來年為周王昭武元年。雲南提督張國柱、貴州提督李本深俱從逆。

十四公主已經心亂如麻，她極力從少得可憐的資訊中去捕捉事變的真相。吳三桂的野心到底有多大？難道他的權欲真的膨脹到要君臨天下的地步？

婆家、娘家，保不了公主的一個家

吳應熊從順治五年（1648年）留侍京師到吳三桂據雲南叛變，已經在京城生活了二十五年，其中只有極少的時間去雲南探望過父母。雖然他是以人質的身分留在北京，但清朝統治者對吳家的種種恩寵——尤其是得尚帝女的殊榮，使得吳應熊與順治父子結下了很深的君臣之情。而婚後的琴瑟甚篤，越發令額駙沉浸在幸福之中。儘管吳三桂頗有利用兒子了解朝廷動向的意圖，可多年來額駙除了通過各種方式規勸自己的父親安分守己、恪守臣子之道外，根本未提供任何有價值的資訊。為此，吳三桂特把女婿胡國柱的叔叔以照顧吳應熊的名義安插在額駙府，以打探消息。在涉及父親與朝廷的關係上，吳應熊本能地站在朝廷的立場上。在他看來，征戰多年之後能撤藩回關外，也算是衣錦還鄉了，雲南再好終非久居之地，總得要落葉歸根。

吳應熊實在想不通：父親周圍的那幫人怎麼一個個都那麼不安分，非得攛掇父親與朝廷對著來？但願事態不要鬧得太大，要不然可就真的到了難以收場的地步了。然而不要說吳應熊，就是康熙也不具備控制事態的能力，康熙十三年二月底，廣西將軍孫延齡叛應吳三桂，到了四月中旬，耿精忠據福州叛變，雲南、貴州、廣西、四川、江西、湖南、福建等省均已落入叛軍之手。就連京城也發生了打著朱三太子旗號的聚眾謀反，吳三桂已經成為引起波及數省騷亂的罪魁禍首，一切都無法挽回了。

為了打擊吳三桂的氣焰，康熙在十三年四月十三日下令處死吳應熊及其子吳世霖。吳三桂在起兵反叛前，曾派人到京城去秘密接吳應熊及其子吳世霖去昆明，雖然吳應熊不可能勸說自己的父親放棄起兵反叛的罪惡之念，但他也絕不會為了苟全性命而犯下從逆之罪。他很清楚，按照大清的律例謀反大逆是要株連親屬的，作為吳三桂的兒子將被處以極刑，但他寧願留在京城接受朝廷的懲處，也不會逃到雲南。只要活一天，身為額駙的吳應熊就要做一天大清的子民。

「為叛寇所累」的額駙及其子吳世霖為三藩之亂付出了生命的代價，頃刻之間十四公主失去了親人，失去了家庭，這一年她三十三歲。都說人生苦短，可對十四公主來說卻是人生苦長。在失去丈夫和兒子後獨自支撐的三十年歲月中，雖然康熙多次下詔安慰在三藩之亂中受到巨大傷害的姑母，然而這對於十四公主又能起多大的作用呢？

三個男人——兄長順治、公公吳三桂、侄子康熙決定了十四公主一生的命運；而中央與地方在利益格局上的激烈爭奪、中央集權與地方割據較量的白熱化，則決定了她一生的主旋律……

梁武帝四十年不近女色真相

倪方六

中國歷史上最不好色皇帝的「下半身」問題是正常人都有興趣的話題。過去坊間有一句成人俗語，叫「土老不好色，小鬼都不信」。梁武帝蕭衍真的是四十年不近女色嗎？如果是，他「禁欲」的真相到底是什麼？

中國歷史上信佛的皇帝其實沒有一個是「真心和尚」，因為他們中沒有一個人能真正地「不殺生」、「不近女色」。有人不服氣，認為梁武帝蕭衍算一個。依據是，《梁史》記載，蕭衍「五十外便斷房室」，天監十二年（513年），蕭衍始「不與女人同屋」。如果以他八十六歲去世來算，近四十年沒有碰過女人。

蕭衍「文武雙全」

蕭衍禁欲，「不與女人同屋」，後宮那些女人都弄到哪兒了？史載，除貴嬪丁令光留在京城外，其他嬪妃都讓蕭衍攆走了，跟各自分封在外的兒子去住了。

古代的皇帝「三宮六院七十二妃」，除未能成年而夭折者，多為荒淫男人。不少人因此認為，蕭衍是一個好皇帝，難能可貴。從史料上看，蕭衍精通武術，又是文學大家，確是中國歷史上難得的「文武雙全」帝王。

蕭衍小名「練兒」、「阿練」。生於西元四六四年，死於西元五四九年，終年八十六歲，與乾隆皇帝一樣，是中國古代僅有的幾位高壽皇帝之一。作為南北朝時期「宋、齊、梁、陳」中梁的開國皇帝，蕭衍的智慧和才能非同一般。史書稱「生而有奇異，兩胯駢骨，頂上隆起，有文在右手曰『武』」。據說，當年二十剛出頭的蕭衍在權臣王儉手下謀事，王儉懂點相面之術，看了蕭衍的面相後說：「此蕭郎三十內當做侍中，出此則貴不可言。」

果然，蕭衍「三十內」的最後一年，即三十九歲那年（502年），齊帝蕭寶融禪位於他，都城仍設在建康（今南京市）。實際上蕭寶融哪是什麼「禪」啊，完全是讓蕭衍逼的。在包圍台城後，蕭衍策劃斬殺了東昏侯蕭寶卷，把齊明帝蕭鸞的七個兒子殺掉五個，未殺的一個化裝逃到北魏了，另一個是啞巴，廢人。被臨時扶上來的蕭寶融能不怕嗎？但禪位後很快還是被殺了。

蕭衍的荒唐

實際上，蕭衍被神化了，或者說現代有學者在為他「翻案」，蕭衍本是一個十分荒唐的皇帝。中國南京大學曾組織編纂「中國思想家評傳叢書」，原計劃有蕭衍一傳，後來還是覺得他不夠格，將其「槍斃」了。南大的「槍斃」是有理由的，在當時南強北弱的背景下，蕭衍生前曾多次「北伐」也沒有打敗北魏、「收復失地」，卻還裝模作樣，發號施令，嚴重地欺騙了中國歷史，與後來的南宋朝廷一樣，偏安一方。當時北方勢力曾一度四分五裂、群龍無首，如果蕭衍是聖明君主，憑南朝的實力，統一中國沒有問題，不需要等到五十年後隋文帝楊堅的出現。蕭衍不只自己沒有做好皇帝，搞出了「出家秀」等多重鬧劇，家風也讓他治理得一塌糊塗。

蕭衍當了皇帝後，淫亂後宮顯得迫不及待，雖然沒有宋度宗趙禥剛當皇帝那樣，一夜召幸三十女的紀錄，但也很厲害，可以說與東昏侯蕭寶卷一樣地「昏」，整日花天酒地。

《南史•齊本紀下第五》（卷五）記載，東昏侯的後宮美女如雲，佳麗多多，其中有一個叫潘玉兒的妃子最受寵。當年，蕭寶卷為了討好潘妃，大修宮殿，並對居所閱武堂內諸殿進行了超豪華裝修。潘玉兒所經之路，皆鋪上雕鑿有蓮花文飾的純金地板，稱是「此步步生蓮花也」。蕭衍當了皇帝後，沒有秦始皇嬴政統一六國的魄力，卻學起了嬴政悉收六國後宮美女的做法，把住處也搬到了當年蕭寶卷作樂的地方，把蕭寶卷的後宮美女也「收」了下來。

這裏有一個很香豔的故事。聽說潘玉兒最漂亮，蕭衍早就垂涎三尺，希望霸為己有，現在當了皇帝自然不會放過潘玉兒。大將王茂覺得不對勁，力諫蕭衍，稱潘玉兒不是一個好女人，是個禍害，「亡齊者此物，留之將恐貽外議」，蕭衍這才不得不把潘玉兒勒死。後來，蕭衍又看中蕭寶卷後宮的二號美女余妃，幕僚范雲趕緊勸他別亂來，稱余妃也不是好女人，「時納齊東昏侯余妃，頗妨政事」。正是壯年的蕭衍欲火中燒，根本不聽，後來王茂一起勸才罷。但蕭衍還是沒有放過蕭寶卷後宮裏的其他女人，喜歡的都攬入懷中。

蕭衍身邊的女人中，給他生了孩子的，除了原配郗徽外，少說還有七位女人：貴嬪丁令光、淑媛吳景暉、淑儀董氏、充華丁氏、修容阮令嬴、葛氏等。其中的吳景暉、阮令嬴即為蕭寶卷後宮裏的女人，這兩個女人還為他生了兩個兒子，即次子蕭綜、七子蕭繹。

風流出了兩起盜墓故事

因為蕭綜，蕭衍風流之外還弄出了兩起盜墓故事：

原來，蕭綜是蕭寶卷的遺腹子，吳景暉在成了蕭衍女人七個月後生下了這個兒子。（這種事情，後來同樣在南京當皇帝的朱元璋身上發生，據傳明潭王朱梓就是被朱元璋滅掉的陳友諒的遺腹子。）蕭衍一直把蕭綜當親生兒子，並悉心栽培、委以重任。但在蕭綜十五六歲時，吳景暉卻把秘密告訴了兒子。蕭綜不相信自己的父親是蕭寶卷，便盜開了蕭寶卷的墳墓，挖出屍骨，「滴血認親」。《梁書・列傳第四十九》（卷五十五）是這樣記載的：「然猶無以自信，聞俗說以生者血瀝死者骨，滲，即為父子。綜乃私發齊東昏墓，出骨，瀝臂血試之。」「滴血瀝骨」後，蕭綜仍不相信，又殘忍地殺害了一名不相干的男子，進行「滴血試驗」，看結果的異同。在證明自己與蕭寶卷是「父子關係」後，蕭綜就懷有二心，「自此常懷異志」，主動提出到邊遠的、別人都不想去的地方去任職服役。

普通六年（525年），梁北伐，蕭衍任命蕭綜為主帥，坐鎮徐州。結果，心懷二志的蕭綜，竟然與北魏密約，棄軍叛逃，梁軍大敗，北伐嚴重失利。蕭綜入魏後，聲明自己是齊室之胤，蕭寶卷的兒子，並改名「蕭贊」。蕭衍聽說後氣得要死，雖然覺得很丟人，但拒不承認事實，哭著說蕭綜就是自己親生兒子，蕭綜所言是瘋話。而時人都在背後笑話這件事。有人奏請削去蕭綜的官位屬籍，禁止蕭綜姓「蕭」，改姓「悖」。但很快蕭衍又下詔恢復了蕭綜的一切。蕭綜死後葬在魏境內，蕭衍卻不死心，一直念念不忘這個「兒子」。大同四年（538年），蕭衍讓人去盜墓，把蕭綜的屍骨弄了回來，以皇子之禮，祔葬在今江蘇省丹陽市境內的蕭氏家族墓地。

上梁不正下梁歪

蕭衍與齊系蕭道成、蕭鸞、蕭寶卷都是本家，齊、梁之爭其實是「家族內訌」。但最為不齒的地方並不是奪人江山後又奪妻女這點，而是蕭家的亂倫，蕭衍本人就險些命喪「亂倫之禍」。

俗話說，上梁不正才下梁歪。蕭衍那麼荒淫，「家裏人」自然看在眼裏，上行則下效。蕭衍共生了七個兒子，八個女兒。蕭衍這一支脈，在他當了皇帝後，其弟其子，甚至其女，多為非作歹，作惡多端。最為不倫的是蕭衍的大女兒永興公主蕭玉姚，竟然和自己的親叔叔，即蕭衍的同父異母弟弟蕭宏通姦，當起了「夫妻」。擔心事情敗露，蕭玉姚一不做二不休，與蕭宏密謀，企圖殺掉自己的父親，計劃事成後蕭宏當皇帝，她當皇后。蕭玉姚親自佈置謀殺，安排值班宮人藏刀行刺。結果未遂，行刺者當場被擒獲。可笑的是，蕭衍明知這事是蕭玉姚和蕭宏兩人做的，卻瞞了下來，認為家醜不可外揚。蕭宏不僅沒有被誅殺，病重期間，蕭衍還親自去探視慰問他。

「四體小惡」

那麼，蕭衍真的是四十年不近女色嗎？如果真是，又是為什麼？史家通常的觀點是蕭衍五十歲以後，「一心事佛」，所以才「禁欲」。事情絕不會這麼簡單，最小的女兒長城公主就是他五十多歲時生的，據《建康實錄》（卷十七），蕭衍到五十九歲才「斷房室」，而此時，蕭衍已信佛多年。

而在過去，這麼大年紀的男子「斷房室」應該有生理和健康上的原因，不可能是先事佛所致。這一點，其實是蕭衍自己透露出來的。

蕭衍在《淨業賦》裏有這樣的話：「復斷房室，不與嬪侍同屋而處，四十餘年矣。於時四體小惡，問上省師劉澄之姚菩提疾候所以。劉澄之云，澄之知是飲食過所致。答劉澄之云，我是布衣，甘肥恣口。劉澄之云，官昔日食，那得及今日食。姚菩提含笑搖頭云，唯菩提知官房室過多，所以致爾。」可見，蕭衍在當了皇帝後，得過一場病。起初以為是吃得太好，「飲食過所致」，後來姚菩提判斷是女人玩得過多，縱欲過度的原因，即所謂「房室過多，所以致爾」。

皇帝（或者說一般男人）對待女色的態度多如漢成帝劉驁那樣，「牡丹花下死，做鬼也風流」。從蕭衍前期的放縱行為看他並未免俗。他前期信奉道教，把行房看成是一種保健項目。在當了幾年皇帝後，又改信佛教，改食素食卻不回避性生活，仍貪戀女色。這樣，吃不好，房事卻「行得多」，風流快活的同時，身體不弄成空殼才怪呢。時臣謝朏、孔彥穎等勸蕭衍不要吃素了，恢復正常的帝王飲食，但未被接受。

「萬壽無疆」，是所有帝王的願望，在這種情況下，取風流還是賭長壽，蕭衍選擇了後者。

中國廣東嘉應學院中文系教授趙以武有一種觀點，認為從佛教「除二障」（「二障」即「殺害障」、「欲惡障」）的戒律中，蕭衍「始知歸向」，蔬食而外，並斷房室。歸根結底，是出於健康的考慮，所謂「行人之能行者」，乃尋求長壽之新途徑。這種觀點頗有道理，蕭衍「四十不近女色」的最初原因應該就在這裏。果然，不過性生活、不殺生之後，他的健康問題解決了，腦子也不發昏了。用蕭衍自己的話說是：「既不御內，無復慾惡障，除此二障，意識稍明，內外經書，讀便解悟。」

帝王有幸遍天下美女之特權，蕭衍「四十年不近女色」，其真相不要說現代學者，就是時人恐怕也說不清。前面說過，在過去如蕭衍那麼一大把年紀的人「斷房室」，應該有生理和健康上的原因，最初不可能是事佛所致。這一點，蕭衍也承認了。但到底是什麼樣的生理和健康原因？作為一個皇帝，如果蕭衍真的是四十年不過性生活，就是「下半身」問題，就是性功能有障礙，而非一心事佛。

從蕭衍在《淨業賦》所述可知，當時發現這秘密的姚菩提（蕭衍否認姚知道他的「病情」）給蕭衍開出了一種藥丸，這種藥丸不會是一般的滋補藥物，必有壯陽強身的作用。但「服之病逾增甚」，治不了「四體小惡」，可知蕭衍這「小惡」並非一般的毛病，可能是患了前列腺炎，或者就是男人最忌諱的陽痿。他知道自己不行了，乾脆「出家」，當個乾淨皇帝，還落個長壽，遂至死不再碰女人。這大概就是蕭衍「禁欲」的最初真相，也是他五十歲開外突然改變信仰，放棄道教、信奉佛教的謎底。

「毀滅人欲」的明朝為何盛行色情文學

理 釗

中國第一奇書《金瓶梅》在明朝萬曆年間問世，實在是個奇跡。明朝把程朱理學奉為至尊，其思想核心是「存天理，滅人欲」。按說這樣社會應該風化純淨，風花雪月之事極少發生，遑論淫亂了。恰恰相反，色情文學不斷湧現，且成為流行文學。而明朝出現的春宮圖比文字更勝一籌，用五色套印，畫面精美，歎為觀止。這實在令人匪夷所思……

在中國的歷史中，明朝是一個很有意思的朝代，有很多本是相對立的東西，卻都能平安地相安共容。明朝皇帝的龍椅安穩之後，便將宋朝時「格物」出來的新儒學——理學奉為獨尊。明永樂年間饒州儒士朱季友給「周、程、張、朱之學」提了一點不同意見，算是學術上的商榷，明成祖知道後龍顏大怒，下旨：「命有司聲罪杖遣，悉焚其著書，曰：『無誤後人。』」朱棣的這一句話便開了明清兩朝以程朱理學禁黜異端的先河，從此理學成了唯一的學問，其他都成為異端邪說而受到查禁（王彬《禁書‧文字獄》）。而明朝的科舉「考試大綱」規定得更是嚴格，必須從朱熹所編定的「四書」中出題，對其理解和運用也必須遵循程朱的注疏。

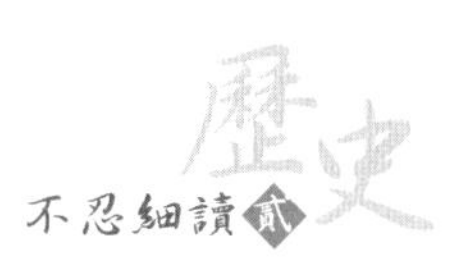

「考試大綱」規範著儒生們的思想觀念

「考試大綱」看起來無關緊要，但那可是一根有力的指揮棒，它指揮和規範著儒生們的腦子，進而控制社會思想和觀念。所以，在明朝時指導人們行動的思想就是以講述「存天理，滅人欲」為主的理學。現在看來這種想法實在是有點兒荒唐，人欲豈是能滅的？雖然古聖賢說「無欲則剛」，但人要真的沒有了欲望，什麼想法都沒有了，那結果恐怕不是「剛」，相反則可能是軟得不能再軟，唾沫吐到臉上也一定會等它自己乾掉的。

當然，倘要深入地想一想，這個「一存一滅」的理論，倒也充滿了浪漫的理想主義色彩，人的欲望都滅掉了，只存一個「天理」在心中，那可真是一個大同世界呢！也許正因為如此，明朝的理論家們在不斷地擴充和挖掘著「存天理，滅人欲」的深刻內涵，社會管理者們，也就是牧民的官員們，則是精心地把理論家們的研究成果轉變成社會規則，牧養著萬姓子民。

理學氣息彌漫，色情文學大量出現

在這樣的朝代裏，講的是理學，用的也是理學，那時的空氣裏可能也彌漫著理學的氣息，文藝自然也不可能僅僅是「為藝術而藝術」、超然於世外的，也一定是理學思想指導下的文藝，是弘揚著理學精義的文藝。可是，事情奇怪得很，偏偏就是這個「滅人欲」的明朝，卻是一個色情文學大量出現並成為流行文學的時代，而且還出現了色情繪畫，即春宮圖。

具有中國第一「色情小說」之稱的《金瓶梅》，現在已得到了藝術上的肯定，但其色情描寫流傳之廣，對後世文學的影響之大，是沒有哪一部小說能與之相比的，在當代，賈平凹的《廢都》中仍可看到它的影子。除此之外，現在還能看到的，創作、刻印、流行於明朝的色情小說還有《剪燈新話》、《歡喜冤家》、《宜春香質》、《如意君傳》、《情史》和《隋煬帝豔史》等十二三種。這些作品中，不論創作的主旨如何，但都有大量的、露骨的「床上戲」。此外，那些較為隱晦但仍以描寫男女之情為主的才子佳人小說，就更是多得難以計數。除了文字上的東西，明朝春宮圖的出現和流行，也並不亞於色情文學，據漢學家高羅佩考證，明朝時的春宮圖在其鼎盛時，印刷時使用了五色套印，其水準之高，畫面之美，至今令人歎為觀止（劉達臨《中國古代性文化》）。這些色情文學，在四五百年之後的今天還能見到，足見當時的印數之多，流行之盛。

色情自然是宣揚情欲的，而情欲則又實在是人之大欲也。明朝主流文化的台面上高唱著「存天理，滅人欲」的高調，而它的背後流行的卻是宣揚欲望的色情文學。雖然也時有焚書毀版的查禁，可是一部又一部的色情小說還是不斷出現和流行。在同一片天空下，有著與理論上如此相悖的事情，豈不是有點兒匪夷所思嗎？這大概要從儒士文人的生存狀態和環境說起了。

儒士文人的生存狀態和環境

明朝是一個嚴刑酷法的時代，自從朱元璋坐上龍椅的那天起，皇上便將天下的大權緊緊地攥在手裏，有著無上的權威。明朝開國時是設有宰相一職的，但設了幾年，朱元璋覺得「一人之下」還有一個「萬人之上」的人，心裏有些放心不下，於是便設了一個「謀反」的罪名，把宰相一個個都殺掉了，並從此立下規矩，朱氏天下永不再設宰相一職，後來這話便成為家規國訓，永遠也沒有人敢提議恢復。萬曆年間，張居正雖有宰相之實，卻無宰相之名。所以，在整個明朝期間，雖不斷有「太監弄權」、「閹人擅政」，弄得雞犬不寧、民不聊生，可無人敢提議復設宰相，幫助皇帝管理一個偌大的帝國。明朝中葉出了一個過繼皇帝，因為他要稱自己的生身父母為太上皇和皇太后，廷臣們群起反對，這位皇帝一氣之下再也不上朝與他的大臣們見面，時間達十二年之久，用柏楊的話說，大明王朝那時成了一個無頭朝代。就是在那樣的情形下，帝國的朝臣們也無人敢有非分之想，可見那時儒臣們的中規中矩。

明朝的儒臣文士們之所以如此，大約有兩個原因。一是他們自小所受的教育就是「忠君保國」，哪怕是一個混賬白癡坐在龍椅上，一肚子詩文的臣子們也要向他跪拜叩頭。孟子說：「民為貴，君為輕，社稷次之。」告誡信奉他學說的人忠君固然重要，但假若弄得民不聊生，則可能無君可忠了，提醒他們多少要體恤一點民情，讓百姓們活得下去。可惜，在明朝，書生們讀到的《孟子》一書卻是欽定的刪節本，那些保民恤民的話都被刪削掉了，剩下的只有忠主賣命。

另一個原因便是屠刀下的威服。明朝定國之後不久，朱元璋便大開殺戒，忌憚功臣們功高蓋主，擔心自己死後子孫們壓服不住他們，便在他當政的二十餘年間，把與他一起打天下的功臣們大多殺掉了，且用的都是滿門抄斬的法子，連門生、故交都不放過。一面殺功臣，一面則是殺儒生。寫詩做文章，凡是觸犯了朱元璋忌諱的「光、賊、則」等字眼的，一律殺掉，其他就更不用說了。他的四兒子朱棣從侄子手中奪過天下後，又接著殺了一陣，其中僅「讀書種子」方孝孺一案，就殺了八百餘人。在開國之後的幾十年間，父子們一路殺下來，砍掉的人頭不可勝計，其中多數是儒生文士。面對這樣的現實，誰還願意拿自己的腦袋和皇帝開玩笑？結果是血淋淋的人頭，威服了兩百餘年的書生膽。

宋朝的時候，書生們擠不上入朝為官的獨木橋，還可以做做學問，弄一弄什麼「道學」之類，有了自己的創見便可以發表出來，但在明朝，「理學」已成為皇家欽定的「真理」，用不著書生們再去動腦子、搞什麼理論創新了，所以，在宋朝可以做的學問這時便做不下去了。雖然在明朝後期出現了李贄、黃宗羲、唐甄一類的學者，提出了「童心說」和「新民本」說，現在這些學說也已經成了顯學，成了學者們研究的物件，在當時卻是地道的「隱學」，是「地下學」，那些研究的成果都是偷偷地做出來的，就是寫的書也只好用「焚書」、「潛書」為名，不敢公開地印行。

色情文學一出現，就上了「暢銷書」排行榜

公開地做學問不行，科舉的路又窄得嚇人，書生們還要吃飯，還要養家糊口，就是做風流才子也還要一些小錢的，所以，他們只好去尋別的活命的法子。

在明朝中後期的長江中下游一帶，商業氣息已是較濃的了，經濟繁榮後便出現了一些有錢又識字的閒人，於是出版業便隨之發達起來。書商們要賺錢，書生們要吃飯，有了閒錢的人們要愜意，通俗文學便出現並流行起來，流行得久了自然便流向了色情文學，因為「床笫文學」最能切中人性的欲望。所以，色情文學一旦出現，很快就走上「暢銷書」的排行榜，自然也就是順理成章的事。

在這些色情文學中，除了吸引讀者的「床上動作」是重頭戲之外，還多多少少寄託了書生們的夢想。在大約成書於明末清初的色情小說《舞花吟》中，便可窺見一點書生們的心思。書中寫了一位書生，一連和好幾個女人發生關係。他一面周旋在幾個女人中間，一面又去下科場，結果是考得功名，把那幾個女人全都娶回家中，美女簇擁，升官發財，快樂成仙。書生的夢做得很美很圓，可惜多半是夢。

劉達臨在《中國古代性文化》中談及明朝色情文學興盛的原因時說，其中之一是明朝的皇帝荒淫無度，官員們也大興吃春藥之風，起了帶頭作用。那意思裏還有批評執政者們提倡「理學」自己卻並不修行「理學」。這原因固然也是有的，「官德」的示範效應是很大的。但看一看明朝之前的中國歷史，又有哪一個朝代的皇帝不是三宮六院、嬪妃如雲、荒淫無度呢？又有哪一個有官、有錢者不是三妻四妾的？可在那時並未帶動出色情文學來。

學術消失，書生們心思無處可用

在明清兩朝，文字獄是十分盛行的。然而，考證這些案件，就會發現這當中，沒有一件是因為創作了色情文學而興的，即使有這一方面的原因，也並不純粹。這不能不說是一個十分奇特的歷史現象。大約在政治家們看來，色情文學流行，雖然有傷風化，危及道德，不可不管，但也不必一概禁絕，不必像對付研究歷史、揭皇家短處的歷史學家，以及議論朝政的學者那樣嚴酷，捉住後要把作者、書商殺頭，著述燒掉，印版銷毀。當然，對色情文學查也是要查的，但也只是做做樣子而已。原因在於政治家們明白，把聰明人的心思引到女人身上去，一定比讓其琢磨龍椅的構造和製作方法好得多。明朝後期，李贄因為公開了他的「童心說」，便死於詔獄了。但與其同時的「色情文學家」們便沒有受到這樣的待遇。所以，倘這一猜想成立，這可能也是明朝色情文學興盛的客觀原因。而看一看明朝之後的清朝，文網依然極其嚴密，但色情文學尤進一步，便多少證明了這猜想不差。

由此觀之，明朝色情文學的興起，一面是因為正常的學術消失，書生們的心思無處可用，只好向女人的身體上去發揮；一面則是因為文化市場出現，給文學傳播提供了外在條件，書生們可以由此討一點生活而不至於餓死，書商們也就樂得藉此發一點小財。而官方呢，則又睜隻眼閉隻眼地默許。至於「存天理，滅人欲」的真理，到這時候只好成為唱唱的高調而已，因為人的第一要務畢竟是逞飲食男女之欲。

在這個世界上，有兩樣東西是最能銷蝕掉人的精神的。一樣是金錢，俗語說「有錢能使鬼推磨」，金錢可以降服厲鬼，肚子裏裝著欲望的活人則更不在話下了，什麼樣的精神硬骨頭都可能在金錢面前失去硬度；再一樣東西就是肉欲，借用色情文學中勸人警惕女色的詩，就可知道那女色的厲害：「二八佳人體如酥，腰間伏劍斬愚夫，分明不見人頭落，暗裏教君髓骨枯。」三十六計中，美人計至今仍屢試不爽便是證明。據報導，美國人在審問伊拉克戰俘時，面對腦子裏灌滿了「教義」的戰士，較為有效的法子就是美人計。所以，倘要消磨掉人的精神信仰和追求，只要將這兩樣東西釋放出來就可以了，人們會放開手段去逐錢，弄來錢後便去女人的身上享受，如此一來，什麼樣的精神戰士都不會再有。

可是，銷蝕掉人的精神的代價也是巨大的。明朝的最後一位皇帝大概便有著深刻的體會，當李自成的人馬進入京城，那些平時圍在崇禎周圍，天天表著忠心的儒臣武將們，這時都跑得無影無蹤了，只留下他一個人守著一株古樹走完了生命的最後歷程，成了一個真正的「孤家寡人」。而這是否與大明王朝的色欲盛行、人心浮華有關呢？這也許是一個值得研究的命題吧。

諸葛亮甘願娶醜妻是否另有所圖

韓春鳴

有句歇後語叫「諸葛亮的醜妻——家中寶」。《三國志》引《襄陽記》亦載：「黃承彥者，高爽開列，為南名士，謂諸葛孔明曰：『聞君擇婦；身有醜女，黃頭黑色，而才堪相配。』孔明許，即載送之。時人笑以為樂，鄉里為之諺曰：『莫作孔明擇婦，正得阿承醜女。』」醜是醜，但人家確實很有才，上通天文，下察地理；凡韜略遁甲諸書，無所不曉，確實是家中寶，給了諸葛亮極大的幫助。但有說法曰：諸葛亮甘願娶醜妻是別有所圖，雖是虧本的買賣卻是政治生涯的轉捩點。事實是否如此？諸葛亮到隆中沒有沉寂多久，就弄出個動靜來：娶了黃承彥以醜聞名的女兒為妻。

諸葛亮娶「醜丫」的幾種可能

黃醜丫究竟醜不醜？人家大家閨秀，大門不出，二門不邁，誰知道是俊是醜？那麼是誰放出風來，說黃承彥的女兒奇醜無比？一種可能是吃不著葡萄的人，另外就是黃醜丫的父親黃承彥了。

黃承彥是多有城府的人，他為什麼要對外宣傳女兒奇醜無比呢？還不是不讓別人惦記著，而由他這個當爹的來左右女兒的婚事？當他替女兒選中了如意郎君，便主動將女兒送上了門。

這是從黃承彥這方面講。凡事一個巴掌拍不響，自古結婚追求的是郎才女貌，英雄愛美人。在外人都認為黃承彥的女兒奇醜無比的情況下，諸葛亮怎麼會答應這門親事呢？他肯定是經過深思熟慮，反復權衡比較，才做出出乎世人意料的決定的。

我們來做幾種假設，供大家選擇。首先，假使黃醜丫真的奇醜無比，諸葛亮會娶她嗎？不會。

假使黃醜丫確實很醜，但她是自己恩師的愛女，諸葛亮能娶她嗎？猶豫，很難同意。

假使黃醜丫確實很醜，但她極有才華，而她的才華是諸葛亮所不具有的，又是恩師的愛女，怎麼樣？動心，可以考慮，如果醜得不是那麼可怕。

假使黃醜丫確實很醜，但她是名門貴族，家庭成員極有權勢，又是恩師的女兒，其本人不僅極有才華，還可以幫助自己進入上流社會，為自己馳騁天下提供非常有利的機會與條件，怎麼樣？傾心。天下哪有十全十美的事情，無鹽女鍾離春不就是很好的先例，為什麼不答應呢？

諸葛亮一口答應黃醜丫的這門婚事，頓時成了襄陽百姓飯後茶餘談論的話題。諸葛亮又一次成為襄陽地區議論的焦點。

成家才能立業

俗話說成家才能立業，諸葛亮成家以後，確實為自己建功立業打下了良好的基礎。

諸葛亮十七歲時，撫養他的叔父諸葛玄死了，他成了真正的孤兒。

諸葛玄從南昌輾轉來到襄陽，也許是身心受到嚴重摧殘的緣故，他和哥哥諸葛珪一樣，患上了咯血的毛病。大約是在豫章受到的打擊太大了，他的精神十分鬱悶。劉表雖然沒有給他安排什麼位置，但是每月的銀兩錢糧，卻讓下邊人按時送到府上。他整日閉門不出，待在家中長吁短嘆，甚至將郎中也拒之門外。這樣勉強支撐了一年多，諸葛玄撒手人寰。

都說諸葛亮娶的媳婦奇醜無比，與諸葛亮站到一起極不般配。叔父諸葛玄死後，諸葛亮完成了自己的婚姻大事。這段婚姻對他來說，究竟是得大於失，還是失大於得？其中是否有什麼難言的隱情？

《三國志》的作者陳壽，在表章中說，諸葛亮「少有逸群之才、英霸之器，身長八尺，容貌甚偉」。劉備在隆中第一次見到諸葛亮時，按照羅貫中先生的描述是，諸葛亮「身高八尺，面如冠玉，頭戴綸巾，身披鶴氅，眉聚江山之秀，胸藏天地之機，飄飄然有神仙之概」。而對黃氏的容貌僅用了四個字表達：「黃髮黑膚」，既沒有談到黃氏的五官長相，也沒有說到她的身材如何。

這不禁讓人感到疑惑不解：黃頭髮是醜的標準嗎？皮膚黑就沒有美的元素？這樣的斷語未免牽強。或許在那個時代，大家普遍都是黑頭髮、黃皮膚，而這位怎麼是黃頭髮、黑皮膚呢？

讓很多人不解的是，羅貫中為什麼這麼描述諸葛亮的媳婦呢？目的無非是讓讀者為諸葛亮打抱不平：這麼漂亮的小夥子，幹麼偏找了這麼一副尊容的女人為妻呢？羅貫中不愧是小說大家，應當說，這個目的，他達到了。在人們的印象中，諸葛亮的媳婦很醜，似乎已經是定論了。

過去講，郎才女貌，那是一般人理想當中的婚姻。男人才貌雙全，女人奇醜無比，這一對怎麼會走到一起，成為一家人呢？

對黃氏而言，諸葛亮是模範丈夫嗎？有史書為證，諸葛亮與黃氏婚後很長一段時間沒有孩子。在東吳的哥哥諸葛瑾，特意將自己的兒子送給諸葛亮為養子。有了養子以後，夫妻兩人也不知道怎麼「理順關係」了，開始了生兒育女。不過，諸葛亮在蜀國生活安定下來以後，也還是納了妾。由此，不能不讓人推斷，他們的婚姻不一定美滿。

有人講，諸葛亮與黃氏結婚，純粹是上了老師黃承彥一當。黃承彥在襄陽屬於社會名流，經常出入於上層社會，與諸葛亮是亦師亦友。經過觀察，黃承彥看諸葛亮小夥子不錯，要才有才，要模樣有模樣，說不定將來能有什麼大一點的出息；加之諸葛亮父母雙亡，家庭沒有什麼負擔，在襄陽除了姊弟之外也沒有什麼親戚，這不是打著燈籠也難找的好事嗎？何不讓他成為自己的女婿呢？於是，老謀深算的黃承彥一步步採取行動，讓諸葛亮一步步就範。

諸葛亮當時在襄陽的處境，不說舉目無親，也是沒有什麼依靠。他知道，要打算在襄陽安身立命、出人頭地，就得有個依靠，就得有個家。黃老先生既然有意，他還有什麼說的呢？當諸葛亮一表示同意，黃承彥生怕夜長夢多，立刻將女兒送到了臥龍崗，簡直是急不可耐，或許是擔心諸葛亮醒過夢來反悔。這樣一來，生米熟飯，小子，你就踏踏實實當黃家的姑爺吧！

諸葛亮在婚姻上吃虧了嗎

黃承彥的這一手，不說是拉郎配，也是欺負人家諸葛亮在襄陽人地兩生。黃家醜丫頭撿了個大便宜不說，還讓當年的襄陽城街談巷議，把諸葛亮當做傻小子，是上當成婚的反面教材。

諸葛亮在與黃醜丫的婚姻上吃虧了嗎？諸葛亮真的在擇妻問題上冒了一回傻氣？諸葛亮是什麼人，他能做虧本的買賣嗎？有人說，諸葛亮娶黃醜丫為妻是一點也不虧，要說般配，那也是一點不假。因為，若論諸葛亮當時的自身條件，沒打光棍就相當不錯了。

為什麼呢？你想，諸葛亮當時要權沒權，要勢沒勢，要錢也沒有幾文。一個山野村夫、襄陽郊外的農民，高攀一個大家閨秀，那還不是天上掉餡餅？讓諸葛亮自個兒說：

「臣本布衣，躬耕於南陽，苟全性命於亂世，不求聞達於諸侯。」就是說：我這個普通老百姓，靠種地活著，這兵荒馬亂的年月能保著命就不錯了，哪還有什麼非分之想？

再說，諸葛亮的模樣再高大英俊，那也不能當飯吃。要是靠體力吃飯，諸葛亮的身體也不怎麼樣：腿腳受過傷，還有風濕性關節炎。就這金玉其外敗絮其中的條件，老黃家不說瞎了眼，也是把女兒往火坑裏推呢！他還有什麼委屈的呢？

還有人說，諸葛亮是受齊文化的影響過重，中了流毒。諸葛亮祖籍琅琊郡陽都縣，乃春秋時齊國故地。他娶醜媳婦，是學齊宣王娶醜女無鹽的典故。古今中外，愛江山更愛美人的政治家、軍事家不乏其人，有道是「英雄愛美人」。歷史上為了美人丟了江山的也大有人在。

當然，對於有志向、有理想的年輕後生，如果能克制自己的欲望，把實現理想作為自己的第一目標，一切都圍繞著實現理想而運作，包括談戀愛、找媳婦，那自然會讓人刮目相看，或者是街談巷議了。筆者寫這些不是讓有志青年都通過婚姻來達到自己的目的，如果大家都如此，那這個世界還何談愛情？對於婚姻與愛情的選擇沒有定式，這取決於個人的選擇，取決於一個人的世界觀、人生觀與價值觀，取決於很多的現實因素，也很難說對錯。

單就諸葛亮娶黃承彥之女來說，應該說是他政治生涯的一個轉捩點。不說老丈人為女婿有一個錦繡前程竭盡全力，黃醜丫為日後蜀國軍隊科技進步做出貢獻，單是通過與劉表、蔡氏集團的這種姻親關係，諸葛亮至少可以經常接觸荊襄地區的上層人士，洞悉天下大事和荊襄軍政人物的動向，了解和掌握各個政治集團的利害關係，快捷地獲取全國形勢的資訊。

正因為有了這些便利條件，才讓他對天下形勢有了一個正確的估價，並對劉備提出了重整河山「三分天下」的戰略設想。

筆者在這裏毫不誇張地說，諸葛亮娶黃醜丫六〇％是政治婚姻。

「將相和」的真相

韓　撲

關於「將相和」時廉頗、藺相如兩人的年齡，歷來存在誤解。很多讀者都認為廉頗當時是白髮老將，藺相如是青年才俊，這是受了後世戲曲舞台形象的誤導。

「老將軍廉頗」並不老

廉頗最初見於記載，是趙惠文王十六年他掛帥帶兵攻打齊國取勝——當時，齊國被燕將樂毅攻打，幾乎滅國，廉頗這次出兵，有趁火打劫的嫌疑。廉頗何時去世的呢？趙悼襄王年間。廉頗受誣陷被驅逐到魏，又跳槽到楚國，其間發生了著名的「廉頗雖老，仍能每餐食斗米」的典故。其後很久，老將軍才在楚國辭世，那時離廉頗初亮相已經有四十多年了！如果廉頗八十歲過世（古人平均壽命短，那時活八十歲，相當於現代人活一百歲左右），那麼他初亮相時，至多也就是三十多歲，而他當時的身分就已經是趙國的大將軍了。「將相和」故事，則發生在趙惠文王二十五年。按上文的推算，廉頗那時應當四十歲上下。

再說藺相如的年齡。他比廉頗還早死十多年，卻比廉頗晚出道。他的身分，在很長時間內都是「宦者令繆賢舍人」，也就是宦官首領繆賢的幕僚，大概相當於左宗棠在駱秉章幕府中「潛龍勿用」的狀態。繆賢自己是老油條，當然不會用菜鳥做幕僚，而且他推薦藺相如時，提到當年藺相如曾出謀劃策，使自己解困於危難之中；且用廉頗的話說「相如素賤人」，在貶低相如時也沒有強調他年少，這些都說明相如屈沉下僚很多年。所以，他出道時，很可能歲數比廉頗還大些，至少不是個年輕人。

「將相和」另有隱情

《廉頗藺相如列傳》因為「將相和」的典故而聞名。詳細的故事，只要是學過這篇文章的讀者都熟悉了，故不贅述。本文要說的是，如果關注《史記・廉頗藺相如列傳》的全篇，再參照其他篇目的有關記載，你可以發現，「將相和」故事的背後，其實是趙王在操控兩種對外路線，調和矛盾，力圖保持國家發展平衡的運作。

再如，廉頗對藺相如的古怪態度，以及秦國對趙國的前後表現，都說明「將相和」的背後，隱含著趙國兩種外交策略的較量。當時，玩合縱、連橫的蘇秦、張儀都已經不在了，但其外交遺產還在，各國內部仍存在聯秦與抗秦的兩種外交思路。雖然趙國是軍事強國，但也不例外，其內部也有外交分歧。

廉頗很明顯是聯秦派。注意，他只是親秦，而不是投降。廉頗在趙國帶了半輩子兵，打了無數的仗，曾經對燕國、齊國、魏國出兵，都取得了成功。可是對秦國呢？除了曾經與秦軍協同作戰，在《史記》的記載中，廉頗只帶兵跟秦軍打了長平一仗，但還因為消極避戰，中途被撤了。

惠文王十七年，趙王得到和氏璧，秦國立即提出用十五城來換，趙王召大將軍廉頗等商量對策。他們怎麼計議的呢？大家開了半天會，結論是：嗚呼！無法可想。廉頗當然主張給秦國和氏璧，這樣縱使秦國賴賬，趙國在國際上也有話說。趙王卻捨不得。最後是趙王背後的太監繆賢推薦了一個人：門客藺相如。

這個繆賢不簡單，他跟燕王過從甚密。燕王為什麼要結好趙臣呢？如果讀過蘇秦的傳，就明白了，蘇秦當年搞合縱，佩六國相印，孤立秦國，他的大本營就在燕國；燕國也因此撈取了不少國際好處，所以，跟燕國結好的各國權貴，歷代不絕。這是燕國的一個外交政策。秦國也因此最恨燕國，以致後來有燕國策劃「荊軻刺秦王」的事發生。繆賢與燕王結好，當然是抗秦派，藺相如是其幕僚，而且深得繆賢賞識，所以也是抗秦派無疑。藺相如的行為也是如此。他見趙王，慷慨陳詞的內容，全是以秦為敵；到秦國，又戲耍了秦

王，刻意激怒後者。

史載，完璧歸趙後一年，秦攻趙，奪取一城；次年又攻趙，殺兩萬人。這實際是「完璧歸趙」引發的軍事行動，是「完璧歸趙」的餘波。所以說藺相如「不辱使命」，實有誇大之嫌。不給秦玉璧，又能令秦理虧而無言，無所行動，這才真正是不辱使命。藺相如一番大言，貌似義正詞嚴，其實理虧。秦王並沒有說不給趙十五城，而且還齋戒沐浴，很正式地要接受玉璧，藺相如卻把玉璧偷偷帶回了。據司馬遷的記載，藺相如的依據，竟都是「度」，「度」秦王如何如何，也就是主觀猜測。明朝時有王世貞作《藺相如完璧歸趙論》，就很看不慣藺相如這一套「完璧而失信」的手段——王世貞也是從藺相如的視角看問題的，其實藺相如的本意，正是要托「大義」而激怒秦王，同時也由完璧而邀功於趙王。

趙王是重玉璧，還是重土地和人民呢？《史記》是不著閒筆的。司馬遷筆下的兩次趙國的敗績，已經說明了他的看法。同時，廉頗作為大將軍，秦兩次來攻，都得勝而去，不能不說他是有責任的，他明顯是不作為，是不想給藺相如擦屁股。

接下來澠池會，藺相如對秦王作人身威脅，但正是因為廉頗已經駐紮大軍在邊境，而且廉頗和趙王議定：王上此去若有不測，太子立即登基，所以趙王一行才得以無恙而回。這就是聯秦派和投降派的區別。所謂聯秦派，就是向秦國示好，不給後者戰爭藉口，把戰火引向別國，同時自己迅速發展國力，用從他國攻取的土地，來彌補結好秦國付出的代價。

縱觀廉頗在趙國的戰爭生涯，基本都是這一路線。對秦國，他採取守勢和外交安撫，同時積極對燕、齊、魏等國下手，運用自己的地緣優勢迅速增強國力，力爭趕上秦國。所以，藺相如數次激怒秦國，引起兩國戰端，白白消耗趙國的國力，這是廉頗不願看到的。

後來面對廉頗的挑釁，藺相如說的話大家都了解了：他先拿廉頗和秦王作比較。這個比較，頗不倫不類，廉頗是上陣殺敵的大將，秦王是高居廟堂的君主，他們怎麼可比呢？藺相如的用意就在這裏。他知道自己的話將被轉述給廉頗，所以在話裏充滿暗示：我作為抗秦派，在外不怕秦王，在內不怕廉頗；同時，趙國要想圖存圖強，必須把各派各方的力量整合在一起，你有你的道理，我有我的主張，但我們的共同目的，是使得趙國強大起來，這正是王上的深意。

以廉頗的水準，他當然明白了藺相如的意思和風度，被藺相如的大局觀折服，更重要的是，他感覺到了藺相如的背後還有趙王在做推手，遂負荊請罪。

其實這裏面，最高明的人是趙王。廉頗是聯秦派，趙王當然知道，而且意識到如果單單讓廉頗用事，國家和秦走得太近，與他國關係持續惡化，後果不堪設想，所以他破格提拔有抗秦派背景的藺相如，使其與廉頗形成一個平衡。

趙王為什麼一定要實現「平衡」呢？這與戰國的形勢有關。有一篇文章叫《六國論》，這篇文章主要觀點「六國之滅，弊在賂秦」，總體是不錯的，但又有一點不對。因為秦以外的六國不是一個整體，而是獨立的個體，互相之間因為利益而分分合合，如果秦曾經因內亂而削弱，那麼統一天下的還不一定是誰，所以當時的各國，包括秦，在外交上都是不斷搖擺的。趙國處在各國中間，也必須時時留有餘地。這是宏觀上的平衡。

還有微觀的平衡。那時候沒有實現大一統，各國之間，人才是流動的，其中各種傾向的都有，有魯仲連那樣的俠士，也有蘇秦、張儀這樣的投機政客。他們的能量是非常大的，甚至達到一力興邦、一力亡國的程度；甚至他們之間還有私下的默契，比如有A國大臣興兵攻打B國，B國初戰不力，換了一個元帥，進犯者就退兵了，於是有後進的元帥加官晉爵這樣的事情發生，其實那A國的大臣和B國的新帥，私下是有關照和交易的。

趙王要想讓自己治下的能人既形成合力，又互相制約。他清楚地意識到，實現派系間的平衡布局非常重要。這之後，廉、藺合力，攻打齊、魏，攻城掠地。

趙國實現「將相和」以後，秦國就害怕趙國、不敢來犯了嗎？不是。秦國還是要來進犯，因為趙國朝廷上平衡了，軍事上沒有平衡，對秦國的戰線還沒有得力的將領。於是，趙王又推出了一個重量級人物，這個人就是趙奢。

趙奢是個傳奇人物。這位名將是稅務稽查員出身，因為稅收得好，於是做了趙國稅務總局的局長。後來，國勢危殆，趙局長棄賬從戎，一舉成為趙國名將。「將相和」八年之後，秦國與韓國進犯趙國的軍事要地閼與。趙王找來廉頗，問：「能不能出兵去救？」

廉頗能怎麼回答？路遠，地險，敵強，沒有勝算。趙王又找大將樂乘，回答和廉頗一樣。最後找來趙奢。趙奢：「兩軍鬥險，亮劍，勇者勝。」趙奢就領兵去了。閼與之戰是戰國中期的一次著名戰役，此戰秦軍大敗。趙奢一戰為趙國的西部邊境打出了十年的和平，可惜趙國沒有抓住這十年時間發展國力。而秦國佔據巴蜀以後，國力發展得也確實太快了。

趙奢回國就被封為馬服君，與廉頗、藺相如同列。這樣，趙國在軍事、外交上，實現了人才的完美布局，成為一個階段性強國。

趙國新君不懂平衡戰略，趙國衰落

四年之後，趙惠文王死了。他很厲害，能調和鼎鼐，令將相和，可他兒子就沒這麼厲害了。趙孝成王一登基，秦國立即來攻，作軍事試探。當時，國君幼小，太后臨朝，趙奢又死了，對秦作戰沒有大將，藺相如提出請齊國派救兵。須知，齊與趙仇恨很深，態度怎麼鬆動呢？原來，在此前五年，趙國最後一次進犯齊國，這次領兵的人便是藺相如。這一戰打得奇怪：兩軍剛剛對峙，趙國就主動與齊言和了——「將相和」的好處正在這裏，需要紅臉就推出紅臉，需要白臉就推出白臉。那次言和，正是此次求救兵的基礎。不過，齊國提出一個要求，要趙國派國君的小弟弟長安君去當人質。太后不同意，於是左師觸讋去勸她同意，是為《觸讋說趙太后》。齊國救兵一到，秦國本來就沒準備決戰，於是退兵。

趙孝成王七年，因為執政的平原君處置失當，秦、趙矛盾再次激化，雙方在長平對陣。那時候，藺相如已經處於病退的狀態。因為趙奢死了，所以孝成王派廉頗領兵。

廉頗初戰不力，深溝高壘，避戰。應該說，廉頗是忠臣，他不出戰，是要避免決戰，要保存趙的軍事實力。那時候，秦趙的力量對比，比「完璧歸趙」、「將相和」的時候更懸殊。此時的廉頗已經開始轉變自己的傾向，他這次避戰，是出於軍事考慮：趙軍本土作戰，補給線比秦軍短、安全。須知，趙國是騎兵厲害，對峙並不符合趙軍的作戰優勢，決戰即使勝了，趙也要元氣大傷——正所謂「老將不賭」。

於是，秦對趙行反間計。年輕的趙王一方面聽信讒言，另一方面廉頗的聯秦派背景也讓他不得不懷疑，於是做出了撤換老將軍的決定。用誰替換他？用的恰恰是趙奢的兒子趙括——長平之戰的結果大家都知道了，趙國的全部戰爭精英，四十五萬將士，幾代積攢的軍事家底，全部毀滅。秦國因此奠定了取天下的基礎，因為諸侯再沒有如此強大的軍隊能與他抗衡了。

秦進圍邯鄲一年多，廉頗率殘兵苦苦支撐，趙國幾乎滅亡。平原君帶門客毛遂從楚國搬來救兵，信陵君竊符奪魏營，兩國來救，加之秦國也已經筋疲力盡，才退兵而回。

秦趙兩敗俱傷，最高興的莫過燕國。此時，藺相如已死。他生前一直結好燕國，結果養虎遺患。長平之戰後五年，燕對趙發動總攻，趙國相國廉頗反擊，消滅了燕國軍隊，進圍燕都。廉頗很想兼併燕國，使趙國的實力達到與秦國抗衡的程度。但秦國趁機又出兵背後，佔領了趙國三十七座城池。結果，趙國滅燕不成，反而喪失大片國土，廉頗的戰略已經不合時宜了。

因為秦、趙力量懸殊，廉頗戰略的成功，已經只有理論上的可能性了。而趙孝成王沒有老爹的手腕，也沒有慧眼，更不懂得調和矛盾、相互制衡的必要，只好繼續由廉頗推行「拆東牆補西牆」的戰略。

幾年後，廉頗又攻下魏國的城池。這時，孝成王去世，新君悼襄王一登基，就立即將廉頗免職了。廉頗被逐，逃到魏國尋求庇護，但魏國也不信任他。這時，趙國作戰不力，又想召回廉頗，可惜朝廷上已經沒有他的人為他說話了。去探視廉頗的人回去報告稱，廉頗前列腺肥大、大小便失禁，已經不能帶兵打仗，失去了利用價值。無奈的老將軍又跳槽到楚國，做軍事顧問。

「將相和」之後四十年，一代名將廉頗客死於楚。這四十年間，趙國有機會、有人才、有實力，但沒有能夠阻擋秦國的勃興與統一步伐。趙國只有軍事改革，秦國卻實現了全面改革，這是兩國興亡的根本差距所在。

大都會文化圖書目錄

●度小月系列

書名	定價	書名	定價
路邊攤賺大錢【搶錢篇】	280 元	路邊攤賺大錢 2【奇蹟篇】	280 元
路邊攤賺大錢 3【致富篇】	280 元	路邊攤賺大錢 4【飾品配件篇】	280 元
路邊攤賺大錢 5【清涼美食篇】	280 元	路邊攤賺大錢 6【異國美食篇】	280 元
路邊攤賺大錢 7【元氣早餐篇】	280 元	路邊攤賺大錢 8【養生進補篇】	280 元
路邊攤賺大錢 9【加盟篇】	280 元	路邊攤賺大錢 10【中部搶錢篇】	280 元
路邊攤賺大錢 11【賺翻篇】	280 元	路邊攤賺大錢 12【大排長龍篇】	280 元
路邊攤賺大錢 13【人氣推薦篇】	280 元	路邊攤賺大錢 14【精華篇】	280 元

● DIY 系列

書名	定價	書名	定價
路邊攤美食 DIY	220 元	嚴選台灣小吃 DIY	220 元
路邊攤超人氣小吃 DIY	220 元	路邊攤紅不讓美食 DIY	220 元
路邊攤流行冰品 DIY	220 元	路邊攤排隊美食 DIY	220 元
把健康吃進肚子— 40 道輕食料理 easy 做	250 元		

●流行瘋系列

書名	定價	書名	定價
跟著偶像 FUN 韓假	260 元	女人百分百—男人心中的最愛	180 元
哈利波特魔法學院	160 元	韓式愛美大作戰	240 元
下一個偶像就是你	180 元	芙蓉美人泡澡術	220 元
Men 力四射—型男教戰手冊	250 元	男體使用手冊－ 35 歲+♂保健之道	250 元
想分手？這樣做就對了！	180 元		

●生活大師系列

書名	定價	書名	定價
遠離過敏—打造健康的居家環境	280 元	這樣泡澡最健康—紓壓・排毒・瘦身三部曲	220 元
兩岸用語快譯通	220 元	台灣珍奇廟—發財開運祈福路	280 元
魅力野溪溫泉大發見	260 元	寵愛你的肌膚—從手工香皂開始	260 元
舞動燭光—手工蠟燭的綺麗世界	280 元	空間也需要好味道—打造天然香氛的 68 個妙招	260 元
雞尾酒的微醺世界—調出你的私房 Lounge Bar 風情	250 元	野外泡湯趣—魅力野溪溫泉大發見	260 元
肌膚也需要放輕鬆—徜徉天然風的 43 項舒壓體驗	260 元	辦公室也能做瑜珈—上班族的紓壓活力操	220 元
別再說妳不懂車—男人不教的 Know How	249 元	一國兩字—兩岸用語快譯通	200 元

宅典	288 元	超省錢浪漫婚禮	250 元
旅行，從廟口開始	280 元		

●寵物當家系列

Smart 養狗寶典	380 元	Smart 養貓寶典	380 元
貓咪玩具魔法 DIY—讓牠快樂起舞的 55 種方法	220 元	愛犬造型魔法書—讓你的寶貝漂亮一下	260 元
漂亮寶貝在你家—寵物流行精品 DIY	220 元	我的陽光 · 我的寶貝—寵物真情物語	220 元
我家有隻麝香豬—養豬完全攻略	220 元	SMART 養狗寶典（平裝版）	250 元
生肖星座招財狗	200 元	SMART 養貓寶典（平裝版）	250 元
SMART 養兔寶典	280 元	熱帶魚寶典	350 元
Good Dog—聰明飼主的愛犬訓練手冊	250 元	愛犬特訓班	280 元
City Dog—時尚飼主的愛犬教養書	280 元	愛犬的美味健康煮	250 元
Know Your Dog—愛犬完全教養事典	320 元	Dog's IQ 大考驗—判斷與訓練愛犬智商的 50 種方法	250 元

●人物誌系列

現代灰姑娘	199 元	黛安娜傳	360 元
船上的 365 天	360 元	優雅與狂野—威廉王子	260 元
走出城堡的王子	160 元	殞逝的英格蘭玫瑰	260 元
貝克漢與維多利亞—新皇族的真實人生	280 元	幸運的孩子—布希王朝的真實故事	250 元
瑪丹娜—流行天后的真實畫像	280 元	紅塵歲月—三毛的生命戀歌	250 元
風華再現—金庸傳	260 元	俠骨柔情—古龍的今生今世	250 元
她從海上來—張愛玲情愛傳奇	250 元	從間諜到總統—普丁傳奇	250 元
脫下斗篷的哈利—丹尼爾 · 雷德克里夫	220 元	蛻變—章子怡的成長紀實	260 元
強尼戴普—可以狂放叛逆，也可以柔情感性	280 元	棋聖 吳清源	280 元
華人十大富豪—他們背後的故事	250 元	世界十大富豪—他們背後的故事	250 元
誰是潘柳黛？	280 元		

●心靈特區系列

每一片刻都是重生	220 元	給大腦洗個澡	220 元
成功方與圓—改變一生的處世智慧	220 元	轉個彎路更寬	199 元
課本上學不到的 33 條人生經驗	149 元	絕對管用的 38 條職場致勝法則	149 元
從窮人進化到富人的 29 條處事智慧	149 元	成長三部曲	299 元
心態—成功的人就是和你不一樣	180 元	當成功遇見你—迎向陽光的信心與勇氣	180 元

改變，做對的事	180 元	智慧沙	199 元（原價 300 元）
課堂上學不到的 100 條人生經驗	199 元（原價 300 元）	不可不防的 13 種人	199 元（原價 300 元）
不可不知的職場叢林法則	199 元（原價 300 元）	打開心裡的門窗	200 元
不可不慎的面子問題	199 元（原價 300 元）	交心—別讓誤會成為拓展人脈的絆腳石	199 元
方圓道	199 元	12 天改變一生	199 元（原價 280 元）
氣度決定寬度	220 元	轉念—扭轉逆境的智慧	220 元
氣度決定寬度 2	220 元	逆轉勝—發現在逆境中成長的智慧	199 元（原價 300 元）
智慧沙 2	199 元	好心態，好自在	220 元
生活是一種態度	220 元	要做事，先做人	220 元
忍的智慧	220 元	交際是一種習慣	220 元
溝通—沒有解不開的結	220 元	愛の練習曲—與最親的人快樂相處	220 元
有一種財富叫智慧	199 元	幸福，從改變態度開始	220 元
菩提樹下的禮物—改變千萬人的生活智慧	250 元		

● SUCCESS 系列

七大狂銷戰略	220 元	打造一整年的好業績—店面經營的 72 堂課	200 元
超級記憶術—改變一生的學習方式	199 元	管理的鋼盔—商戰存活與突圍的 25 個必勝錦囊	200 元
搞什麼行銷— 152 個商戰關鍵報告	220 元	精明人聰明人明白人—態度決定你的成敗	200 元
人脈＝錢脈—改變一生的人際關係經營術	180 元	週一清晨的領導課	160 元
搶救貧窮大作戰？ 48 條絕對法則	220 元	搜驚 ・ 搜精 ・ 搜金 —從 Google 的致富傳奇中，你學到了什麼？	199 元
絕對中國製造的 58 個管理智慧	200 元	客人在哪裡？—決定你業績倍增的關鍵細節	200 元
殺出紅海—漂亮勝出的 104 個商戰奇謀	220 元	商戰奇謀 36 計—現代企業生存寶典 I	180 元
商戰奇謀 36 計—現代企業生存寶典 II	180 元	商戰奇謀 36 計—現代企業生存寶典 III	180 元
幸福家庭的理財計畫	250 元	巨賈定律—商戰奇謀 36 計	498 元
有錢真好！輕鬆理財的 10 種態度	200 元	創意決定優勢	180 元
我在華爾街的日子	220 元	贏在關係—勇闖職場的人際關係經營術	180 元
買單！一次就搞定的談判技巧	199 元（原價 300 元）	你在說什麼？—39 歲前一定要學會的 66 種溝通技巧	220 元
與失敗有約 —13 張讓你遠離成功的入場券	220 元	職場 AQ —激化你的工作 DNA	220 元
智取—商場上一定要知道的 55 件事	220 元	鏢局—現代企業的江湖式生存	220 元

到中國開店正夯《餐飲休閒篇》	250元	勝出！—抓住富人的58個黃金錦囊	220元
搶賺人民幣的金雞母	250元	創造價值—讓自己升值的13個秘訣	220元
李嘉誠談做人做事做生意	220元	超級記憶術（紀念版）	199元
執行力—現代企業的江湖式生存	220元	打造一整年的好業績—店面經營的72堂課	220元
週一清晨的領導課（二版）	199元	把生意做大	220元
李嘉誠再談做人做事做生意	220元	好感力—辦公室C咖出頭天的生存術	220元
業務力—銷售天王VS.三天陣亡	220元	人脈＝錢脈—改變一生的人際關係經營術（平裝紀念版）	199元
活出競爭力—讓未來再發光的4堂課	220元	選對人，做對事	220元
先做人，後做事	220元	借力—用人才創造錢財	220元

●都會健康館系列

秋養生—二十四節氣養生經	220元	春養生—二十四節氣養生經	220元
夏養生—二十四節氣養生經	220元	冬養生—二十四節氣養生經	220元
春夏秋冬養生套書	699元（原價880元）	寒天—0卡路里的健康瘦身新主張	200元
地中海纖體美人湯飲	220元	居家急救百科	399元（原價550元）
病由心生—365天的健康生活方式	220元	輕盈食尚—健康腸道的排毒食方	220元
樂活，慢活，愛生活—健康原味生活501種方式	250元	24節氣養生食方	250元
24節氣養生藥方	250元	元氣生活—日の舒暢活力	180元
元氣生活—夜の平靜作息	180元	自療—馬悅凌教你管好自己的健康	250元
居家急救百科（平裝）	299元	秋養生—二十四節氣養生經	220元
冬養生—二十四節氣養生經	220元	春養生—二十四節氣養生經	220元
夏養生—二十四節氣養生經	220元	遠離過敏—打造健康的居家環境	280元
溫度決定生老病死	250元	馬悅凌細說問診單	250元
你的身體會說話	250元	春夏秋冬養生—二十四節氣養生經（二版）	699元
情緒決定你的健康—無病無痛快樂活到100歲	250元		

● CHOICE系列

入侵鹿耳門	280元	蒲公英與我—聽我說說畫	220元
入侵鹿耳門（新版）	199元	舊時月色（上輯＋下輯）	各180元
清塘荷韻	280元	飲食男女	200元
梅朝榮品諸葛亮	280元	老子的部落格	250元
孔子的部落格	250元	翡冷翠山居閒話	250元
大智若愚	250元	野草	250元
清塘荷韻（二版）	280元	舊時月色（二版）	280元

●FORTH 系列

印度流浪記—滌盡塵俗的心之旅	220 元	胡同面孔— 古都北京的人文旅行地圖	280 元
尋訪失落的香格里拉	240 元	今天不飛—空姐的私旅圖	220 元
紐西蘭奇異國	200 元	從古都到香格里拉	399 元
馬力歐帶你瘋台灣	250 元	瑪杜莎豔遇鮮境	180 元
絕色絲路 千年風華	250 元		

●大旗藏史館

大清皇權遊戲	250 元	大清后妃傳奇	250 元
大清官宦沉浮	250 元	大清才子命運	250 元
開國大帝	220 元	圖說歷史故事—先秦	250 元
圖說歷史故事—秦漢魏晉南北朝	250 元	圖說歷史故事—隋唐五代兩宋	250 元
圖說歷史故事—元明清	250 元	中華歷代戰神	220 元
圖說歷史故事全集	880 元（原價 1000 元）	人類簡史—我們這三百萬年	280 元
世界十大傳奇帝王	280 元	中國十大傳奇帝王	280 元
歷史不忍細讀	250 元	歷史不忍細讀 II	250 元
中外 20 大傳奇帝王（全兩冊）	490 元		

●大都會運動館

野外求生寶典—活命的必要裝備與技能	260 元	攀岩寶典— 安全攀登的入門技巧與實用裝備	260 元
風浪板寶典— 駕馭的駕馭的入門指南與技術提升	260 元	登山車寶典— 鐵馬騎士的駕馭技術與實用裝備	260 元
馬術寶典—騎乘要訣與馬匹照護	350 元		

●大都會休閒館

賭城大贏家—逢賭必勝祕訣大揭露	240 元	旅遊達人— 行遍天下的 109 個 Do & Don't	250 元
萬國旗之旅—輕鬆成為世界通	240 元	智慧博奕—賭城大贏家	280 元

●大都會手作館

樂活，從手作香皂開始	220 元	Home Spa & Bath — 玩美女人肌膚的水嫩體驗	250 元
愛犬的宅生活— 50 種私房手作雜貨	250 元	Candles 的異想世界—不思議の手作蠟燭魔法書	280 元

愛犬的幸福教室—四季創意手作 50 賞	280 元		

●世界風華館

環球國家地理 ・ 歐洲（黃金典藏版）	250 元	環球國家地理 ・ 亞洲 ・ 大洋洲（黃金典藏版）	250 元
環球國家地理 ・ 非洲 ・ 美洲 ・ 兩極（黃金典藏版）	250 元	中國國家地理 ・ 華北 ・ 華東（黃金典藏版）	250 元
中國國家地理 ・ 中南 ・ 西南（黃金典藏版）	250 元	中國國家地理 ・ 東北 ・ 西東 ・ 港澳（黃金典藏版）	250 元
中國最美的 96 個度假天堂	250 元	非去不可的 100 個旅遊勝地・世界篇	250 元
非去不可的 100 個旅遊勝地 ・ 中國篇	250 元	環球國家地理【全集】	660 元
中國國家地理【全集】	660 元	非去不可的 100 個旅遊勝地（全二冊）	450 元
全球最美的地方—漫遊美國	250 元		

● BEST 系列

人脈＝錢脈—改變一生的人際關係經營術（典藏精裝版）	199 元	超級記憶術—改變一生的學習方式	220 元

● STORY 系列

失聯的飛行員—一封來自 30,000 英呎高空的信	220 元	Oh, My God! —阿波羅的倫敦愛情故事	280 元
國家寶藏 1 —天國謎墓	199 元	國家寶藏 2 —天國謎墓 II	199 元
國家寶藏 3 —南海鬼谷	199 元	國家寶藏 4 —南海鬼谷 II	199 元
國家寶藏 5 —樓蘭奇宮	199 元	國家寶藏 6 —樓蘭奇宮 II	199 元
國家寶藏 7 —關中神陵	199 元	國家寶藏 8 —關中神陵 II	199 元
國球的眼淚	250 元		

● FOCUS 系列

中國誠信報告	250 元	中國誠信的背後	250 元
誠信—中國誠信報告	250 元	龍行天下—中國製造未來十年新格局	250 元
金融海嘯中，那些人與事	280 元	世紀大審—從權力之巔到階下之囚	250 元

●禮物書系列

印象花園 梵谷	160 元	印象花園 莫內	160 元
印象花園 高更	160 元	印象花園 竇加	160 元
印象花園 雷諾瓦	160 元	印象花園 大衛	160 元

印象花園 畢卡索	160 元	印象花園 達文西	160 元
印象花園 米開朗基羅	160 元	印象花園 拉斐爾	160 元
印象花園 林布蘭特	160 元	印象花園 米勒	160 元
絮語說相思 情有獨鍾	200 元		

●精緻生活系列

女人窺心事	120 元	另類費洛蒙	180 元
花落	180 元		

● CITY MALL 系列

別懷疑！我就是馬克大夫	200 元	愛情詭話	170 元
唉呀！真尷尬	200 元	就是要賴在演藝	180 元

●親子教養系列

孩童完全自救寶盒（五書＋五卡＋四卷錄影帶）	3,490 元（特價 2,490 元）	孩童完全自救手冊－這時候你該怎麼辦（合訂本）	299 元
我家小孩愛看書－Happy 學習 easy go ！	200 元	天才少年的 5 種能力	280 元
哇塞！你身上有蟲！－學校忘了買、老師不敢教，史上最髒的科學書	250 元	天才少年的 5 種能力（二版）	280 元

◎關於買書：

1. 大都會文化的圖書在全國各書店及誠品、金石堂、何嘉仁、敦煌、紀伊國屋、諾貝爾等連鎖書店均有販售，如欲購買本公司出版品，建議你直接洽詢書店服務人員以節省您寶貴時間，如果書店已售完，請撥本公司各區經銷商服務專線洽詢。
   北部地區：(02)85124067　桃竹苗地區：(03)2128000
   中彰投地區：(04)22465179　雲嘉地區：(05)2354380
   臺南地區：(06)2642655　高屏地區：(07)2367015
2. 到以下各網路書店購買：
   大都會文化網站（http://www.metrobook.com.tw)
   博客來網路書店（http://www.books.com.tw)
   金石堂網路書店（http://www.kingstone.com.tw)
3. 到郵局劃撥：
   戶名：大都會文化事業有限公司　帳號：14050529
4. 親赴大都會文化買書可享 8 折優惠。

98-04-43-04 郵政劃撥儲金存款單

收款帳號	1	4	0	5	0	5	2	9

金額 新台幣（小寫）	億	仟萬	佰萬	拾萬	萬	仟	佰	拾	元

通訊欄（限與本次存款有關事項）

我要購買以下書籍

書名	單價	數量	合計

購書金額未滿600元，另加收60元國內掛號郵資或貨運專送運費。

總計數量及金額：共____本，合計____元

收款戶名：大都會文化事業有限公司

寄款人 □他人存款 □本戶存款

姓名

地址 □□□-□□

電話

主管：

經辦局收款戳

虛線內備供機器印錄用請勿填寫

◎寄款人請注意背面說明

◎本收據由電腦印錄請勿填寫

郵政劃撥儲金存款收據

收款帳號戶名

存款金額

電腦紀錄

經辦局收款戳

郵政劃撥存款收據 注意事項

一、本收據請妥為保管，以便日後查考。
二、如欲查詢存款入帳詳情時，請檢附本收據及已填妥之查詢函向任一郵局辦理
三、本收據各項金額、數字係機器印製，如非機器列印或經塗改或無收款郵局收訖章者無效。

大都會文化、大旗出版社讀者請注意

一、帳號、戶名及寄款人姓名地址各欄請詳細填明，以免誤寄；抵付票據之存款，務請於交換前一天存入。
二、本存款單金額之幣別為新台幣，每筆存款至少須在新台幣十五元以上，且限填至元位為止。
三、倘金額塗改時請更換存款單重新填寫。
四、本存款單不得黏貼或附寄任何文件。
五、本存款金額業經電腦登帳後，不得申請撤回。
六、本存款單備供電腦影像處理，請以正楷工整書寫並請勿摺疊。帳戶如需自印存款單，各欄文字及規格必須與本單完全相符；如有不符，各局應婉請寄款人更換郵局印製之存款單填寫，以利處理。
七、本存款單帳號與金額欄請以阿拉伯數字書寫。
八、帳戶本人在「付款局」所在直轄市或縣(市)以外之行政區域存款，需由帳戶內扣收手續費。

如果您在存款上有任何問題，歡迎您來電洽詢
讀者服務專線：(02)2723-5216(代表線)
為您服務時間：09：00～18：00(週一至週五)

大都會文化事業有限公司　　讀者服務部

交易代號：0501、0502 現金存款　0503票據存款　2212 劃撥票據託收

歷史不忍細讀 貳

作　　者　《百家論壇》編輯部

發 行 人　林敬彬
主　　編　楊安瑜
編　　輯　李彥蓉
內頁編排　帛格有限公司
封面設計　王立群

出　　版　大旗出版社　行政院新聞局北市業字第1688號
發　　行　大都會文化事業有限公司
11051台北市信義區基隆路一段432號4樓之9
讀者服務專線：(02)27235216
讀者服務傳真：(02)27235220
電子郵件信箱：metro@ms21.hinet.net
網　　　址：www.metrobook.com.tw

郵政劃撥　14050529 大都會文化事業有限公司
出版日期　2010年8月初版一刷
定　　價　250元
I S B N　978-986-6234-08-8
書　　號　History-16

4F-9, Double Hero Bldg., 432, Keelung Rd., Sec. 1,
Taipei 11051, Taiwan
Tel:+886-2-2723-5216　Fax:+886-2-2723-5220
E-mail:metro@ms21.hinet.net
Web-site:www.metrobook.com.tw

國家圖書館出版品預行編目資料

歷史不忍細讀 貳／《百家論壇》編輯部著.
-- 初版. -- 臺北市：大旗出版社
大都會文化發行, 2010. 08
面；　公分. --（History ; 16）

ISBN 978-986-6234-08-8（第2冊：平裝）

1.中國史　2.歷史故事

610.9　99003903

讀者服務卡

書名：歷史不忍細讀 貳

謝謝您選擇了這本書！期待您的支持與建議，讓我們能有更多聯繫與互動的機會。

A. 您在何時購得本書：______年______月______日

B. 您在何處購得本書：____________書店，位於____________(市、縣)

C. 您從哪裡得知本書的消息：

1.□書店　2.□報章雜誌　3.□電台活動　4.□網路資訊

5.□書籤宣傳品等　6.□親友介紹　7.□書評　8.□其他

D. 您購買本書的動機：（可複選）

1.□對主題或內容感興趣　2.□工作需要　3.□生活需要

4.□自我進修　5.□內容為流行熱門話題　6.□其他

E. 您最喜歡本書的：（可複選）

1.□內容題材　2.□字體大小　3.□翻譯文筆　4.□封面　5.□編排方式　6.□其他

F. 您認為本書的封面：1.□非常出色　2.□普通　3.□毫不起眼　4.□其他

G. 您認為本書的編排：1.□非常出色　2.□普通　3.□毫不起眼　4.□其他

H. 您通常以哪些方式購書：(可複選)

1.□逛書店　2.□書展　3.□劃撥郵購　4.□團體訂購　5.□網路購書　6.□其他

I. 您希望我們出版哪類書籍：（可複選）

1.□旅遊　2.□流行文化　3.□生活休閒　4.□美容保養　5.□散文小品

6.□科學新知　7.□藝術音樂　8.□致富理財　9.□工商企管　10.□科幻推理

11.□史哲類　12.□勵志傳記　13.□電影小說　14.□語言學習（_____語）

15.□幽默諧趣　16.□其他

J. 您對本書(系)的建議：

____

K. 您對本出版社的建議：

____

讀者小檔案

姓名：______________　性別：□男　□女　生日：____年____月____日

年齡：□20歲以下 □21～30歲 □31～40歲 □41～50歲 □51歲以上

職業：1.□學生 2.□軍公教 3.□大眾傳播 4.□服務業 5.□金融業 6.□製造業

7.□資訊業 8.□自由業 9.□家管 10.□退休 11.□其他

學歷：□國小或以下 □國中 □高中／高職 □大學／大專 □研究所以上

通訊地址：______________________________

電話：（H）______________（O）______________　傳真：______________

行動電話：______________E-Mail：______________

◎謝謝您購買本書，也歡迎您加入我們的會員，請上大都會文化網站 www.metrobook.com.tw 登錄您的資料。您將不定期收到最新圖書優惠資訊和電子報。

歷史

不忍細讀 貳

北區郵政管理局
登記證北台字第9125號
免貼郵票

大都會文化事業有限公司
讀者服務部 收

11051台北市基隆路一段432號4樓之9

寄回這張服務卡〔免貼郵票〕
您可以：
◎不定期收到最新出版訊息
◎參加各項回饋優惠活動

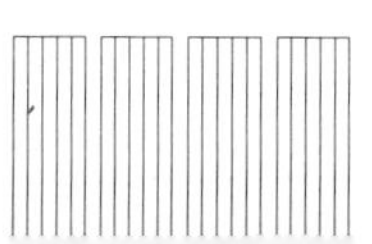

大旗出版
BANNER PUBLISHING

大旗出版
BANNER PUBLISHING